ECONOMIA
DA
CONSCIÊNCIA

CONSTRUINDO UM NOVO
PARADIGMA ECONÔMICO
A PARTIR DOS PRINCÍPIOS
DA FÍSICA QUÂNTICA

AMIT GOSWAMI

ECONOMIA DA CONSCIÊNCIA

goya

TRADUÇÃO: MARCELLO BORGES

ECONOMIA DA CONSCIÊNCIA

TÍTULO ORIGINAL:
Quantum Economics

CAPA:
Desenho Editorial

PREPARAÇÃO DE TEXTO:
Opus Editorial

PROJETO GRÁFICO E EDITORAÇÃO:
Join Bureau

REVISÃO:
Hebe Ester Lucas
Entrelinhas Editorial

DIREÇÃO EXECUTIVA:
Betty Fromer

DIREÇÃO EDITORIAL:
Adriano Fromer Piazzi

EDITORIAL:
Daniel Lameira
Mateus Duque Erthal
Katharina Cotrim
Bárbara Prince
Júlia Mendonça
Andréa Bergamaschi

COMUNICAÇÃO:
Luciana Fracchetta
Felipe Bellaparte
Lucas Ferrer Alves
Pedro Henrique Barradas
Renata Assis

COMERCIAL:
Orlando Rafael Prado
Fernando Quinteiro
Lidiana Pessoa
Roberta Saraiva
Ligia Carla de Oliveira
Eduardo Cabelo
Stephanie Antunes

FINANCEIRO:
Roberta Martins
Rafael Martins
Sandro Hannes
Rogério Zanqueta

LOGÍSTICA:
Johnson Tazoe
Sergio Lima
William dos Santos

COPYRIGHT © AMIT GOSWAMI, 2015
COPYRIGHT © ALEPH, 2015
(EDIÇÃO EM LÍNGUA PORTUGUESA PARA O BRASIL)

Todos os direitos reservados.
Proibida a reprodução, no todo ou em parte, através de quaisquer meios.

DADOS INTERNACIONAIS DE CATALOGAÇÃO NA PUBLICAÇÃO (CIP)
(CÂMARA BRASILEIRA DO LIVRO, SP, BRASIL)

Goswami, Amit
　　Economia da consciência : o poder da economia da consciência / Amit Goswami ; tradução Marcello Borges. – São Paulo : Goya, 2015.

　　Título original: Quantum economics.
　　ISBN 978-85-7657-272-5

　　1. Mudança social 2. Relações interpessoais 3. Religião e ciência 4. Teoria quântica I. Título.

15-08245   CDD-215

ÍNDICES PARA CATÁLOGO SISTEMÁTICO:
1. Ciência e religião : Processo quântico 215
2. Religião e ciência : Processo quântico 215

goya
É UM SELO DA EDITORA ALEPH LTDA.
Rua Lisboa, 314
05413-000 – São Paulo – SP – Brasil
Tel.: [55 11] 3743-3202
www.editoraaleph.com.br

sumário

Prefácio 7

PARTE 1 – UMA INTRODUÇÃO À ECONOMIA QUÂNTICA 11
1. Introdução: a necessidade de uma nova economia 13
2. O capitalismo de Adam Smith e suas modificações
   quanto à mudança na visão de mundo 39
3. Experiências humanas, a visão de mundo quântica e
   a base científica para a economia quântica 67

PARTE 2 – O QUE A ECONOMIA QUÂNTICA PODE FAZER
          POR NÓS 105
4. Bases conceituais da economia quântica 107
5. Como a economia quântica da consciência resolve
   o problema dos ciclos econômicos 129
6. Como empresas e consumidores estão mudando
   em sincronia com o movimento da consciência 147
7. Política e economia 169

PARTE 3 – A IMPLEMENTAÇÃO: ATIVISMO QUÂNTICO 183

8. Preparando a mentalidade para a nova economia 185
9. Liderança nos negócios à maneira quântica 203
10. Expansão da economia na arena sutil: o início 231
11. Sete passos para a economia quântica da consciência 253

Sobre o autor 259

Bibliografia 261

prefácio

À vista do recente colapso da economia que deu origem a uma grande recessão, fica claro que os sistemas econômicos atuais não estão funcionando. Mas os economistas não têm a menor ideia do que devem fazer para modificar os modelos vigentes. Os dois partidos políticos dos Estados Unidos estão paralisados, presos entre duas modalidades econômicas já existentes e decididamente ineficazes, limitados a somente escolher modelos a partir dos vieses da demanda e da oferta para que a intervenção governamental tire o país da recessão. Enquanto isso, todos os economistas parecem aceitar que há apenas uma maneira de retornar a uma condição saudável: uma economia em expansão perene, alimentada pela demanda dos consumidores.

 O capitalismo de Adam Smith, modelo econômico básico da maior parte do mundo atual, foi formulado numa época dominada pela filosofia do modernismo ou do dualismo cartesiano, em que tanto a matéria quanto a mente eram valoradas. No entanto, como todas as teorias científicas, a do capitalismo de Adam Smith sofreu muitas modificações, algumas das quais tiveram motivação política, como a chamada economia baseada na lei da oferta e da procura. Com a pressão política, ocorreu outra série de transformações causadas pelo fato de a visão científica do mundo ficar mais e mais desalinhada, favorecendo a matéria e excluindo a independência da mente. Por fim, o modernismo passou o bastão ao materialismo científico pós--moderno (a primazia da filosofia da matéria), o que levou a algumas mudanças importantes no capitalismo de Adam Smith.

Uma dessas modificações foi a remodelação da economia como ciência matemática. Mas, na melhor das hipóteses, isso se deu de maneira apenas aproximada, malgrado as alegações dos materialistas científicos (afinal, como sabemos experimentalmente, os seres humanos não são máquinas mecânicas). Logo, esse modelo, embora tenha tido sucesso no curto prazo e proporcionado muito dinheiro para seus protagonistas, falha no longo prazo; e foi este um dos principais fatores para o colapso de 2007-2009.

Outra deficiência resultante da modificação materialista do capitalismo foi dar a ideia de uma economia em expansão infinita – expansão ou fracasso – totalmente movida pela demanda dos consumidores. Porém, lembrando que os recursos materiais do nosso planeta são finitos, essa teoria provoca uma questão: esse modelo é sustentável?

Enquanto isso, a ciência está passando por uma mudança de paradigma: de ciência baseada na matéria para ciência baseada na consciência; da primazia da matéria para a primazia da consciência. Minha atividade atual – este livro – é fruto do desenvolvimento de uma visão de mundo quântica que está substituindo, gradativamente, a perspectiva da física materialista.

Em 1999, eu participava de uma conferência com o Dalai Lama, como membro de um grupo de trinta cientistas do novo paradigma, quando ele nos desafiou a aplicar nossa nova ciência aos problemas sociais. Isso me inspirou pessoalmente a estudar a economia. Mas desviei-me do tema para cuidar de outros problemas sociais. Só vários anos depois, quando recebi, por coincidência, um telefonema do presidente da World Business Academy [Academia Mundial de Negócios] incentivando-me a escrever um artigo sobre o impacto do novo paradigma sobre o pensamento econômico, é que minha atenção se voltou firmemente para o assunto.

Em pouco tempo, percebi que, se usasse a formulação científica da primazia da consciência, o poder do sutil (a psique) poderia ser aceito, organizado e posto em prática. Essa descoberta relativamente recente diz, com clareza, que não só nossas experiências materiais densas podem ser submetidas a processos científicos, mas também nossas experiências interiores sutis (que, às vezes, chamamos coletivamente de arena da mente) podem ser submetidas a esses testes.

Por que não expandir a ciência da economia e levá-la à arena sutil – à arena da energia vital que sentimos, do significado mental que pensamos e até de valores arquetípicos como o amor, que intuímos? Parece ridículo? Mas o grande Abraham Maslow não propôs uma hierarquia das necessidades? Quando nossas necessidades materiais estão satisfeitas, ansiamos por necessidades maiores, tal como o amor, disse Maslow. O capitalismo de Adam Smith trata da combinação de talentos e necessidades, dando origem respectivamente à produção e ao consumo, os dois lados da equação econômica da oferta e da demanda. Segundo Maslow, a necessidade do sutil já está dada. Minha pesquisa mostra que nossa ciência e nossa tecnologia estão prontas para lidar com os talentos e a produção do sutil. Chegou a hora de uma economia da consciência: a economia quântica!

Alinhei minhas ideias iniciais num trabalho sucinto incluído numa das publicações da World Business Academy, em 2005. Pude mostrar que, com a inclusão do sutil em nosso sistema econômico, é possível resolver um problema permanente do capitalismo de Adam Smith que nenhum dos desdobramentos posteriores conseguiu solucionar: o problema da alternância da expansão e da retração, formalmente chamada de ciclo econômico. Mais tarde, meu trabalho foi publicado numa antologia de ideias sobre economia segundo o novo paradigma chamada *What comes after money?* [O que vem depois do dinheiro?]. Dois anos depois, pediram-me para participar de outra antologia, e por isso ampliei conceitos anteriores nos quais descobrira a resposta para a sustentabilidade e colaborei com um artigo mais extenso, intitulado "A economia da consciência".

Este livro é uma ampliação direta de meus trabalhos anteriores, solucionando os problemas restantes do capitalismo de Adam Smith e resolvendo, com isso, todos os dilemas econômicos atuais. Naturalmente, tal como a ciência baseada na consciência, esta nova economia não será acolhida de imediato. Mas, visto que envolve a solução para todos os problemas dos manuais de economia, bem como das controvérsias ambientais e sociológicas, obviamente seu momento chegou.

Para que serve a nova economia? Serve para solucionar as quatro questões já suscitadas, e mais.

1. A nova economia leva a economia a satisfazer os aspectos sutis das necessidades humanas, descobrindo, assim, novas e infinitas dimensões da expansão econômica. A satisfação de necessidades sutis produz uma sociedade humana transformada, na qual as economias sustentáveis são facilmente concebíveis. E mais. Como mencionado antes, a nova economia livra-se do ciclo econômico.
2. A visão de mundo quântica é contrária ao elitismo. Desse modo, uma economia fundamentada em seus princípios vai diminuir o abismo econômico entre ricos e pobres, e mais.

Vai acabar resolvendo o problema da pobreza até o ponto em que isso for possível.
3. Antes do modernismo, nem a visão de mundo materialista nem a religiosa – em virtude de sua própria natureza – promoveram a criatividade. A visão de mundo materialista é determinista; não há muito espaço nela para a verdadeira criatividade. A visão religiosa maculou o mundo. Poderia ter sido criativa na exploração da espiritualidade, mas perdeu-se em rituais e tradições. A cosmovisão modernista trouxe ao cenário uma criatividade nunca vista, até secar sob o materialismo corrente. A visão de mundo quântica é o contrário disso: promove a criatividade. Portanto, com sua ajuda, a criatividade e a inovação devem voltar novamente à arena econômica.
4. A polarização política não vai mais afetar a economia. Os democratas gostam de ciência. A nova economia baseia-se na ciência. Os republicanos se alinham com o cristianismo, implicitamente baseado em valores espirituais. A nova economia promove esses valores, transformando-os em mercadorias econômicas a ser produzidas e consumidas. Desse modo, a economia quântica deve obter o apoio dos dois lados. E mais: a visão de mundo quântica é integradora. Mais cedo ou mais tarde, a polarização política também vai acabar.

Este livro foi escrito tanto para executivos e empresários, quanto para consumidores, ou seja, para todos. Trata de questões importantes como criatividade e ética nos negócios. Apresenta o leitor às tecnologias de energia vital do século 21, que já são viáveis. Informa a todos os membros de uma economia desenvolvida que chegou a hora de procurar empregos que levem significado e valor para sua vida pessoal. Fornece sugestões quânticas para a nova liderança nos negócios: a ciência da manifestação viável, formas de vitalizar sua arena de negócios, como transformar a energia do dinheiro.

Agradeço ao Dalai Lama pela inspiração inicial e faço o registro de uma discussão maravilhosa com Swami Swaroopananda, que também foi inspiradora. Agradeço ainda a Rinaldo Bruttocko pelo convite para que me associasse à World Business Academy. Agradeço a muitas pessoas pelas discussões úteis, especialmente a Willis Harman, Paul Ray, Adriano Fromer Piazzi, Maggie Free e Eva Herr. Por último, mas não menos importante, a Will Hamilton, por uma leitura completa de revisão e por tantas sugestões úteis de melhoria – sou muito grato por tudo.

– Amit Goswami

PARTE 1

UMA INTRODUÇÃO À ECONOMIA QUÂNTICA

capítulo 1

Introdução: a necessidade de uma nova economia

"A velha ordem muda e cede lugar à nova", escreveu o grande poeta romântico Robert Tennyson. Este livro trata de uma profunda transformação – uma mudança de paradigma – no pensamento econômico. Mas relaxe! A economia quântica – que também pode ser chamada de economia da consciência – que você irá explorar aqui não é uma revolução radical na teoria econômica; é uma evolução natural do capitalismo desenvolvido no século 18 pelo grande Adam Smith. Os desdobramentos de suas ideias, ocorridas desde a criação do capitalismo, são motivados por agendas políticas ou crenças, ou, mais recentemente, pelos dogmas científicos. O que estamos levando em conta aqui baseia-se numa ciência livre de dogmas, fundamentada na visão de mundo quântica, demonstravelmente sintonizada com o capitalismo original de Smith. Com a ajuda do célebre filósofo escocês, podemos resolver todos os problemas críticos que os modelos atuais não conseguem solucionar: o ciclo de expansão e retração (especialmente retração), bolhas econômicas e as crises subsequentes, expansão econômica ilimitada, criação de empregos significativos para o trabalho humano, manutenção do livre mercado, globalização, sustentabilidade, disparidade de renda entre classes e até a pobreza.

A mensagem da visão de mundo quântica aplicada à economia é simples: há uma direção nova e correta para a ciência econômica e para a economia como um todo! Não precisamos ficar presos a discussões inúteis entre alternativas inviáveis baseadas em visões de mundo falhas, elitistas e ultrapassadas. Consequentemente, este livro deve inspirar e empoderar líderes de negócios, candidatos a empregos e consumidores – na verdade, todos os pensadores e os principais agentes de campos relacionados com a economia.

A procura pela direção certa para um capitalismo livre de problemas

A ideia básica de qualquer ciência econômica é fazer com que as atividades do setor – produção e consumo – caminhem bem. Se produtores e consumidores forem entregues a seus próprios interesses, as mãos invisíveis do livre mercado vão estabelecer o equilíbrio entre produção e consumo, alocando recursos entre os diversos setores da economia, estabilizando preços etc.: temos aí o sucesso do capitalismo de Adam Smith. No entanto, por mais de dois séculos vimos que, apesar de o capitalismo ser viável, o sistema tem suas falhas. Temos procurado a direção adequada para mudar o capitalismo desde o momento em que seus defeitos ficaram claros, como o ciclo econômico de expansão e retração – períodos alternados de inflação e recessão. Há ainda a questão do bem social. O que acontece quando, por vezes, o bem do indivíduo se opõe ao bem da sociedade? Smith acreditava que, implicitamente, as mãos invisíveis do livre mercado também garantem o bem social.

Com efeito, desde a década de 1980 tem-se falado aqui e ali sobre uma mudança de paradigma na economia com o objetivo de estender o conceito de pessoa econômica – o *homo economicus* – para pessoa em comunidade, a fim de generalizar uma concepção de interesse pessoal que inclua, também, o bem social (Daly; Cobb, 1994). Mas não havia ciência para definir a pessoa em sociedade. Após a crise econômica de 2007-2009, que nos levou a uma grande recessão, a ideia de uma mudança de paradigma assumiu um sentido de urgência. Muitos economistas declararam que há a necessidade urgente de um novo modo de pensar a economia. Na prática, porém, os economistas não conseguiram.

Claro que surgiram muitas teorias macroeconômicas depois de Adam Smith. Algumas das ideias foram implementadas por motivos políticos: baseavam-se no conceito de intervenção governamental para a imposição do bem social, algo que poderia ser usado para acelerar as coisas e sincronizá-las com o ciclo eleitoral habitual de quatro anos nos Estados Unidos. Muitas dessas teorias de conveniência contrariam diretamente o conceito central de livre mercado de Smith, apesar de a motivação delas ser, em parte, a solução de um dos problemas relevantes do capitalismo smithiano: a expansão e a retração, ou o ciclo econômico. Esses esquemas teóricos, chamados respectivamente de modelo voltado para a demanda e modelo voltado para a oferta, usam a intervenção governamental para estimular um desses dois lados da equação econômica.

O modelo da demanda cria empregos de classe média por meio de cortes nos impostos dessa camada da população, do auxílio-desemprego e de obras públicas de infraestrutura financiadas pelo governo. O modelo da oferta promove uma oferta de capital por meio de cortes dos impostos dos ricos; a ideia é que isso vai estimular investimentos diretos nos negócios, recursos que se infiltram pela classe média graças à criação de empregos. Atualmente, nos Estados Unidos, os dois partidos políticos estão envolvidos numa batalha entre essas duas alternativas, com diversos artifícios novos. Vistos através da lente do pragmatismo, porém, todos esses esforços se resumem a versões das mesmas velhas histórias.

Outras modificações do capitalismo de Adam Smith surgiram por causa da crença cada vez maior no materialismo científico – o dogma segundo o qual todas as coisas se baseiam na matéria e em interações materiais. Esses modelos tentaram recriar a economia à imagem da física ultrapassada de Isaac Newton. Desse modo, começaram a usar a matemática para descrever mudanças econômicas. Esses desdobramentos distorcidos do capitalismo seriam razoáveis caso os seres humanos fossem máquinas newtonianas determinadas – robôs, zumbis, computadores ou como quiser chamá-los segundo o sistema de crenças do materialismo científico. Mas os seres humanos, ou mesmo os animais, não são máquinas; animais superiores, por exemplo, certamente têm sentimentos que não são computáveis. Logo, não deve espantar o fato de esses desdobramentos materialistas, embora ocasionalmente consigam gerar dinheiro para o protagonista cobiçoso em curto prazo, não funcionarem em longo prazo. Com efeito, causam grande instabilidade. A crise de 2007-2009 deveu-se, em parte, a essa instabilidade provocada pela ganância.

Entrementes, economistas de todas as tendências parecem concordar com o fato de que precisamos ter uma expansão econômica ilimitada para lidar com uma periódica, mas inevitável, recessão, a parte retraída do ciclo expansão e retração. Mas como um ecossistema finito e de finitos recursos pode proporcionar uma expansão ilimitada?

Pessoas com mentalidade materialista-científica interpretam muito mal a natureza do capitalismo, obrigando-o a entrar na camisa de força de uma visão de mundo baseada na matéria. Antes do surgimento do capitalismo, tínhamos, no Ocidente, a economia feudal submetida à camisa de força do sistema de crenças do cristianismo. O capitalismo foi descoberto numa época em que a visão de mundo, como um meio-termo entre a religião e a nascente ciência newtoniana, considerava tanto a matéria quanto a mente componentes importantes da realidade – uma perspectiva denominada dualismo cartesiano em função de seu protagonista, René Descartes. Posteriormente, essa cosmovisão passou a ser chamada de modernismo e tornou-se a base filosófica de uma trégua entre cientistas e humanistas da era do iluminismo, dividindo o território dominado entre eles. Como Adam Smith sabia muito bem, o capitalismo depende crucialmente da ética e da moralidade, em primeiro lugar, e da criatividade em segundo. Só quando o mercado opera incorporando essas características da mente é que suas mãos invisíveis mantêm o bem social em geral. Resumindo, o capitalismo de Adam Smith trouxe uma mensagem implícita nos seguintes termos:

1. Produtores e consumidores, dediquem-se com determinação a seus próprios interesses, mas...
2. ... ao lidarem com a concorrência, lembrem-se da ética;
3. Produtores, não se esqueçam de motivar o poder criativo de sua equipe para gerar sempre no consumidor o interesse renovado por seus produtos;
4. E, então, as mãos invisíveis do livre mercado vão distribuir o capital a fim de abrir espaço para inovações, vão produzir a expansão econômica necessária, vão aumentar o capital e vão manter o equilíbrio e a estabilidade para gerar não apenas seu bem pessoal, mas o bem de todos – o bem social.

Mas nem a ética nem a criatividade podem ser incluídas no materialismo científico com potencial causal; por isso, seu papel em nossa sociedade é prejudicado quando essa visão de mundo predomina. Na sua maior parte, a atual crise econômica tem origem nesse declínio da ética e da criatividade em nossa sociedade como um todo e em nossos negócios em particular. Não duvide disso.

A economia quântica ou da consciência é um prolongamento do capitalismo de Adam Smith na direção certa, pois baseia-se numa visão científica do mundo que incorpora a conciliação matéria-mente e religião-ciência, predominante na época de Smith e que, evidentemente, o influenciou. A nova economia abre espaço outra vez para a mente e para a matéria na arena econômica, agora de forma científica e integrada. Consequentemente, a nova economia torna o capitalismo ainda mais apropriado para seres humanos conscientes. Inclui não apenas nosso lado material denso na equação econômica, como fizera Adam Smith, mas também nosso lado sutil – consciência, sentimento, significado e intuição –, que Smith deixou de incluir explicitamente; em sua época, teria sido prematuro.

Mesmo que você não pense nisso conscientemente, a experiência mais notável que seu lado sutil pode vivenciar é sua experiência como sujeito da percepção-consciente, ou *awareness**. A percepção-consciente tem dois polos: sujeito e objeto. E, em toda experiência, você é o sujeito vivenciando o(s) objeto(s). A consciência, em seu aspecto sujeito, obviamente é importante para a forma como tomamos decisões de negócios, tanto do lado da produção quanto do consumo. Poderiam essas decisões provir das interações de partículas elementares de matéria, ou mesmo das interações de nossos genes? A mente fica confusa ao tentar imaginar como isso seria possível, apesar de os materialistas tentarem considerar tudo o que parece ser causal no nível humano como um epifenômeno da luta dos genes pela sobrevivência (Dawkins, 1976; Dennett, 1996). Na economia, essa atitude se traduz na supremacia da competição como chave para os negócios. Entretanto, nossas experiências recentes mostraram claramente a importância adicional da cooperação (Capra, 1982).

Os materialistas procuram solapar o poder causal de nosso "eu" subjetivo apontando para a natureza condicionada desse "eu", o ego.

---

* No original, *awareness*. Não há uma tradução exata em português. O termo é comumente traduzido como "consciência", "percepção" ou "atenção". Em muitas publicações, *awareness* é mantido em inglês, pois tem um sentido mais amplo que o de "consciência": refere-se a um "estado de alerta" que compreende, inclusive, a consciência da própria consciência. É também um conceito-chave da Gestalt-terapia. Segundo Clarkson e Mackewn, *awareness* é "a habilidade de o indivíduo estar em contato com a totalidade de seu campo perceptual. É a capacidade de estar em contato com sua própria existência, dando-se conta do que acontece ao seu redor e dentro de si mesmo; é conectar-se com o meio, com outras pessoas e consigo próprio; é saber o que está sentindo, significando ou pensando, saber como está reagindo neste exato momento. *Awareness* não é apenas um exercício mental: envolve todas as experiências, sejam elas físicas, mentais, sensórias ou emocionais. É a totalidade de um processo que empenha o organismo total" (FRITZ PERLS. Londres: Sage, 1993, p. 44-45). Apesar de as palavras "percepção" e "consciência" não abarcarem, isoladamente, a essência do termo inglês, neste livro optou-se por traduzir *awareness* pela palavra composta "percepção-consciente", no intuito de aproximá-la de seu sentido pleno, deixar bem marcadas todas as ocorrências no texto e facilitar a compreensão do leitor de língua portuguesa. [N. do E.]

Quem pode negar o poder do condicionamento sobre o ego humano? Quem pode negar que até decisões de negócios, tanto para produtores quanto para consumidores, exibem os efeitos do condicionamento – pessoal e social? De fato, o condicionamento comercial do inconsciente social é muito poderoso. Mas será sempre assim? Quem pode negar que inovações e decisões criativas nos negócios sempre fazem a economia progredir? Quem pode negar que atos criativos não são exemplos de "criatividade condicionada" da máquina (Goswami, 2014)? Quem pode negar que a ética na tomada de decisões provém da sabedoria, uma consciência mais elevada que o ego?

O capitalismo de Adam Smith, mesmo sujeito à expansão e retração do ciclo econômico, valorizava muito a criatividade e a inovação, admitindo que eram qualidades necessárias para que a economia saísse dos períodos de recessão. Portanto, a consciência presumida implicitamente pelo capitalismo de Smith deve se estender para além do aspecto condicionado do ego. E cabe a pergunta: A consciência tem poder causal? Estende-se para além do ego?

Os materialistas têm razão em conduzir o capitalismo pelo caminho que trilharam? Novamente, cabe perguntar: Somos máquinas ou a consciência humana tem o poder causal que nos franqueia a ética e a criatividade? O poder causal da consciência tem mesmo importância nas decisões de negócios?

A economia na consciência

O que é a consciência? Etimologicamente, a palavra *consciência* origina-se de duas palavras latinas: *cum*, que significa "com", e *scire*, que significa "conhecer". A consciência é o instrumento com o qual conhecemos algo. Os materialistas presumem que aquilo que conhecemos provém de um repertório antigo e condicionado; que não há nada de novo sob o sol. Obviamente, quando estamos lidando com conhecimento antigo, o poder causal não é necessário; basta o ego condicionado, e, segundo os materialistas científicos, isso se resume ao comportamento do cérebro. Com efeito, a maioria dos materialistas tem deixado de lado questões sobre o poder causal da consciência afirmando que esta é um epifenômeno (fenômeno secundário) do cérebro; que é uma experiência ornamental associada com o cérebro e um conceito operacional; que ela não tem nenhum poder causal.

Para os materialistas científicos, interações materiais intricadas do cérebro podem explicar toda a complexidade das experiências em múltiplas camadas da consciência. No entanto, o foco sobre os detalhes revela facilmente que tudo o que o cérebro consegue fazer é processar estímulos por meio de conhecimentos antigos, que já estão armazenados na forma de memória. No entanto, questões sobre ética e criatividade suscitam dúvidas que o conhecimento já adquirido não pode resolver; a solução dessas dúvidas envolve novos significados e novos contextos que não estavam presentes antes. Logo, os argumentos dos materialistas nada fazem para solucionar a questão: Como a consciência adquire os novos conhecimentos de que necessita para processar questões sobre ética e sobre criatividade?

Além disso, a ciência materialista não enfrenta esta questão: Como incluir as experiências sutis em nossa ciência? É fato que, além das experiências materiais densas dos sentidos, temos sentimentos, pensamos, até intuímos objetos muito sutis que valorizamos – Platão dava a eles o nome de arquétipos (coisas como amor, beleza, justiça, bondade, abundância, totalidade, inclusive a própria verdade) – e que a ciência deveria valorar e ter como meta. De que valem as leis científicas se são uma verdade relativa e não absoluta? Ao contrário do pensamento materialista, experiências como sentimentos, pensamento e intuição não são computáveis ou, no mínimo, não são totalmente computáveis; portanto, faz sentido afirmar que provêm de mundos não materiais, sutis. Até aqui, tudo bem; mas como desenvolver a ciência de uma consciência não material e causalmente potente tanto com experiências densas quanto sutis?

Os materialistas científicos negam os conceitos de uma consciência não material e causalmente potente, e de outros mundos não materiais por causa do problema intrínseco do dualismo. Veem-se presos pelo paradoxo da interação: como esses mundos imateriais (da consciência, da mente ou qualquer outro mundo dual que postulemos) interagem com a matéria? Uma vez que esses mundos nada têm em comum com a matéria, precisam de um mediador para interagir. Na ciência materialista, essa mediação exige sinais que transportem energia. Ora, aqui está o problema! A energia do mundo material por si só é sempre constante; a energia nem sai do mundo material nem entra nele vinda de fora.

Na época de Adam Smith, não dispúnhamos da ciência para resolver o paradoxo do dualismo, tampouco da tecnologia para explorar essas coisas sutis na ciência em geral, e muito menos na economia. Agora, três séculos depois, esses recursos estão disponíveis graças, principalmente, a uma mudança de paradigma na física, que passou da física newtoniana para a física quântica.

Eis o maior segredo da visão de mundo quântica, que agora pode ser revelado: a física quântica libera o poder causal criativo de cada ser humano, inserindo-o numa consciência superior universal. Além disso, libera o poder do sutil. Vamos reformular a última frase: A física quântica proporciona uma estrutura teórica para a inclusão do sutil em nossa ciência – uma consciência causalmente potente, com experiências tanto materiais quanto sutis. A física quântica permite-nos desenvolver uma ciência viável da consciência que inclui todas as nossas experiências, inclusive as sutis (Goswami, 2000, 2004).

A física quântica é a física das possibilidades; todo objeto é uma possibilidade que a própria consciência pode escolher. Como a consciência faz escolhas? Escolhe em si mesma, sem necessitar de sinais. Como os mundos sutis interagem com a matéria densa? Mediante uma comunicação instantânea e sem sinais chamada não localidade quântica, mediada pela consciência não local.

Não se preocupe com detalhes nesse ponto (veja o Capítulo 3). Basta saber que a não localidade quântica, da qual você sempre suspeitou por causa de experiências pessoais como a telepatia mental, agora é um fato testado, graças a experimentos recentes replicados diversas vezes (Aspect et al., 1982; Grinberg et al., 1994). Se uma descoberta tão importante afeta a maneira como fazemos as coisas, como levamos a cabo nossos assuntos sociais e pessoais?

Ao mesmo tempo, o biólogo Rupert Sheldrake (1981), explorando o fenômeno da morfogênese – a maneira como a forma biológica se constrói a partir de um embrião unicelular –, esclareceu o mundo não físico (chamemo-lo de mundo vital) do qual provêm as experiências dos sentimentos. Sentimentos são experiências da energia vital, os movimentos dos campos morfogenéticos do mundo vital que atuam como uma espécie de matriz das formas biológicas. As formas biológicas – os órgãos – são representações físicas dos campos morfogenéticos. O físico e matemático Roger Penrose (1991) provou, matematicamente, que existe uma qualidade definidora da mente – sua capacidade de processar significados – que os computadores não podem processar e que, provavelmente, os neurônios cerebrais também não podem processar. O neocórtex cerebral faz representações do significado mental. E, há milênios, Platão teorizou que conceitos como amor, beleza, justiça, bondade, verdade, abundância e tudo o mais provêm, na verdade, de um mundo mais sutil – a morada dos arquétipos. O filósofo Sri Aurobindo (1996) chamou o mundo dos arquétipos de *supramental*. A mente – e depois o cérebro – simplesmente forma representações (conceitos) desses arquétipos. Desse modo, os arquétipos situam-se obviamente além do cérebro que faz representações do significado mental (recordações).

Também devemos agradecer à mudança do pensamento biológico sobre o corpo físico. Desde a década de 1950, os biólogos têm afirmado que o corpo humano é puramente bioquímico. Agora, um número significativo de pesquisas feitas por biofísicos mostrou que, além do interior bioquímico, temos também um corpo biofísico no nível superficial. Isso nos proporcionou as tecnologias necessárias para medir as energias vitais sutis associadas aos nossos sentimentos através de mensurações biofísicas.

De forma análoga, novas técnicas de imagem por ressonância magnética (IRM), interpretadas pela nova ciência, permite-nos avaliar com objetividade a mente – estados de significado mental – por meio da medição de suas representações cerebrais.

Agora que temos à disposição para o sutil tanto uma teoria científica de apoio quanto técnicas objetivas de quantificação, podemos elaborar um desdobramento paradigmático do capitalismo de Adam Smith, incluindo o sutil na equação econômica. Isso será tema da próxima seção.

Indo diretamente ao ponto central, um novo paradigma da ciência, baseado na perspectiva quântica da primazia da consciência, vem sendo preparado há duas décadas (Goswami, 1989, 1993, 2008a; Stapp, 2007; Blood, 1993, 2001). Para onde essa mudança de paradigma deve levar a sociedade como um todo, especialmente no campo da economia, em que a necessidade de mudanças é mais premente?

Em 1999, participei de uma conferência em Dharamsala, na Índia, na qual o Dalai Lama encontrou-se com trinta cientistas e outros pensadores da nova era com o intuito de examinar esse tipo de questão (é possível ver alguns detalhes num documentário intitulado *Dalai Lama Renaissance*). Nesse evento, não entramos muito em minúcias; desde então, porém, venho me interessando pelo impacto do novo paradigma científico sobre a economia, a política, os negócios, a saúde, a educação e a religião.

Minha resposta para a economia é o tema deste livro: uma economia quântica dentro da primazia da consciência, ou, em síntese, a economia quântica da consciência. É uma evolução quântica do capitalismo de Adam Smith, visando incluir as dimensões sutis da experiência humana.

Chegou o momento de um novo paradigma econômico, e vou resumir os motivos para isso. A verdade é que o capitalismo atual exige economias que se expandam infinitamente, o que não é nada viável num mundo material finito e de finitos recursos materiais. Os sinais da falta de recursos materiais estão por toda a parte. É raro o dia em que os jornais não falam do preço do petróleo ou da possibilidade de falta de água no futuro. A resposta materialista – a colonização da lua e dos asteroides – exige tanta energia que não pode ser séria. Enfrentemos a realidade! O atual paradigma da expansão econômica infinita não será sustentável caso continuem as tendências atuais. Além disso, há a ameaça da poluição ambiental invariavelmente produzida pelas tecnologias materiais, sobretudo o aquecimento global.

O sinal mais óbvio de que é preciso uma mudança radicalmente nova na teoria econômica é a constatação de que o ciclo de expansão e retração, geralmente com dimensões administráveis, ficou fora de controle duas vezes: a "grande depressão" da década de 1930 e a "grande recessão" de 2007-2009. Outro sinal óbvio é que o intervalo entre recessões está ficando cada vez mais curto, e a recuperação cada vez mais lenta. E não é preciso ser gênio para perceber que, apesar de toda a retórica política, vai levar um bom tempo até escaparmos dos efeitos nefastos da recessão mais recente caso não devolvamos a ética e a criatividade à arena econômica. Precisamos de ideias novas e persuasivas, de uma nova defesa da ética, levando em conta que todas as grandes corporações exercem atividades econômicas antiéticas. Foi a Segunda Guerra Mundial, e não as teorias econômicas, que nos tirou da grande depressão. Como podemos ter certeza de que não iremos precisar de uma catástrofe semelhante para ficarmos longe de grandes recessões futuras?

A influência materialista limitou a economia a crescer apenas na dimensão material – o domínio dos sentidos –, deixando de lado as dimensões sutis da existência humana, os domínios da consciência e de suas experiências de sentimento, pensamento e intuição. Ademais, o atual paradigma econômico materialista foi concebido para satisfazer apenas nossas necessidades egocêntricas, se tanto, mas certamente não está apto a atender nossas necessidades emocionais, criativas e espirituais. Mais importante ainda é que ele não funciona: testemunha disso é a recente crise econômica, que levou à completa perda de credibilidade da própria economia como ciência séria. A nova economia quântica da consciência – uma economia idealista, é claro – poderia nos salvar dessas crises? Como já foi anunciado neste livro, vou demonstrar que pode. Além disso, vou mostrar que, se incluirmos o sutil em nossa economia, se integrarmos o poder causal da consciência, se a ética e a criatividade voltarem depressa, e se conseguirmos não só evitar as recessões sérias – as crises – como também resolver o problema do ciclo de expansão e retração, então poderemos restaurar o livre mercado a ponto de conseguir o bem social além do bem pessoal. Também poderemos remover a disparidade de renda entre classes, chegando mesmo a manter uma economia sustentável.

Vou apresentar um bom exemplo do poder potencial do sutil. Atualmente, o sistema de saúde é um dos principais temas econômicos. Nos Estados Unidos, as despesas nessa área correspondem a 16% da economia: é um valor muito significativo. Você também sabe que o sistema de saúde dos Estados Unidos (e de outros lugares) está em crise, pois os custos estão aumentando continuamente.

É duvidoso dizer que o sistema de saúde pode ser tratado como uma mercadoria econômica sujeita ao livre mercado. Explico: quando ficamos velhos, a saúde torna-se uma questão de vida ou morte; noutras palavras, é compulsória, e não opcional como outras necessidades. Na década de 1960, sob a presidência de Lyndon Johnson, o governo norte-americano percebeu isso e desenvolveu o Medicare, um programa governamental de assistência médica para idosos. Ao longo dos anos, porém, as despesas com o Medicare têm crescido muito, e, segundo algumas estimativas, a julgar pelo ritmo com que seu custo está aumentando, não vai demorar para que o programa consuma todo o orçamento do governo dos Estados Unidos.

E qual é o remédio? Alguns políticos sugeriram mudanças no Medicare, privatizando parcialmente a operação e permitindo que a concorrência do livre mercado reduza seus custos. Mas voltamos ao velho problema: programas de saúde não são opcionais para os idosos. Será que a economia de livre mercado se aplica nesse caso?

Assim, discutimos o assunto incessantemente sem ter uma solução à vista. Acontece que, para o sistema de saúde, só o método de tratamento estritamente materialista – a alopatia – é oneroso. Há sistemas medicinais antigos e modernos baratos e comprovadamente eficazes. Esses sistemas são rotulados como medicina alternativa, e um de seus exemplos clássicos é a acupuntura. Mas os praticantes da medicina materialista – a alopatia – não conseguem explicar o sucesso da acupuntura ou de formas alternativas de medicina, como a homeopatia, porque são adeptos do materialismo científico e, portanto, opõem-se em geral a essa forma de tratamento. Mas suponha que a mente dessas pessoas se abra diante do poder do sutil. Há algum tempo, escrevi um livro chamado *O médico quântico* (Goswami, 2004), no qual mostrei que a medicina alternativa é bem científica se aceitarmos o poder do sutil por meio da nova ciência quântica inserida na consciência. Também demonstrei que, com a física quântica a nos guiar, podemos desenvolver uma medicina integrativa na qual a medicina alternativa – agora vista como a medicina do corpo sutil – e a medicina alopática convencional, ou do corpo denso, podem se unir. Seus papéis são complementares: a alopatia é importante como medicina de emergência, enquanto as doenças crônicas têm na medicina alternativa uma solução muito mais eficiente, preventiva e, na maioria das situações, adequada.

E por que isso é relevante para salvar o Medicare? O tratamento de doenças crônicas é responsável por cerca de 75% de todas as despesas médicas dos idosos. Assim, se estendermos a ajuda governamental apenas para satisfazer necessidades de emergência com a alopatia e deixarmos a maior parte dos tratamentos de doenças crônicas com a medicina alternativa, o custo do Medicare pode ser reduzido imediatamente. Claro que, em seu aspecto preventivo, a medicina alternativa exige a cooperação do consumidor. Para consumidores não cooperativos e outros que desejem a disponibilidade de cuidados de saúde adicionais, a medicina alopática seria uma opção e poderia estar sujeita ao capitalismo do livre mercado. Incluir-se-iam aqui os caros remédios farmacêuticos, cujos preços também cairiam graças à concorrência.

Necessidades e talentos: um perfil do novo paradigma

A ideia de capitalismo de Adam Smith baseia-se fundamentalmente na maneira como nossas necessidades e talentos se encontram: os talentos das pessoas levam à geração de negócios; suas necessidades, ao consumo (Eisenstein, 2011). Smith sugeriu que, se o mercado for livre, suas mãos "invisíveis" vão estabelecer o equilíbrio entre produção e consumo, os preços se estabilizarão e os recursos serão alocados adequadamente entre os diversos setores da economia. No século 18, Smith observou que as pessoas buscavam apenas satisfazer suas necessidades materiais, e a florescente ciência da matéria estava preparada para as pessoas com o dom da produção de tecnologia material.

No século 20, o psicólogo Abraham Maslow propôs que os seres humanos, além das necessidades materiais, apresentam uma verdadeira hierarquia de necessidades. A nova ciência inserida na primazia da consciência ajuda-nos a aprofundar e a redefinir a hierarquia das necessidades de Maslow.

Na física quântica, os objetos são ondas de possibilidades dentre as quais a consciência pode fazer escolhas antes que se manifestem como algo concreto sob o olhar do observador (Goswami, 1993; Stapp, 2009). Na velha ciência, existem apenas objetos materiais. Para explicar todas as nossas experiências – sentidos (sensoriais), sentimentos, pensamentos e intuições –, admite-se a consciência como base do ser, no qual há quatro mundos de possibilidades quânticas dos quais derivam essas experiências: o físico para os sentidos, o vital para os sentimentos, o mental para os pensamentos e o supramental (arquetípico) para as intuições. Quando a consciência escolhe a experiência concreta dentre as possibilidades quânticas por meio da observação, manifestam-se os quatro mundos de nossas experiências: o físico que traz sensações, o vital que traz sentimentos, o mental com seus pensamentos e o supramental que traz as intuições. Desses mundos manifestados, só o físico parece ser exterior e público, sendo chamado, portanto, de denso. É útil pensar até na base do ser – o pacote completo, a própria consciência – como um mundo que inclui todos os mundos em potencialidade; podemos chamá-lo de mundo da felicidade em virtude de sua totalidade abrangente. O mundo da felicidade também é chamado de mundo causal, visto que nosso poder de causação descendente reside nele.

Temos "corpos" em cada um dos "mundos": o corpo físico, o corpo vital, o corpo mental, o corpo supramental e o corpo de felicidade (para o qual não existe manifestação direta; ele fica inconsciente em nós). A hierarquia das necessidades de Maslow, além das necessidades materiais densas, precisa ser redefinida enquanto necessidades de nossos corpos sutis: as necessidades de energia vital, para nos sentirmos vivos; as necessidades mentais, para explorar o significado de nossa vida e de nosso mundo; as necessidades supramentais de valores arquetípicos, que exploramos para obter amor, clareza e satisfação; e a necessidade de felicidade, para o descanso, a cura holística e o rejuvenescimento.

Os líderes econômicos e empresariais do século 21 precisam compreender e empregar o poder das necessidades sutis para impelir o desenvolvimento da economia. Eles já se valem parcimoniosamente dele: nos anúncios comerciais, muitas vezes notamos que a incitação dos sentimentos sexuais é usada para atrair a atenção do consumidor. Mas será que podemos ir além? Podemos ver nos sentimentos objetos de consumo comercializáveis? Você pode dizer que a sexualidade e certas substâncias (afrodisíacas) que nos deixam cada vez mais desejosos já estão disponíveis, mas ninguém pensaria em comprar a raiva, mesmo que a colocássemos numa bela embalagem. Mas, e o amor?

Você acha isso absurdo? Como podemos falar em extrair e embrulhar um sentimento como o amor? Na nova ciência, a fonte de um sentimento é a energia vital do movimento dos campos morfogenéticos – a matriz da forma biológica. Logo, todos os seres vivos têm energia vital, e você está familiarizado com alguns dos sentimentos que eles podem despertar. Nas sociedades tradicionais, por exemplo, as flores fazem sempre parte dos romances. São bonitas, claro, e cheiram bem, mas será que todas as culturas tradicionais consideram que o romance se realça na presença de rosas?

Suponha que eu diga que já temos know-how para extrair toda a energia vital romântica de uma sala repleta de rosas e colocá-la num frasco pequeno de perfume. Será que não podemos pensar em produtos sutis desse tipo como uma arena adicional para a produção de bens que podem ajudar os consumidores a satisfazer a necessidade sutil de amor romântico? Podemos usar a arena sutil como veículo da expansão econômica no século 21?

Até certo ponto, já fazemos isso para satisfazer nossas necessidades mentais. Exploro o significado da física quântica; escrevo sobre ela num livro que é a representação física de meu significado mental, que você consome ao ler o livro e ao desfrutar de seu conteúdo. No jargão econômico, produzi capital "cultural". No mesmo sentido, quem for a um de meus workshops e permitir-se aproveitar os ensinamentos, então o que estarei oferecendo diretamente é um significado, pelo qual a pessoa terá pago.

Como disse, vimos um pouco do desenvolvimento de produtos sutis de consumo. É algo similar à situação anterior à revolução industrial, quando, de modo análogo, tentávamos fabricar produtos de consumo com uma tecnologia material primitiva. O que quero esclarecer neste livro é que a tecnologia do sutil está pronta para dar um salto quântico, pois agora temos uma ciência do sutil – tanto em teoria como em quantificação – capaz de realizar tal mudança revolucionária.

Não é por coincidência que, ao mesmo tempo que concebemos a possibilidade de demanda de bens sutis numa nova arena econômica para expansão da economia e dos negócios, também estamos descobrindo que há pessoas dotadas para a produção de bens sutis. Hoje, as pessoas reclamam da falta de inovação nos negócios. A verdade é que a fonte material de produção de novas ideias em negócios está secando. Recentemente, um colunista de jornal escreveu que não houve praticamente nenhuma inovação que levasse a novas tecnologias desde a década de 1950. Todas as grandes criações inovadoras nos negócios – computadores e robótica, satélites de comunicação e celulares, bioengenharia, energia nuclear, energia solar, aviação, nanotecnologia – são fruto de ideias criativas de outras épocas que só receberam alguns ajustes finos posteriores.

Em contraste com o mundo material, os mundos sutis são planos infinitos para novas explorações criativas e para a produção de bens que irão satisfazer as necessidades dos consumidores do sutil pelo futuro afora, até o final dos tempos.

Como efeito residual do sucesso da ciência materialista na exploração da matéria e das máquinas, temos hoje a capacidade de mecanizar a maioria das tarefas rotineiras que os seres humanos têm realizado desde o princípio das eras agrícola e industrial. Já dispomos de robôs que deverão substituir os humanos de maneira cada vez mais eficaz. Os futurologistas se preocupam, mas, na verdade, esse problema apareceu já na recuperação da grande recessão de 2007-2009; muitos empregos antigos não voltaram a ser ocupados por humanos porque foram mecanizados.

Na era da tecnologia sutil que se aproxima, o emprego das energias sutis envolverá não só os elementos inanimados, como também os seres vivos, inclusive os humanos. Assim, as pessoas nunca terão de se preocupar com a falta de emprego gerado pela substituição da mão de obra por máquinas, pois isso nunca ocorrerá no campo do sutil.

No restante deste livro, vamos explorar essas ideias mais detidamente: como a física quântica leva a uma nova visão de mundo e a uma nova visão da consciência que inclui todas as nossas experiências; como ocorrem a produção e o consumo nos setores sutis; como uma economia que inclui o sutil e o causal soluciona o problema dos ciclos de negócios, e até a sustentabilidade e a desigualdade econômica entre as classes.

E mais. Adam Smith nunca esclareceu o que quis dizer com as "mãos invisíveis" do livre mercado. Hoje, interferimos o tempo todo no livre mercado. Há a intervenção governamental na criação de empregos do funcionalismo público; há isenções fiscais para que os ricos tenham mais dinheiro para investir; há a política monetária para controlar a oferta de dinheiro e as taxas de juros, e coisas assim. Há tanta intervenção hoje em dia, que a ideia de um livre mercado tornou-se um mito. E estamos limitando cegamente a liberdade do mercado porque não sabemos, de fato, de onde vem essa liberdade ou o que

27

mantém livre o livre mercado. Veremos que, com uma economia quântica da consciência, seremos capazes de compreender a natureza dos movimentos que levam à liberdade do mercado. Podemos optar por nos alinhar com esses movimentos.

A nova economia nos proporciona *insights* sobre outros assuntos, como a globalização – a terceirização de funções e empregos operacionais, que passam das economias avançadas para as economias ainda subdesenvolvidas, mas em crescimento. Alguns economistas e políticos são contra a globalização; outros, a favor. A nova economia lança novas luzes sobre o assunto e resolve a controvérsia de maneira satisfatória, com uma contextualização oportuna das prioridades da força de trabalho. O fato é que essas prioridades não são as mesmas para a mão de obra das economias avançadas se comparadas com a mão de obra das economias em desenvolvimento.

Como disse, até a questão da sustentabilidade pode ser abordada e resolvida na nova economia. Hoje, fala-se muito em sustentabilidade. Todas as pessoas sérias e pensantes entendem que, sem uma política sustentável, não só ficaremos sem energia como – muito antes disso – o ambiente será afetado de forma tão prejudicial que a vida estará ameaçada. Infelizmente, na visão de mundo do materialismo científico, nossos valores foram maculados, inclusive a própria verdade. Nos Estados Unidos, por exemplo, a Fox News e o apresentador Rush Limbaugh continuam a desafiar a verdade das mudanças climáticas causadas pelo aquecimento global e a influenciar muita gente (como aqueles que gostariam de voltar ao passado porque, nessa época, em sua visão, "os valores imperavam"). É claro que você também pode questionar isso. Em virtude da atual polarização na visão de mundo – materialismo científico *versus* o "dualismo" religioso –, a verdade é que esse assunto está muito confuso.

Felizmente, também encontramos muita consciência. Há alguns anos, eu estava em um hotel, em Londres, e deparei com um cartaz dizendo que o século 21 tem um novo conjunto de três "Rs": reduzir, reutilizar e reciclar. Os três "Rs" antigos eram leR, escRever e aRitmética. Desses novos três "Rs", reutilizar e reciclar já estão bem disseminados, embora não tanto quanto precisamos. Mas, e reduzir? Como?

Podemos, de fato, voltar atrás e reduzir a dependência de nosso estilo de vida em relação às grandes tecnologias que consomem muita energia e prejudicam o meio ambiente? Há algum tempo, Gandhi sugeria algo parecido, e o economista E. F. Schumacher escreveu um livro, *O negócio é ser pequeno*, que levou as ideias de Gandhi para a economia. "A riqueza tem dois caminhos diferentes", disse Gandhi. "Um é o caminho da multiplicação da riqueza material além dos limites... o outro consiste simplesmente em reduzir todas as necessidades humanas ao domínio da plausibilidade, da civilidade e da graça."

"Isso não é viável!", foi o veredito dos economistas convencionais. Além do mais, a redução do padrão de vida nunca será algo politicamente correto. "Parece um sacrifício", declararam.

Vejam! Com a abertura de arenas sutis para a expansão econômica, abriremos espaço para que os consumidores possam operar mudanças transformadoras que os levem a querer explorar emoções mais nobres, pois eles gostam de consumir emoções que lhes tragam um sentido mais amplo do self, que inclui o meio ambiente. A nova visão de mundo não só enfatiza a ecologia no sentido habitual de ecologia "rasa" – cuidar do ecossistema externo – como também reconhece a importância da ecologia profunda – a transformação de nosso ecossistema interior, até do nosso inconsciente. A verdade é que só haverá sustentabilidade quando o "outro" caminho de Gandhi se tornar o "modo de vida americano", ou melhor, o modo de vida universal, sob a égide da economia quântica.

A disparidade de renda entre classes e a pobreza ainda atormentam muitas partes do mundo. Economias em rápido desenvolvimento, como os países do BRICS – Brasil, Rússia, Índia, China e África do Sul –, estão entre elas, e, na verdade, nem mesmo as economias desenvolvidas estão isentas. Quando a economia se tornar uma economia sustentável, com setores tanto densos quanto sutis, veremos que a prosperidade econômica não será mais medida apenas pelo PIB (produto interno bruto). Além dele, será necessário um índice de bem-estar.* Esse indicador e a sociedade quântica em geral, com uma visão de mundo quântica e com demandas de um estilo quântico de vida, irão levar a uma redefinição necessária de conceitos como riqueza e pobreza, e ajudarão a erradicar a disparidade econômica entre classes, e até mesmo a pobreza.

Em suma, o que a economia da consciência pode fazer por nós? Vamos enumerar as maneiras pelas quais a nova economia promete resolver questões econômicas importantes, que nos atormentam hoje e frequentemente criam condições para as crises. Para que serve a nova economia?

---

* O Butão, por exemplo, criou um indicador chamado Felicidade Interna Bruta (FIB), em 1972, com o objetivo de medir a qualidade de vida dos cidadãos de forma integral e não apenas econômica. [N. de T.]

1. Para sanar os ciclos de negócios e impedir crises econômicas.
2. Para criar novas arenas de atividade econômica que, por sua vez, criarão empregos significativos para os seres humanos.
3. Para criar novo capital na forma de capital humano.
4. Para resolver o problema das intervenções governamentais e deixar o livre mercado o mais livre possível.
5. Para lidar com a globalização e seus problemas.
6. Para viabilizar uma economia sustentável.
7. Para eliminar a disparidade de riqueza entre classes, a pobreza e a fome.

Tendo resolvido com sucesso essas questões críticas, meu exuberante otimismo com relação à nova economia diz que, com sua ajuda, nunca mais teremos problemas econômicos que exijam mais do que um pouco de raciocínio para ser solucionados; nunca mais teremos crises como a grande depressão e a recente grande recessão.

Permitam-me fazer um comentário breve. Um aspecto do poder do sutil está sempre disponível para combater os males econômicos, e já o usamos antes. Ele funciona graças à injeção de esperança. Ronald Reagan usou-o nos Estados Unidos na década de 1980, e Barack Obama também, para tirar o país dos resquícios da grande recessão.

Uma maneira diferente de entender o dinheiro

Uma das mais importantes repercussões da nova economia é o fato de ela nos forçar a entender o dinheiro de maneira diferente. Como você pensa no dinheiro? Talvez você se surpreenda. Faça um experimento. Pense em alguma coisa que o faz se sentir bem, expansivo. É fácil sentir essa expansão na região do coração – o chakra cardíaco, para usar a nova linguagem psicológica. Na nova ciência, dizemos que sua energia vital subiu do seu chakra do plexo solar (sede de seu ego corporal) para o chakra cardíaco (portal para uma consciência expandida). Depois de se sentir confortavelmente situado no calor de seu chakra cardíaco, pense no dinheiro: pense, digamos, em quanto sua amiga Estela ganha a mais do que você. No mesmo instante, a energia vital vai voltar do chakra cardíaco para o lugar que ocupava – o umbigo.

A verdade é que, até hoje, para muitos de nós, a energia com que percebemos o dinheiro é nitidamente negativa. "Por quê?", você me pergunta. Porque muitos dos que estão vivos cresceram sob uma cosmovisão na qual o mundo material (domínio da ciência) e a espiritualidade (domínio da religião) são vistos como opostos. O dinheiro costuma ser entendido como algo mundano, e as pessoas que almejam o crescimento pessoal sentem-no como algo negativo, sujo.

Estamos sempre perpetuando esse mito sobre o dinheiro – que ele tem uma energia mundana intrínseca – com ditados como "dinheiro não compra amor" ou "dinheiro não compra felicidade". A verdade é que não deixamos o dinheiro comprar amor e não permitimos que o dinheiro compre felicidade de alguém que parece tê-la em abundância. Nunca tentamos porque nos sentimos confusos sobre o que significa incorporar amor e felicidade numa era materialista como a nossa.

Alguns economistas que procuram uma alternativa aos modelos econômicos materialistas levam tão a sério a percepção negativa do dinheiro em nossa sociedade que veem na grande recessão pela qual passamos recentemente uma oportunidade para mudar o papel do dinheiro em nossa economia (Pinchbeck; Jordan, 2011). Alguns chegam a sugerir o retorno ao antigo sistema de escambo, praticado antes que o dinheiro entrasse em uso mais frequente.

Imagine que você e eu temos determinados produtos materiais de valor para vender e que também temos nossas necessidades. No sistema de escambo, teríamos de entrar num acordo quanto aos talentos individuais e as necessidades, algo que nem sempre é conveniente. Logo, o dinheiro é uma forma neutra de criar uma moeda de troca, um intermediário entre produção e consumo. É uma representação daquilo a que atribuímos valor, tradicionalmente um valor material.

Pense nisso e perceba que o dinheiro não tem energia intrínseca, exceto aquilo que atribuímos emocionalmente a ele por causa de nossa educação confusa, inserida em uma visão de mundo dividida entre materialidade e espiritualidade.

Na nova economia, há valor econômico não apenas para bens materiais como para bens sutis, até para a felicidade; portanto, o dinheiro vai representar valores tanto materiais quanto sutis, inclusive os espirituais. O dinheiro pode comprar felicidade? Pode apostar que sim.

Há muitos anos, minha esposa e eu estávamos caminhando perto do Ganges, num lugar da Índia chamado Rishikesh. De repente, uma porta se abriu, um homem saiu e perguntou: "O Baba Sorridente está falando. Gostariam de participar?".

Pareceu interessante, e por isso entramos e nos sentamos. O Baba (palavra híndi que significa pai; mestres espiritualmente avançados costumam ser chamados de Baba) estava falando sobre o *Bhagavad*

Gita, famoso tratado hindu que eu tinha lido. Mas a palestra era em híndi, língua que não domino muito bem. Minha mente viajou. Comecei a olhar à minha volta e não tardou para perceber algo muito estranho. Todos pareciam ter um sorriso no rosto. E não era um sorriso forçado. Seus olhos estavam sorridentes, como se estivessem se sentindo felizes. Examinei-me: sim, eu estava fazendo a mesma coisa e me sentindo feliz. De repente, compreendi. Era por isso que o homem era chamado de Baba Sorridente. Em sua presença, as pessoas se sentiam tão felizes, que, de modo quase automático, riam alegremente.

Agora, suponha que algum empreendedor perceba esse fenômeno, leia meu livro *Criatividade para o século 21* e veja que pessoas assim podem ser cultivadas por meio do processo criativo (Goswami, 2012). Ele põe uma dessas pessoas num escritório com um cartaz na porta: "Felicidade à venda, duzentos dólares por hora". Você não se sentiria tentado?

Isso não é tão absurdo quanto pode parecer à primeira vista. Na verdade, temos a ciência e o know-how para a produção de energia sutil, até mesmo a felicidade, como demonstrado no caso do Baba Sorridente.

Se o dinheiro pode comprar felicidade, o que acontece com a energia do dinheiro? Ela muda. O dinheiro torna-se consagrado. Há um ditado no islamismo que diz: "Se Maomé não vai à montanha, a montanha vai a Maomé".

O setor financeiro da economia

O conceito de dinheiro como intermediário simbólico da troca ou escambo de talentos e necessidades é simples, mas a história do dinheiro fica complicada depois. Imagine que alguém tem um potencial, um dom a produzir, mas precisa de capital para produzi-lo, coisa que esse indivíduo não tem. Por outro lado, há pessoas com capital mas sem dons para contribuir. Não seria bom se essas duas partes se conhecessem? Mas, quando você leva em conta a natureza humana, percebe que precisa haver uma motivação adicional para que essas disposições se ajustem. Assim, bancos com capital emprestam dinheiro, cobrando juros de pessoas que vão criar um futuro produto (evidentemente, desde que essas pessoas ofereçam uma participação ou tenham um bom conceito de crédito).

Se pensar em valores apenas como valores materiais, obviamente o dinheiro é mais abstrato do que o valor concreto que ele representa.

Portanto, você pode pensar no dinheiro também como uma abstração. A ideia de juros – ganhar dinheiro com o dinheiro – gera a possibilidade de criar novas abstrações. Isso cria instrumentos financeiros cada vez mais abstratos sobre os quais já ouvimos falar – títulos, ações, derivativos e outros do gênero. Mais adiante, fornecerei detalhes, mas por ora basta dizer que essas abstrações propiciam a investidores campos de capital muito maiores para investir. Assim foi criado o setor financeiro da economia, que hoje movimenta um volume econômico muito maior do que o tradicional setor de produção e consumo.

O setor financeiro teve um papel muito importante na precipitação da grande recessão de 2007. Será que podemos remediar isso criando o setor sutil da economia, de modo a permitir que o dinheiro não só represente valores concretos, mas também sutis? E, assim, será que podemos criar capital real indefinidamente, e não um capital de risco como as abstrações monetárias? A resposta dada neste livro é *sim*.

Como? A ideia básica é a seguinte. O problema com o setor financeiro de abstrações é que ele tende a crescer muito mais depressa do que seus valores concretos poderiam permitir; mesmo com regulamentações, é algo difícil de controlar. Quando ele foge do controle? Como diz o economista John Greer (2011), "... mais cedo ou mais tarde, alguma coisa acontece quando a oferta mundial de representações abstratas de riqueza é muito mais vasta do que sua oferta de riqueza concreta".

Numa economia sutil, com a satisfação regular de necessidades sutis, a vida torna-se mais centrada no presente, e a necessidade de apostar numa grande quantidade de riquezas futuras, mormente imaginárias, diminui.

Como chegar lá? A questão da implementação da nova economia

Depois de ser apresentado ao conceito da economia sutil, depois de ver o potencial para solução de problemas da nova economia, sua próxima pergunta importante vale milhões de dólares: Como implementamos essa nova economia? E essa questão se acha intimamente ligada a outra pergunta: Como mudamos nossa visão de mundo, passando da polaridade religiosa e materialista hoje dominante para uma perspectiva integradora da ciência inserida na consciência?

A visão de mundo religiosa deu-nos a era das trevas da economia feudal (que Adam Smith chamou de economia mercantil). O capitalismo da era materialista está nos ameaçando com uma era "glacial" causada pelo aquecimento global. Todo o progresso da civilização na era moderna proveio dos três últimos séculos, quando o modernismo ainda vigorava e tanto a matéria quanto a mente eram valorizadas. Podemos reintegrar matéria e mente e voltar aos dias de glória da civilização?

A física quântica foi descoberta em 1925-1926, e em seus primeiros quinze anos fez grandes promessas no sentido de afrouxar a camisa de força da visão de mundo mecânica e newtoniana, promovendo a trégua cartesiana. Mas então ocorreu a Segunda Guerra Mundial. Após a guerra, nossa atenção passou dos problemas conceituais para problemas práticos. Não tardou para que se instalasse um pessimismo pós-moderno, e o materialismo científico começou a desafiar a visão modernista e dualista do mundo ocidental, que promovera a trégua com as religiões, especialmente com o cristianismo. O materialismo científico ficou tão entranhado em cientistas e acadêmicos dos Estados Unidos e de outros países – e em cerca de 40% da população mundial que se convenceu dele –, que é difícil para uma visão de mundo baseada na consciência ganhar terreno, mesmo que incorpore a antiga concepção materialista. Além disso, na verdade, apesar de a nova visão de mundo tornar científica a espiritualidade, as religiões não estão lá muito dispostas a abrir mão de seus monopólios. E temos aí outros 30% a 40% da população norte-americana.

Assim, presenciamos a atual crise da polarização política nos Estados Unidos e em muitos outros países do mundo. O que podemos fazer para abandonar o pensamento polarizado, que só nos trouxe problemas e crises, e adotar a solução aberta pelo novo paradigma?

Se você recuar trezentos anos, verá que a visão de mundo cristã/religiosa dominou o Ocidente até o século 18; embora tirasse proveito da trégua modernista, a ciência de então conseguiu se desenvolver bem rapidamente na academia a partir do século 16. Mas as pessoas só começaram a perceber, de fato, a ciência moderna como uma força viável na sociedade no século 18, em parte devido ao ativismo político que produziu as revoluções norte-americana e francesa, que acabaram levando a democracia ao mundo todo. A mudança deu-se, em parte, graças à educação liberal, dedicada a libertar as pessoas da intolerância religiosa e de dogmas. Mas a mudança ocorreu, principalmente, por causa do capitalismo de Adam Smith e da revolução industrial.

Creio que hoje precisamos de uma abordagem similar em três frentes: ativismos político, educacional e econômico. Você também pode entender este livro como um manifesto a favor do ativismo quântico nas arenas da economia, dos negócios, da política e da educação, todas inexoravelmente interligadas hoje em dia.

Ativismo quântico é a ideia de transformar a nós mesmos e a nossa sociedade aplicando os princípios da física quântica, propondo uma visão de mundo correta, que integre a ciência e o sutil; um modo de vida que equilibre condicionamento e criatividade; recursos para aqueles que abram espaço para explorar sentimentos, significados e valores. Essa discussão é uma prévia do caminho para o pensamento correto sobre a economia e os negócios. Temos de complementá-lo com a política da integração. Além disso, temos de complementá-lo livrando a educação liberal do dogma materialista.

A nova economia quântica, enfatizando o consumo de sentimentos, significados, valores e felicidade como bens negociáveis, leva a uma sociedade consumidora mais criativa e emocionalmente positiva. Os negócios vão acompanhar as mesmas tendências da sociedade como um todo. Este livro vai ajudar empresários e executivos (os produtores) que terão de explorar os aspectos especiais da criatividade nos negócios – vistos agora como a exploração criativa do arquétipo da abundância – em sua própria vida. Eis a conduta adequada para você que lida com negócios: usar a criatividade quântica para remodelar não apenas seus negócios, mas também sua vida.

Hoje, as empresas estão aprendendo um pouco sobre consciência ecológica, e até as corporações falam em sustentabilidade. Os sinais estão por toda parte – os três novos "Rs" do século 21 que mencionei antes: reduzir, reutilizar e reciclar. Mas como podemos reduzir? Como colocar em prática o fator crucial da sustentabilidade tanto na vida pessoal quanto nos negócios? Este livro vai mostrar.

Como partícipe da vida criativa e como líder empresarial, você vai conhecer a energia vital associada ao dinheiro. Também vai aprender a superar seu condicionamento de infância e a consagrar o dinheiro. Vai aprender, ainda, o que há de errado com o atual setor de investimentos financeiros e como a nova economia fornece pistas para corrigir suas falhas.

Como líder quântico, você vai aprender a ciência da manifestação e a arte da intenção. Ambas são dons adicionais da física quântica para um líder nos negócios. Vai aprender, também, a usar os três "Is": Intuição, Imaginação e *Insight* criativo para explorar a liderança. Vai descobrir a criatividade; não cegamente, mas como um *connoisseur* quântico, estimulando os demais a fazer o mesmo.

O setor sutil: ele pode ser o motor de crescimento do século 21

Hoje, o setor material da economia está atormentado pela natureza finita dos recursos materiais. Em contraste, os setores sutis, como mencionei antes, são infinitos. Vou mostrar como a economia sutil vai nos proporcionar o motor de crescimento para os negócios no século 21, e mais além.

Em termos mais específicos, afirmo que a tecnologia da energia vital será a fronteira dos negócios do século 21. Neste livro, vamos explorar algumas ideias para negócios e empreendimentos ligados à energia vital. A grande revolução já aconteceu: a teoria da energia vital foi validada e é objetivamente mensurável e quantificável. A principal questão é: como transformar esse início auspicioso numa tecnologia plenamente desenvolvida?

Como fomentar o crescimento da economia nos setores sutis do significado e dos valores? Como produzir felicidade enquanto bem negociável? Como liberar o poder do capitalismo nesses setores? Essas são outras questões importantes.

O que normalmente não se percebe é que o setor do significado está dominado, principalmente, por instituições de ensino superior que são monopólios apoiados pelo governo. O apoio oficial provém de duas fontes: uma indireta, com benefícios fiscais, e outra direta, com verbas para pesquisas ligadas à grande ciência. Com tudo isso, essas instituições de ensino superior tornaram-se os bastiões do materialismo científico. Em vez de difundirem uma educação liberal – mostrando como podemos nos libertar dos dogmas –, elas propõem outro dogma, o materialismo científico. Dessa forma, contribuem para a polarização dos valores na sociedade e na política.

Esses monopólios mal orientados elevaram muito o custo da educação superior, tal como aconteceu com os custos do sistema de saúde. Será que a agenda elitista dos grandes magnatas do ensino superior não tem espaço para uma classe média bem informada e educada? Porém, ao contrário do sistema de saúde, a educação superior é uma necessidade de consumo opcional (o que não acontece com o ensino médio), e pode se submeter às forças de mercado do capitalismo, que se beneficiarão com ela. A verdade é que a grande ciência é algo do passado. Não precisamos mais da intervenção governamental para financiar a maior parte das pesquisas científicas. Podemos voltar tranquilamente a uma situação pré-1950. Quando os custos da educação superior voltarem à terra, os alunos não terão mais de arcar com pesados financiamentos estudantis, e o governo não se verá sobrecarregado pela onerosa subvenção aos juros de tais financiamentos.

E as religiões, especialmente no Ocidente, têm o monopólio sobre os valores e a educação dos valores. Essas instituições também contribuem atualmente para a polarização política. E elas também são necessidades opcionais para as pessoas, não precisando de proteção contra a economia de livre mercado.

Em suma, o século 21 verá grandes progressos tanto na educação dos significados quanto na educação dos valores, tão logo eliminemos esses monopólios e deixemos as forças do mercado assumirem o comando.

O que há no restante do livro

Começo pela história do capitalismo de Adam Smith, incluindo a visão de mundo na qual ele surgiu. A ascensão e queda do materialismo científico e como ele influenciou a economia vêm a seguir. Esse é o conteúdo completo do Capítulo 2.

No Capítulo 3, vou tratar da física quântica e de sua visão de mundo – como, desde o princípio, ela mostrava eloquentemente que não devemos levar a sério as ideias simplistas do materialismo científico; como esses primeiros alertas foram suprimidos; como voltamos ao rumo certo; e como a visão de mundo quântica nos ajuda a desenvolver a ciência da experiência humana total. Além disso, mostro como as novas pesquisas nas áreas da biologia, da neurofisiologia, da medicina, da matemática e da psicologia contribuíram para essa nova ciência com ideias cruciais. Falo ainda da polarização da visão de mundo e de como superá-la, tudo na Parte 1.

Na Parte 2, exponho as bases da economia quântica da consciência como um sistema que atende a todas as nossas necessidades – densas e sutis, bem como de felicidade (Capítulo 4).

No Capítulo 5, examino todas as ramificações importantes da nova economia: como soluciona o problema do ciclo econômico, como explica o mistério do livre mercado e como pode evitar futuras crises econômicas.

O Capítulo 6 trata da sustentabilidade, da globalização, da distribuição de renda e da pobreza. Fala ainda da questão política. O materialismo converteu a política modernista de significado numa política de poder, resultando num impasse estéril de posições políticas polarizadas.

A Parte 2 se encerra com o Capítulo 7, no qual analiso como a nova economia ajuda a definir o papel adequado da política e do governo.

A implementação por meio do ativismo quântico econômico é o tema da Parte 3. Começamos o Capítulo 8 com mudanças de atitude e passamos rapidamente a estudar como a mudança afeta consumidores e empresas, tanto nos aspectos de consumo quanto de produção da economia. A seguir, no Capítulo 9, discuto a liderança nos negócios para trazer equilíbrio e integração no lugar da separação, um equilíbrio entre criatividade e condicionamento, um equilíbrio entre interesse próprio e o bem maior.

No Capítulo 10, exploro maneiras de expandir a economia na arena sutil, incluindo uma discussão mais aprofundada sobre a tecnologia de revitalização, cujo momento chegou. O Capítulo 11, que fecha o livro, reflete sobre sete etapas para se atingir a terra prometida, a economia consciente.

Se este livro empoderá-lo, leitor, em todos os seus papéis – líder de negócios, profissional inovador ou pequeno empresário buscando satisfação enquanto ganha a vida, consumidor consciencioso, economista ou político de mente aberta, educador em busca de novas respostas –, meus esforços terão sido recompensados. *Bon Voyage!*

capítulo 2

O capitalismo de Adam Smith e suas modificações quanto à mudança na visão de mundo

Como já mencionei, no século 18, quando Adam Smith (1994) desenvolveu suas ideias econômicas de ampla repercussão, a filosofia do modernismo, baseada no dualismo cartesiano entre mente e matéria, definiu a visão de mundo. Como matéria, ciência e tecnologia estavam se desenvolvendo na época de Smith, não surpreende o fato de o pensador escocês definir riqueza (capital), produção e consumo em termos materiais, uma vez que seu capitalismo foi idealizado visando satisfazer as necessidades materiais das pessoas. A riqueza econômica, ou capital, exige que as matérias-primas de recursos naturais sejam convertidas, com a ajuda de agentes inovadores, e posteriormente de mão de obra, em bens e serviços de que as pessoas precisam para satisfazer suas necessidades. A ideia central era que, se os negociantes da produção, bem como os consumidores, visassem apenas os próprios interesses para realizar suas respectivas atividades, e o mercado fosse livre a ponto de permitir-lhes fazer isso, as mãos invisíveis do mercado levariam a um equilíbrio entre produção e consumo, oferta e demanda, de todos os bens e serviços. A esperança era de que as mãos invisíveis do mercado alocassem recursos e capital não só para manter o equilíbrio como também para trabalhar pelo bem social em geral.

Embora seu maior impulso fosse destinado ao mundo material, o capitalismo de Adam Smith acolheu a mente num aspecto importante. A mente é território do espírito, e Deus ainda está na equação. Aos olhos de Deus, todos foram criados com o mesmo potencial e todos deveriam ter as mesmas oportunidades para realizar esse potencial. Quanto mais capital for distribuído, maior a oportunidade de investimento na ideia inovadora de uma pessoa talentosa, visando dar início a uma nova linha de negócios. Smith reconheceu implicitamente esse fato como uma força motriz do capitalismo. A meta declarada do capitalismo de Smith é tornar o capital disponível para um número cada vez maior de pessoas. Quanto mais pessoas tiverem uma fatia da torta econômica, mais se esforçarão e serão produtivas. Logo, a produção aumenta, o consumo aumenta em seguida e melhora o padrão de vida, junto com a afluência da sociedade como um todo. Nesse quadro, é essencial a criação de uma classe média consistente de inovadores e empreendedores, e, de modo geral, de exploradores de significados. Livres do fardo do trabalho físico, essas pessoas da classe média dedicam-se à mente e exploram os significados com criatividade. E como seu papel é crucialmente importante!

Com efeito, desde o início da revolução industrial até o advento da terceira década do século 20, o capitalismo operou não só para criar uma classe média viável, mas foi essa nova classe média que nos salvou da era das trevas. Antes do capitalismo, havia apenas ricos e pobres, barões e servos. Os ricos tinham a oportunidade, mas pouca ou nenhuma prerrogativa para processar significados. Os pobres não tinham tempo para fazê-lo e não estudavam, dispondo apenas de habilidades não testadas. Havia uma única exceção a essa situação: os membros da oligarquia religiosa, que dispunham de muito tempo livre. Essas pessoas exploravam significados e se dedicavam a alguns empreendimentos importantes, mesmo na Idade Média, desde que não se deixassem levar por ninharias como o número de anjos que podem dançar sobre a cabeça de um alfinete. Como você pode imaginar, Copérnico e Galileu eram do primeiro tipo.

Todavia, com o capitalismo e a criação da classe média, esta cresceu e nos deu todos os frutos da exploração de significados – ciência, artes, humanidades – dos quais temos justo orgulho hoje. De fato, como Adam Smith presumiu implicitamente, quando o capitalismo foi praticado sob a égide do modernismo, houve algum bem social.

Mas tem havido um problema importante em meio a outros que exigiram uma modificação importante da ideia básica de Smith. Você já sabe o que é. Na história do capitalismo sempre houve altos e baixos, expansões e retrações, recessões periódicas seguidas de ciclos de alta dominados pela inflação. Na década de 1930, a recessão foi tão grande, que acabou sendo chamada de grande depressão.

Naturalmente, a economia de Adam Smith precisava de modificações. A primeira alteração de peso foi proposta pelo economista John

Maynard Keynes (1936) e consistiu na intervenção governamental para manter a demanda mesmo em face da recessão. Quando a recessão acontece, o governo investe para criar postos de trabalho públicos; até um desemprego parcial cria demanda suficiente para manter a economia em funcionamento. As verbas para investimentos governamentais provêm do aumento dos impostos dos ricos. (Hoje, o dinheiro sai, principalmente, do financiamento da dívida. Uma combinação de advogados, lobistas e políticos fez com que as leis tributárias dos Estados Unidos e de outros países ficassem tão complicadas que possibilitaram uma evasão fiscal maciça.) Com o tempo, as empresas se recompõem, possibilitando a recuperação e o crescimento subsequentes. Como se supõe que o capitalismo de Smith seja o capitalismo do equilíbrio, será que o crescimento é compatível com ele, embora a intenção seja fazer a economia crescer para sair de uma recessão? A resposta é sim, desde que o crescimento seja promovido por inovações e, no meu entender, envolva o processamento de novos significados.

Os economistas ainda discutem se o fato de o presidente Roosevelt ter adotado a economia keynesiana foi o que tirou os Estados Unidos da depressão ou foi a Segunda Guerra Mundial. O que há para discutir? Na década anterior à depressão, durante os loucos anos 1920, a ética e o idealismo, junto com a criatividade, tinham declinado na América. O idealismo estava em segundo plano, obscurecido pelo advento do materialismo científico. Só com a deflagração da guerra é que surgiram muitas tecnologias inovadoras. E o idealismo retornou ao cenário, bem como o significado e a ética – salvando a cultura norte-americana ou, melhor dizendo, toda a cultura ocidental.

O presidente Roosevelt também colocou em prática a ideia das redes de segurança social. Nos Estados Unidos, temos hoje diversas instituições com redes de segurança: a seguridade social, o auxílio-desemprego, o Medicare e o Medicaid. Na Europa, a ideia da rede de segurança social foi mais além, com a criação do seguro-saúde universal. Recentemente, com o Obamacare, os Estados Unidos fizeram o mesmo.

Às vezes, a ideia da rede de segurança social é difamada com o rótulo de socialismo, mas é bem consistente com o capitalismo de Adam Smith, pois, entre suas principais contribuições, temos a proteção da classe média e a produção do bem social. E não se esqueça de que este último reduz os períodos de desespero dos menos privilegiados, uma contribuição adicional ao aumento da demanda.

Nas décadas seguintes, até a década de 1980, a intervenção governamental à maneira da economia keynesiana foi usada para suavizar o efeito das recessões, sempre que ocorriam. Vou chamar a combinação do capitalismo de Adam Smith com as concepções de Keynes de economia clássica. Enquanto a ideia do bem social estava implícita no capitalismo de Smith, é explícita na economia keynesiana. O lucro dos negócios precisa ser compartilhado com o bem social financiado pela tributação dos lucros – essa ideia de "grande compromisso" tornou-se um dos estabilizadores das flutuações da versão de capitalismo apresentada por Smith (Byrnes, 2008). Em contraste, a nova economia proposta neste livro é chamada de economia quântica, ou da consciência; nela, o bem social está embutido na estrutura da própria economia.

Keynes também teve a ideia de manter uma "demanda agregada" que estabilizaria a "produção agregada" (oferta). Mas como manter essa demanda agregada? E aqui, no período posterior à Segunda Guerra Mundial, a economia norte-americana (na verdade, a economia do mundo ocidental) teve sorte: a Guerra Fria. De modo geral, a Guerra Fria criou o complexo militar-industrial que manteve a demanda agregada (Reich, 2007).

É interessante observar que a Guerra Fria também motivou um grande surto de criatividade científica e tecnológica. Os acadêmicos podiam pedir verbas para o próprio complexo militar-industrial ou para outros ramos do governo. A percepção conta muito! Criou-se a percepção de que toda pesquisa científica contribui indiretamente para a pesquisa bélica. Desse modo, os cientistas acadêmicos podiam explorar significados que nada tinham a ver com armas, mas tudo a ver com o desenvolvimento de uma civilização que merecia ser salva com as armas. E durante algumas décadas o significado continuou a ser um aspecto da produção e do consumo.

Mas isso não durou. Primeiro, no final da década de 1970, o preço do petróleo começou a subir em espiral, o que acabou provocando a deflação da economia. (O que é deflação? Deflação é a redução generalizada de salários e preços.) Segundo, a Guerra Fria não durou para sempre; terminou no início da década de 1990. Além disso, manter a demanda agregada tornou-se um novo desafio. Será possível manter o grande compromisso se não pudermos manter a demanda agregada? Com uma economia estruturada de forma diferente, isso certamente será possível, como vamos demonstrar neste livro.

Finalmente, quando a visão de mundo acadêmica passou do modernismo para o pós-moderno com base no materialismo científico, no qual a matéria é identificada como a base reducionista de tudo, inclusive da mente, do significado e dos valores, as ideias de Adam Smith foram bastante modificadas pelos economistas acadêmicos para que a economia se encaixasse na camisa de força dessa nova perspectiva. A influência materialista começou bem cedo, na década de 1920. Na década de 1980, essas influências já estavam bem solidificadas.

A ascensão da influência materialista sobre a economia

A visão de mundo newtoniana – o mundo é formado por matéria que se move através do espaço-tempo, é objetivo e determinado por leis físicas mediante interações locais [interações que sempre operaram pela troca de sinais com velocidade finita, limitada pela velocidade da luz] – ganhou um marco muito importante com a teoria da evolução de Darwin. Antes de Darwin, a matéria inanimada, e até os animais, eram considerados parte do mundo mecânico com a aprovação tácita da Igreja, mas os humanos eram tratados como exceções porque tinham uma mente "com livre-arbítrio". Com sua teoria, apoiada em dados fósseis, Darwin provou que os humanos se originaram dos animais, e agora era possível afirmar que, se os animais são máquinas, os humanos também devem ser. Outro marco importante na década de 1950 envolveu a questão de um universo newtoniano mecânico que incluía tanto seres vivos quanto inanimados: a descoberta da estrutura da molécula hereditária biológica – o DNA. Com isso, a maioria dos cientistas convenceu-se de que não existe diferença fundamental entre o que é vivo e o que é inanimado – tudo é mecânico. Desde então, a visão de mundo segundo o materialismo científico tem ganhado terreno não só entre acadêmicos mas na mídia, substituindo o modernismo por uma filosofia desconstrucionista pós-moderna que denigre toda referência idealista à mente e, nesse processo, promove implicitamente o materialismo científico como substituto do dualismo cartesiano.

A joia da coroa da ciência materialista é a física moderna, cujo sucesso deriva principalmente do reducionismo (a ideia de que a causação ascendente que parte do microcosmo determina o macrocosmo) e do poder de "prever e controlar" da matemática. Naturalmente, a ideia de criar uma ciência econômica inspirada nesses princípios – de baixo para cima e fundamentada na matemática – tornou-se importante e é a preocupação dos economistas acadêmicos. Apesar de a ponte entre a microeconomia e a macroeconomia do mundo real nunca ter sido construída, a influência da economia matemática tem sido imensa (Samuelson; Nordhaus, 1998).

Inicialmente, os economistas matemáticos usaram ideias como a utilidade, que reconhecia o papel da necessidade individual; não tardou para a necessidade de a matemática assumir o controle, e eles acabaram ficando apenas com algumas regras estatísticas básicas para organizar a escolha dos bens de consumo das pessoas, que se tornaram a espinha dorsal de uma teoria do comportamento do consumidor convencional médio. Com isso, a matemática tornou-se viável, mas o preço pago foi alto: os sentimentos, os significados e os valores que o consumidor extrai dos bens não eram mais considerados parte da transação econômica. Na verdade, as transações econômicas não eram mais consideradas baseadas na necessidade, pois as necessidades podem ser criadas e adulteradas pela manipulação do comportamento.

Não tardou para que os economistas sugerissem a ideia (seguida pelas empresas) de que a economia do consumidor poderia basear-se na simples promoção de determinados comportamentos por meio do marketing. Noutras palavras, ganhou força a ideia de que até produtos sem sentido, desprovidos de sentimentos intrínsecos, podiam ser vendidos graças ao poder do marketing.

O marketing geraria sentimento, significado e até valor "espiritual" para o consumidor. Isso levou à proliferação sem sentido de bens de consumo, como prateleiras e mais prateleiras de cereais matinais – todos praticamente com a mesma característica em termos nutricionais (quer dizer, não muita, e com açúcar em excesso) – que hoje você encontra nos supermercados. Ainda me lembro de um comercial de cereais da década de 1960. Dirigindo-se a crianças crédulas que assistiam ao anúncio no intervalo de desenhos animados como *Popeye*, o locutor dizia: "Se você comer este cereal, vai ficar tão forte que poderá até enfrentar os meninos briguentos da classe". Naturalmente, até uma criança percebe que os briguentos também podem comer aquele cereal e ficarem mais fortes ainda; logo, dizia o comercial, o cereal não será vendido para meninos briguentos.

Na economia influenciada pelo materialismo, mesmo a ideia de que é preciso tecnologia inovadora para tirar a economia de uma recessão foi substituída pela ideia de que o consumismo consegue fazê-lo sozinho – se você continuar a criar produtos para o consumo e a vendê-los como um campo de sonhos, os consumidores do "sonho americano" virão. E presumiu-se que o consumismo por si só poderia manter uma demanda agregada, criando a expansão da indústria do marketing e seus salários exponencialmente crescentes.

O dinheiro tornou-se o alfa e o ômega das atividades econômicas – o novo Deus da economia. Como você ganha dinheiro não importa, nem importa o que você faz com seu dinheiro. A meta da vida é tornar-se membro do clube dos bilionários e ter todo tipo de bens de consumo à sua disposição.

Paralelamente, surgiu a tecnologia da informação, uma tecnologia digital que reduziu a ênfase no significado. Os futurólogos viram nela o advento da era da informação – informação é dinheiro e poder. Não a consideraram conhecimento com ênfase implícita na consciência, nem significado com a admissão implícita da mente, mas a informação fria e objetiva que a matéria consegue processar sozinha, sem a ajuda da mente ou da consciência. (Naturalmente, a informação em si não é boa nem má. Assim como com o dinheiro, a informação pode ser usada de maneira positiva ou negativa.)

Um aspecto importante da orientação da economia para o consumidor é um novo sistema hierárquico de classes – produtores (classe superior) e consumidores (classe inferior), e, o que é pior, um sistema de "estrelas" entre os produtores. Esse novo arranjo começou pela indústria do entretenimento, primeiro com os astros de Hollywood e depois com astros do rock, e acabou se espalhando para os heróis do esporte. Essas "estrelas", no ápice de suas profissões, recebiam remunerações exorbitantes. Quando o materialismo fincou seus dentes na sociedade, o sistema de estrelas se espalhou para outras profissões. Uns de seus mais recentes integrantes são os líderes empresariais, CEOs de corporações e gestores em geral. Na década de 1960, o salário de um CEO era apenas trinta vezes maior do que o de um trabalhador comum. Hoje, é mais de duzentas vezes maior.

A visão de mundo religiosa produziu uma elite na tradição feudal. Os novos-ricos revelaram-se partícipes da mesma tradição, conservadora até a medula.

O modernismo deu-nos a democracia, o capitalismo e a educação liberal, armas poderosas contra o sistema elitista. Infelizmente, com o materialismo científico, os antigos liberais tornaram a se elitizar; além dos meritocratas mencionados anteriormente, entre os membros da nova elite liberal estão alguns dos ricos e famosos não religiosos, e os burocratas e lobistas que pensam que "o governo sabe o que é melhor para você".

Por fim, o resultado da mistura entre o antigo elitismo religioso dos conservadores e o novo elitismo dos liberais foi a grande lacuna financeira entre a minoria rica – velha e nova – e os demais segmentos sociais. Agora, apenas 1% dos norte-americanos detêm a maior parte da riqueza do país e concentram a maior parte da renda. A disparidade econômica está aumentando, e muito.

Pode acreditar. Num livro recente, o economista Thomas Piketty (2014) fez um estudo histórico dos registros de impostos dos últimos séculos em países como Estados Unidos, Reino Unido, Alemanha, França e Japão; tornou-se um sucesso de vendas. Como um livro sério sobre economia consegue se tornar popular? Piketty provou empiricamente aquilo de que muitos já suspeitavam: apesar do capitalismo, a lacuna entre ricos e pobres nos Estados Unidos é hoje quase tão grande quanto era na França antes da Revolução Francesa!

O que essa elite de 1% faz com seu dinheiro? Ganha mais dinheiro. Alguns economistas presumem que a riqueza desse segmento da população escoa para os 99% restantes por meio de investimentos na economia de produção e consumo. Mas isso só acontece se o retorno sobre o capital for melhor do que aquilo que o capital renderia no setor financeiro da economia. E isso raramente acontece.

Bem, o ponto principal é o seguinte: dinheiro é poder; informação para ganhar dinheiro é poder. Poder é ter toda e qualquer forma de consumo disponível e pessoas para proporcioná-la. Poder é a capacidade de influenciar e de orquestrar mudanças, ou impedi-las, em meio à forte discordância da maioria da população.

Resumindo a influência materialista sobre o capitalismo em tópicos:

1. O materialismo científico desviou o pensamento econômico para o uso da matemática, a fim de que fossem criadas inúmeras suposições comportamentais e mecânicas sobre os seres humanos com o objetivo de tornar a matemática aplicável. O comportamento real dos seres humanos está repleto de emoções e intuições não racionais, que foram ignoradas.
2. Aumentou a crença (originada e perpetuada pelos elitistas) de que só o consumismo pode tirar uma economia da recessão, só ele pode manter a demanda agregada, e de que inovações criativas não são realmente necessárias. A criatividade mecânica – a criatividade limitada a permutações e combinações de aprendizados passados – não é muito útil para produzir tecnologias inovadoras. Mas a criatividade mecânica pode ser adequada para a nova tecnologia da informação.
3. A ideia de valores arquetípicos eternos foi difamada. Isso prejudicou a própria ciência, de modo que verdades cientificamente

descobertas ficaram sujeitas a discussões como se fossem verdades relativas, e a ciência se viu engessada por controvérsias.
4. A aplicação da ética ao comportamento nos negócios tornou-se ambígua. Políticos tentaram substituir a ética por leis regulatórias, mas com muito pouco sucesso. Advogados e contadores astutos ajudaram a neutralizar o efeito das regulações.
5. O elitismo voltou sob nova forma, mas ainda é praticamente o mesmo feudalismo antiquado; na verdade, é até pior. Na época feudal, pelo menos alguns membros da elite investiam em significado e valores, e houve mudanças que acabaram libertando o espírito humano criativo. Hoje, em sua maioria, a elite processa informações e segue a filosofia de que o dinheiro está na informação.
6. O dinheiro tornou-se o novo Deus da economia. Entretanto, esse Deus é bem diferente do antigo Deus das religiões que privilegiava valores espirituais – ética e amor, significado, criatividade e coisas assim. O novo Deus favorece apenas valores materiais ou do ego, centrados no prazer. Ajudadas pela mídia, as gerações mais jovens do mundo todo estão fomentando esses valores do ego focados no prazer.

Naturalmente, as ideias materialistas não funcionam; o consumismo, por exemplo, flutua muito e não consegue criar uma demanda agregada estável. Apesar da manipulação por meio de sofisticadas técnicas de marketing, nossos gostos e desejos flutuam de forma imprevisível. Sem inovações significativas, não é possível criar uma nova demanda de consumo, e a economia perde dinamismo. Quantas gerações de celulares podemos vender como se fossem novas, mantendo o interesse do público? E não se esqueça: a ênfase no processamento de informações faz com que a capacidade de concentração das pessoas diminua! Creio que a dependência do consumismo para manter a demanda agregada é a principal razão pela qual as recessões são mais frequentes hoje do que nunca.

Vejamos outra ideia materialista: desmerecer e abandonar a ética nas práticas de negócios, trocando-a por regulações governamentais. A ética é um modo de equilibrar as tendências negativas embutidas no cérebro, como competitividade e ganância. Na década de 1920 e no começo do século 21, glorificamos a ganância; em ambos os casos, o efeito colateral foi a crise financeira.

Mas há outros efeitos colaterais. Daniel Pinchbeck (2011) fala sobre um deles:

> O moderno capitalismo [materialista] torna banal e rotineiro o comportamento sociopata. O que mais podemos dizer de uma corporação como a Walmart que emite apólices de seguro em nome de funcionários perseguidos e humilhados usando análises estatísticas "inusitadas" para lucrar em cima do agravamento de seus índices de mortalidade (...) [Ou de] CEOs complacentes como Tony Howard da BP, que assiste feliz da vida a corridas de iates enquanto as atividades de sua empresa liquidam com ecossistemas inteiros?

Um autor desconhecido fez um poema em torno do mesmo tema:

> Temos casas maiores, mas famílias menores;
> mais conveniências, mas menos tempo.
> Temos mais títulos acadêmicos, mas menos sensatez;
> Mais conhecimento, mas menos juízo;
> Mais especialistas, mas mais problemas;
> mais remédios, mas menos saúde.
> Fomos à Lua e voltamos,
> Mas temos dificuldade para atravessar a rua para conhecer o novo vizinho.
> Temos mais computadores para armazenar mais cópias do que nunca,
> Mas menos comunicação de verdade.
> Temos excesso de quantidade, mas escassez de qualidade.
> São tempos de refeições rápidas e digestão lenta;
> Homens altos, mas com pequenez de caráter;
> Lucros profundos e relacionamentos rasos.
> É uma época em que há muita coisa na janela
> mas nada na sala.
> (Citado em Eisenstein, 2011.)

Economia do lado da oferta

Aceitamos o elitismo nos Estados Unidos. O elitismo é uma característica comum às duas visões de mundo concorrentes que temos hoje na América – o cristianismo e o materialismo científico. A situação é a mesma em muitos países. (Uma exceção notável pode ser a Austrália, onde se considera que todo indivíduo tem o mesmo valor.) Naturalmente, as elites provocam uma questão: Por que elas devem arcar com o ônus de pagar pelo bem social na forma de impostos mais altos? Na década de 1980, perguntas como esta abriam espaço para sugerir uma possível solução ao problema da recessão que surgiu durante o governo de Ronald Reagan. Trata-se da chamada economia do lado da oferta, pois sua premissa é melhorar as condições de oferta em detrimento das de demanda para criar empregos e movimentar a economia. Tal como seu primo do lado da demanda, esse modelo também funciona por meio da intervenção governamental. Contudo, no lugar da redução de impostos para a classe média, auxílio-desemprego e empregos no setor público, a economia do lado da oferta oferece aos ricos um sensível abatimento fiscal como um influxo de capital (oferta de dinheiro novo). Supõe-se com isso que os ricos irão investir o capital em novos negócios, estimulando nova produção e criando empregos. Aqui também, os cortes nos impostos virão do financiamento da dívida.

Os críticos chamam a isso de economia do "trickle-down", ou do "gotejamento", lenta demais para reativar a demanda por consumo e fazer alguma diferença. Na prática, o dinheiro sequer parece gotejar. Com efeito, a história mostra que essa prática cria uma enorme lacuna de riqueza entre ricos e pobres, a própria antítese do espírito do capitalismo de Adam Smith.

O fato é que os ricos já têm dinheiro suficiente para investir na criação de demanda se tiverem a certeza de que vão ganhar dinheiro com isso. Logo, a estratégia de estimular a economia concedendo aos ricos mais dinheiro com a redução da carga tributária dá à elite econômica um meio de aumentar ainda mais o fosso que os separa dos pobres, investindo o capital extra no setor financeiro e ganhando ainda mais dinheiro. O efeito final da economia do lado da oferta foi bem resumido pelo compositor Peter Garrett: "Os ricos ficam mais ricos e os pobres entendem o recado".

A recente crise financeira de 2008 deveria ter causado o desaparecimento de muitas empresas, especialmente instituições financeiras, caso seguíssemos os ditames da economia clássica. Em vez disso, o governo salvou as instituições financeiras que eram "grandes demais para desaparecer", preservando o lado da oferta da equação econômica. (Um cínico diria que eram empresas "com muita influência política" para terem de sumir.) Isso acabou aumentando ainda mais a distância entre ricos e pobres. Pior. Se o salvamento de corporações que são "grandes demais para desaparecer" se tornar a regra econômica geral, então os ricos poderão fazer investimentos especulativos e ficar com os lucros, mas o governo (ou seja, as pessoas) arcará com o prejuízo. George H. W. Bush notabilizou-se por chamar a economia do lado da oferta de "economia vodu". Isso é discutível, pois há algumas evidências que sugerem que ela salvou a economia da deflação da era Carter/Reagan, mas não há dúvidas de que a economia do lado da oferta não está em sintonia com o capitalismo de Adam Smith; devemos entendê-la mais como uma economia elitista.

Hoje, muitos economistas acreditam que, para o capitalismo de Adam Smith poder funcionar, não será possível manter a ideia de um mercado completamente livre. Assim, a maioria dos economistas atuais prefere a intervenção governamental, seja pela abordagem keynesiana (aumente os impostos dos ricos e o número de programas governamentais para gerar mais empregos e movimentar a economia; dê incentivos fiscais a pequenas empresas), seja por meio da economia do lado da oferta (reduza os impostos dos ricos e espere a riqueza gotejar e beneficiar a todos). Perceba, porém, que esses dois remédios só funcionam se a forte expansão econômica voltar depressa. Na verdade, sob o materialismo científico, a criatividade de nossa sociedade ficou tão anêmica que o investimento nos negócios não voltará rapidamente a níveis mais robustos. As empresas preferem adotar uma atitude do tipo *esperar para ver*.

Muitos economistas lembram – corretamente, no meu entender – que o efeito das intervenções keynesiana e do lado da oferta para tirar a economia da recessão é mais psicológico do que qualquer outra coisa. Nos dois tipos de intervenção, passa-se um bom tempo até que os efetivos empregos tornem a aparecer. Na verdade, geralmente a economia se recupera antes disso, e a utilidade dessas interferências não fica muito clara. Na economia quântica da consciência usamos a intervenção governamental sobre o lado da demanda no atendimento direto ao bem social por meio do aumento da demanda no setor sutil da economia; além disso, incrementamos o lado da oferta concedendo reduções nos impostos de pessoas "ricas", não só em termos materiais como espiritualmente, uma vez que elas investem no sutil e no espiritual. E essas pessoas não esperam o clima econômico melhorar para investir, pois cuidam imediatamente de seus interesses (veja o Capítulo 5).

Na atualidade, os economistas também preferem a intervenção semigovernamental por meio de uma agência central em cada país, que controla a oferta de dinheiro mudando as taxas de juros conforme o necessário ou criando dinheiro novo (veja a seguir).

O efeito final da economia keynesiana, da economia do lado da oferta e da economia monetária do tipo que acabamos de mencionar, é o mesmo: se as implementarmos, o livre mercado não será mais livre. Isso é bom ou ruim? Sem compreender o mecanismo por trás das "mãos invisíveis" do livre mercado, é impossível avaliar. E esse problema também encontra solução na economia quântica da consciência (veja o Capítulo 5).

Economia monetária, o Fed e a ascensão do setor financeiro

Bem, e o que acontece com o dinheiro que os ricos poupam graças aos cortes nos impostos, conforme a economia do lado da oferta, se não o investem em novos empreendimentos? Os ricos simplesmente deixam o dinheiro numa conta bancária, rendendo juros?

Houve uma época em que as taxas de juros eram bem altas nos Estados Unidos, mas uma nova invenção nos afastou desses dias. Chama-se economia monetária.

O dinheiro é um assunto complexo, e a história de sua crescente complexidade é fascinante (veja a seguir). Basta dizer que hoje existe um órgão central apolítico chamado Federal Reserve, o banco central norte-americano, ou simplesmente Fed, que monitora a quantia de dinheiro que circula na economia (a oferta de dinheiro) e exerce esse controle por meio do ajuste da taxa de juros e da emissão de moeda. O Fed também pode ajustar as taxas de câmbio entre moedas, o que afeta o comércio entre países.

Segundo a teoria, ajustando a oferta de dinheiro e as taxas de juros, o Fed consegue controlar, pelo menos até certo ponto, as flutuações que dão origem aos ciclos de expansão e retração (Friedman, 1962). A história mostra que o Fed certamente consegue controlar a inflação elevando as taxas de juros e diminuindo a oferta de dinheiro, mas o oposto não é verdade. Entre 2010 e 2013, as taxas de juros foram mantidas num patamar bem baixo e o Fed injetou dinheiro novo no sistema o tempo todo, mas isso só fez com que a economia ganhasse robustez em meados de 2014. Logo, o Fed não tem muito controle sobre a prevenção de grandes recessões ou sobre a saída de uma grande recessão.

Assim, temos outra forma de controle semigovernamental do mercado: o Fed e suas diversas maquinações. Hoje, as taxas de juros estão intencionalmente baixas, e as pessoas precisam encontrar novas formas de ganhar dinheiro com o dinheiro (desde que se tenha uma boa quantia dele), especialmente se o ambiente de negócios não é visto como suficientemente lucrativo (devido, por exemplo, à escassez de ideias inovadoras para despertar o interesse do consumidor) para criar novos empreendimentos e gerar negócios.

Mencionei antes os investimentos especulativos feitos pelos ricos. Quais os investimentos especulativos feitos por eles atualmente? Isso nos leva ao tema do setor financeiro da economia. Aconteceu uma coisa muito irônica em nossa economia materialista. À medida que a visão de mundo foi desvalorizando nossas experiências sutis, relegando-as a meros adornos úteis apenas para a sobrevivência ou, na melhor hipótese, para o entretenimento, o dinheiro em si, que representa o valor material, deu margem a mais e mais abstrações, tal como o sutil. Dito de outro modo, não temos visto o sutil como capital potencial porque usamos lentes conceituais míopes. Em vez disso, criamos as abstrações pseudossutis do dinheiro em nossa busca por mais e mais capital. Nesse tipo de abstração, não importa que a sustentabilidade da expansão econômica seja a antítese da expansão propriamente dita. De qualquer modo, essas abstrações do dinheiro vieram para ficar – pelo menos, é o que parece. Em 2006, todo o capital mundial em ações valia mais ou menos US$ 51 trilhões; no mesmo ano, os derivativos – uma dessas abstrações refinadas – somavam US$ 400 trilhões.

Lidar com essas abstrações monetárias é complicado, e os economistas matemáticos não tiveram muito êxito em descobrir maneiras de prever sua dinâmica. Logo, como no jogo de azar, há sempre uma dose de especulação envolvida nos investimentos desse setor financeiro da economia.

Mas estamos nos adiantando. A maioria das pessoas tem pouca familiaridade com essas abstrações do dinheiro. Além disso, o setor financeiro corresponde a quase 9% da economia atual; nenhum político ousaria eliminá-lo por completo ou reduzir sua participação na economia, com ou sem jogo de azar. Se não podemos nos livrar dele; o mínimo que temos a fazer é conhecer essa fera.

A pirâmide invertida do dinheiro e suas abstrações

Já disse que o dinheiro em si é uma abstração. A atividade econômica nas sociedades humanas começou há milênios com a troca direta de coisas de valor (riqueza real). É interessante que essa troca também se transformou em dinheiro de papel por meio de uma abstração similar à que estamos discutindo. Primeiro, uma ou mais mercadorias valiosas (ouro, prata e similares) tornaram-se o padrão de medida de todas as outras espécies de riqueza de valor concreto; no estágio seguinte, recibos que podiam ser trocados por uma importância fixa da mercadoria valorizada tornaram-se a unidade de troca. Finalmente, o papel-moeda, a promessa de pagar uma quantia designada desses recibos, substituiu os próprios recibos.

Suponha que você precise de dinheiro mas não dispõe dele; porém, se tiver uma propriedade ilíquida para servir de garantia ou um bom histórico como produtor de bens de capital (ou seja, se gozar de bom crédito na praça), você pode procurar um intermediário para conseguir dinheiro. Esses intermediários, evidentemente, são os bancos. Os bancos emprestam dinheiro cobrando juros; é o lucro que os motiva. O banco ganha dinheiro com dinheiro e você pode fazer o mesmo. Se dispuser de algum excedente, você pode depositar seu dinheiro num banco, que lhe pagará juros, mas a uma taxa inferior à cobrada nos empréstimos.

Como as empresas conseguem dinheiro? Podem pedir empréstimos aos bancos. Hoje, porém, é bem mais provável que uma corporação venda uma parte de seu valor ao público, levando esses investidores a adquirir suas quotas ou ações. As ações têm valor nominal, mas geralmente são vendidas com ágio (talvez dez ou vinte vezes seu valor nominal), dependendo do valor determinado pelo mercado.

Então, se você tem dinheiro sobrando e quer ganhar mais dinheiro com ele, pode não só optar pela intermediação (o banco) como pela desintermediação, investindo diretamente no mercado de ações.

As ações são outra forma de abstração, sem dúvida mais sutil do que o próprio dinheiro. Em virtude do risco intrínseco envolvido e da imprevisibilidade do mercado, antes da década de 1980 as pessoas comuns raramente investiam em ações. Depois, apareceram os fundos de investimentos, para os quais os especialistas criaram uma carteira de ações para novatos, reduzindo o seu risco.

Atualmente, se você quer fazer um investimento de longo prazo, conta com a opção relativamente livre de risco para empregar recursos no mercado de ações por meio dos fundos de investimentos. Há diversos deles: títulos, *hedge funds* (ou fundos de cobertura) com diferentes funções e assim por diante.

Os fundos de investimento são seguros mesmo? Por favor, tenha em conta as palavras "relativamente seguros" enquanto acompanha a seguinte situação de um episódio do cartum Dilbert.

Dogbert está conversando com o gerente intelectualoide. "Estudos mostram que macacos são mais hábeis para escolher ações do que a maioria dos profissionais. É por isso que o Fundo de Investimentos Dogbert só emprega macacos." E ele explica melhor: "Sim, nossas taxas são altas, mas não peço desculpas por contratar os melhores".

Os mercados de capital geram muito mais valor de capital do que outros empreendimentos. No longo prazo, de fato, o valor do mercado de ações como um todo aumentou diversas vezes. É possível ter uma ideia mais clara disso nos Estados Unidos acompanhando o índice Dow Jones, por exemplo.

A mais recente abstração é o já mencionado derivativo, um instrumento que obtém seu valor por meio de uma ação ou de outro instrumento financeiro com valor concreto. Um exemplo de derivativo simples é um contrato futuro, no qual a comercialização da ação dar-se-á em uma data posterior. Risco adicional? Sim. Mas os derivativos são negociados por um valor dez vezes superior ao valor corrente da ação. Introduzindo outro nível de abstração e ainda mais risco, os magos financeiros da economia atual criaram dez vezes mais valor de capital.

Os bancos que deveriam lhe emprestar dinheiro descobriram outra opção: ganhar dinheiro criando uma papelada relevante para produzir diferentes formas de títulos negociáveis que podem alavancar diversas vezes seus ganhos e fazer muito mais dinheiro do que emprestando diretamente para você. Este é um dos motivos pelos quais o dinheiro fica preso aos emprestadores, mesmo quando há uma oferta adequada. O último item dessa classe de abstração é um derivativo chamado obrigação de dívida colateralizada, com sigla CDO em inglês. Esses investimentos tiveram um papel importante na formação do colapso financeiro de 2007-2009 (para saber mais, leia o Capítulo 5).

Há uma discussão política em andamento: devemos atender aos interesses dos consumidores e eliminar a especulação financeira da economia mediante a regulação governamental? Ou devemos depender do bom senso dos ricos, dos "criadores de empregos", para não tornarem a levar a economia novamente para o buraco? Depois da grande depressão, criamos regulações que mantiveram em um nível mínimo o aspecto especulativo do setor financeiro. Em 1999, porém, o gênio tornou a sair da lâmpada, e em uma década o desastre econômico voltou a nos atingir. Mais uma vez, discussões. Recentemente, o presidente Obama retomou o controle por meio de regulações para manter a transparência. Não é o suficiente para eliminar investimentos nas novas abstrações financeiras, mas espera-se que baste para impedir que as especulações saiam do controle.

O atual impasse do pensamento econômico-político sobre o papel do governo: existe uma saída?

Assim você conheceu, em termos simples, a história do capitalismo praticado nos Estados Unido, e como e por que esse país chegou à grande recessão recente (mais detalhes no Capítulo 5). Há mais um elemento de complicação que leva a uma discussão interminável: a questão da dívida nacional.

Na prática, a intervenção governamental, tanto do lado da demanda quanto do da oferta, depende do financiamento da dívida caso sucumbamos à economia materialista: a expansão econômica baseada na demanda do consumidor por bens e serviços materiais. O financiamento da dívida aumenta a dívida pública.

Na década de 1970, o padrão-ouro tornou-se impraticável, e o dinheiro teve de mudar para o "padrão dólar". Vou detalhar esse episódio mais adiante, mas, com isso, a dívida ficou facilmente disponível tanto para o povo dos Estados Unidos quanto para a nação como um todo (ou seja, o governo federal). Mas é preciso pagar os juros da dívida pública, e, mesmo com taxas baixas, eles atingem um valor substancial, reduzindo a flexibilidade futura do governo no trato da economia. Eis por que a discussão sobre a melhor maneira de reduzir a dívida pública a um valor viável ainda prossegue.

Nesse país, boa parte dos gastos do governo vai para a rede de proteção social – a seguridade social e o Medicare para os idosos, e o Medicaid para os pobres. Os críticos do bem social reclamam: devemos aumentar a dívida pública para pagar pela dignidade dos idosos ou para manter o bem social? Mas os proponentes do bem social argumentam igualmente que é possível reduzir a dívida pública, de modo fácil e eficiente, eliminando as lacunas na legislação tributária dos ricos!

A política de polarização entre republicanos e democratas fez com que se chegasse a um impasse no departamento de intervenção governamental na economia. Ela tem sido vista cada vez mais como uma discussão entre esquerda e direita, e o nome pejorativo dado às ideias de esquerda é socialismo. A palavra *socialismo* lembra às pessoas o marxismo, o comunismo e tantas coisas vis que levaram à Guerra Fria.

E, sem dúvida, uma crítica ao socialismo é verdadeira: ele tende a produzir pesadelos burocráticos. Naturalmente, o livre mercado sem regulações também produz pesadelos, como lembram corretamente os esquerdistas! Segundo eles, a ética religiosa que, em uma era passada, manteve éticos executivos e empresários, não é científica e nunca vai voltar. A esquerda ainda tenta manter a discussão do "estamos nisso juntos", ideia associada à filosofia humanista (humanismo), contra o "você está sozinho nessa", da filosofia conservadora, elitista e individualista. Ela não se lembra de que ambas as filosofias são importantes para o funcionamento saudável de uma economia capitalista; e que, sob a influência crescente do materialismo científico, a esquerda também está favorecendo cada vez mais os valores do ego, o "numero uno". Creio que, se ignorarmos qualquer segmento importante da sociedade na solução econômica proposta, estaremos criando uma bomba-relógio que vai voltar para nos assustar. Portanto, é importante desenvolver uma estrutura econômica inclusiva, engajando todos os setores da sociedade com opções adequadas para que todos possam trabalhar muito e ter sucesso.

Naturalmente, o problema é o mesmo enfrentado por outros grandes pensadores do passado – Marx, Veblen e Keynes. Como combinar compaixão e capitalismo para chegar a um grande acordo mútuo. Até o presidente George W. Bush falou do conservadorismo compassivo. Mas uma burocracia socialista que usa dinheiro emprestado para atingir o bem social pode não ser a resposta mais adequada. A experiência europeia – com o caos econômico da Grécia, da Espanha, da Irlanda e da Itália – mostrou isso claramente.

Não acredito que você, leitor, aprecie o fato de que a polarização política que vemos hoje no mundo inteiro deva-se, na verdade, a um conflito entre a visão de mundo do materialismo científico (os liberais ou democratas dos Estados Unidos) e a visão religiosa/cristã (os conservadores ou republicanos). Mas cada uma dessas duas visões de mundo gera um paradoxo: a primeira, o paradoxo da mensuração quântica do efeito do observador; a segunda, o paradoxo do dualismo (veja o Capítulo 3). Os paradoxos lógicos mostram a incompletude dessas duas visões de mundo. Além disso, há muitas anomalias empíricas que nenhuma dessas compreensões pode explicar. A solução dos paradoxos e os "fatos" empíricos exigem a visão de mundo integradora da física quântica, que nos oferece uma nova ciência dentro da consciência (Goswami, 2008a).

Os conservadores aprovam o domínio sutil das experiências humanas – no mínimo, o valor e a dimensão espiritual. Mas os conservadores não gostam da criatividade, o caminho para explorar essas dimensões. Na visão dos materialistas científicos, ademais, a criatividade é, na melhor hipótese, a criatividade mecânica, baseada principalmente no processamento de informações, uma criatividade determinada, se é que isso faz algum sentido; é um pálido fac-símile da verdadeira criatividade. Para piorar ainda mais as coisas, os materialistas denigrem o sutil porque não conseguem incluí-lo em sua filosofia.

Diz o filósofo Rajani Kanth (2013):

> Os mercados [sob a égide do materialismo científico] produzem a ilusão – reciclada continuamente – de que nossas necessidades [materiais] são ilimitadas e nossos anseios, infinitos; de que somos consumidores patologicamente obsessivos antes de qualquer outra coisa, amigos, parentes, cidadãos, seres sociais, produtores, criadores e artistas; e que o mercado vai satisfazer esses anseios... de agora até a eternidade. *Mas a vida não é só consumismo, e a vida não é uma história covarde de luxúria ilimitada, de satisfação privada, pessoal, autoindulgente e material, como um porco num grande chiqueiro chafurdando sozinho*; somos, incuravelmente, *seres sociais* que não devem ser aprisionados por seus próprios artefatos, seduzidos pelos desígnios do Capital, enredados nos ardis dos especuladores ou nos planos daqueles que procuram acumular lucros, expandir mercadorias e reduzir nossa vida, destruindo, proporcionalmente, a própria fonte de nosso bem-estar.

Nestas páginas, veremos que, se mudarmos a visão de mundo e adotarmos uma perspectiva integradora, quântica, haverá uma interrupção no avanço da influência do materialismo científico; as religiões vão relaxar e caminhar para uma era pós-secular que trará de volta a ética e a criatividade, não como dogmas religiosos, mas como valores científicos, e a política da polarização cederá lugar a um trabalho conjunto no sentido de implementar a nova economia quântica da consciência, com lugar tanto para as necessidades materiais quanto para o bem-estar sutil e espiritual.

Na economia quântica da consciência, resolvemos o problema das grandes flutuações econômicas com a criatividade e com investimentos no domínio sutil, sem aumentar a lacuna que separa ricos e pobres e sem sufocar a classe média. A nova abordagem proporciona uma economia estável e incorpora uma solução para problemas como recursos finitos, que preocupam economistas e líderes empresariais.

Quando a curva da produção mundial de petróleo começar a cair em vez de subir sem parar, teremos o sinal de que essa "carona no petróleo barato" tomada pela economia materialista de expansão não irá durar para sempre, e então teremos de recorrer a tecnologias sustentáveis. Alguns dizem que a produção de petróleo bruto está parada desde 2004, a despeito do petróleo de xisto produzido com a tecnologia de fraturamento (que é de curto prazo) (Geisen, 2014).

O argumento materialista habitual é de que, quando um recurso se esgota, seu custo aumenta; o aumento do custo permite que alternativas tecnológicas se tornem economicamente competitivas, ad infinitum. A premissa implícita, naturalmente, é de que existe uma quantidade infinita de fontes alternativas de energia e que sempre é possível encontrar uma tecnologia adequada para sua utilização, desde que os custos sejam viáveis. Pode ser que essa premissa fosse justificável na época de Bacon, mas agora conhecemos quase tudo sobre energia física. O prognóstico é definitivamente lúgubre, a menos que você acredite nessa conversa mole e mal informada sobre "energia gratuita" – e a maioria dos materialistas não acredita nela, o que conta a seu favor.

Não tenha dúvidas. Precisamos ter sustentabilidade, mas como? A proposta deste livro é percebermos que a ciência precisa de uma mudança de paradigma, passando do materialismo científico para a primazia da consciência e construindo uma economia quântica da consciência. Na economia quântica, trazemos ao cenário a sustentabilidade, que também é a resposta para a redução do consumo e da dívida pública.

Alguns pensadores da nova era não estão prontos para se comprometer com a necessidade de uma mudança na visão de mundo; concordam que precisamos mudar a maneira como pensamos o dinheiro. Acham que a forma como usamos hoje o dinheiro é maléfica, e que devemos tentar buscar alternativas sérias para o uso costumeiro do dinheiro. Concordo em parte, e neste livro sugiro que consagremos o dinheiro usando-o como moeda de troca não tanto na arena material como na arena sutil; assim, se o dinheiro é o deus da economia, pelo menos ele cuidará de todas as necessidades e interesses do ser humano – materiais, sutis e espirituais.

Outro grupo de pensadores sérios acredita num despertar maciço para a consciência ecológica, permitindo que as pessoas participem do sacrifício necessário para uma economia ecologicamente sustentável na qual "o pequeno é belo". Acredito nesse lema, mas não acho que adotá-lo seja um sacrifício. De modo geral, devemos ser suficientemente pragmáticos para entender com clareza que a equanimidade exige que ninguém precisa fazer sacrifícios. O toque redentor da economia quântica da consciência é que ela visa mudar a atitude dos consumidores e o contexto do modo de pensar e de sentir. Se o governo criasse um imposto sobre o consumo de carne porque esta consome muita energia para ser produzida, para os carnívoros a taxação seria considerada um sacrifício. Já para os vegetarianos, especialmente aqueles que veem o benefício dessa tributação para a saúde e para o ambiente, o imposto seria uma boa notícia.

Política e economia: É a visão de mundo, idiota!*

Mencionei antes que, neste momento, nos Estados Unidos e em muitos outros lugares, há uma polarização entre dois partidos políticos principais. Qual a raiz dessa polarização? Para que nosso pensamento ultrapasse essa polarização, temos de descobrir sua causa primordial e eliminá-la.

Vou repetir. Nos Estados Unidos, há os republicanos – a velha guarda, os conservadores – e há os democratas – os liberais. Os republicanos apoiam a economia do lado da oferta, que inclui reduções nos impostos dos ricos; de modo geral, preferem menos regulações governamentais, especialmente aquelas que afetam a maneira como são conduzidos os negócios que geram empregos. Afirmam que as corporações são humanas e devem ter o direito de influenciar a política da forma que considerarem adequada. Noutras palavras, os republicanos são elitistas tradicionais: os pais sabem o que é certo, os velhos-ricos sabem o que é certo e as corporações sabem o que é certo. As ideias não evoluem com mudanças de circunstâncias e não há criatividade.

Os republicanos também desfrutam do apoio maciço dos cristãos – grupo que já se declarou a maioria moral do país. Assim, não só apoiam os valores cristãos de vida como compartilham o desdém de muitos cristãos pela ciência. Logo, creio ser justo dizer que os republicanos sustentam a visão de mundo do elitismo religioso.

Os democratas são o partido do movimento trabalhista. Também são o partido dos liberais, pessoas com a agenda que tradicionalmente se rebela contra toda forma de ortodoxia – evidentemente, a ortodoxia religiosa, mas também a ortodoxia dos ricos e poderosos. Poder para o povo, diziam os democratas tradicionais, opondo-se à ortodoxia dos ricos poderosos.

Mas aconteceu alguma coisa no caminho que levou aos dias atuais. Os democratas também apoiam a ciência – supostamente, o

---

* Brincadeira que o autor faz com a frase em inglês *It's the economy, stupid* [É a economia, idiota!] criada por James Carville, organizador da campanha presidencial de Bill Clinton em 1992. [N. de T.]

veículo que nos liberta do dogma religioso e de outros dogmas, ciência que julga o que está acontecendo estudando cuidadosamente os fatos, e nada mais. Mas o espírito liberal da ciência cedeu lugar ao dogma do materialismo científico com tanta naturalidade que poucos perceberam o que aconteceu. Houve um enorme intercâmbio bilateral entre a academia e o governo na forma da grande ciência e da Guerra Fria. A grande ciência levou o materialismo científico à academia, e a resistência inicial das "artes liberais" foi afastada graças à purga ideológica dos desconstrutivistas (não muito diferente daquilo que aconteceu na Rússia soviética e na China comunista). Os "liberais", por sua vez (agora investidos do papel de porta-bandeiras do materialismo científico), começaram a exercer grande influência sobre a parcela não religiosa dos partidos políticos, os democratas. Muitos democratas ainda se apegam a valores, mas precisam disfarçá-los muito bem sob a filosofia humanista – os valores são valores humanos, e por isso são importantes.

Em suma, hoje a realidade é esta: os republicanos são elitistas religiosos e os democratas são materialistas científicos – e também elitistas, embora de um tipo diferente, conforme já mostramos –, e o povo americano fica dividido (ou, se preferir, polarizado) entre eles, dois dogmas exclusivos e elitistas. A trégua cartesiana do modernismo, que nos proporcionou um alívio do elitismo, foi esquecida quase completamente.

Com esse histórico, fica fácil entender por que os republicanos preferem a economia do lado da oferta. Os verdadeiros elitistas não gostam de nada parecido com os modernos governos democráticos, nos quais as pessoas têm voz; afinal, como podemos confiar em pessoas comuns, "ignorantes", que precisam ouvir da elite o que é bom para elas? Esta é a posição do ultraconservador Tea Party*. O pragmatismo, porém, exige que aceitemos que o governo democrático chegou para ficar. Nesse caso, pelo menos certifique-se de que será mantida a divisão elite/pessoas comuns. A economia do lado da oferta faz isso proporcionando benefícios fiscais para os ricos. Além disso, os ricos, sendo religiosos, sabem como criar o bem social; não precisamos nos preocupar, dizem os partidários da oferta. Governos, fiquem de fora;

---

* Movimento social e político norte-americano, de caráter populista e conservador, que surgiu em 2009, na esteira da crise financeira deflagrada em 2008. Programaticamente alinhado com o Partido Republicano, opõe-se aos programas patrocinados pelo governo federal e exalta os princípios do livre mercado, defendendo a redução dos gastos do governo e da carga tributária. O nome é uma alusão ao Tea Party de 1773, um protesto ocorrido em Boston contra o monopólio britânico e o imposto sobre o chá. [N. de E.]

a caridade privada, voltada para os pobres que dela façam jus, cuidará do bem social, acrescentam.

Os democratas apoiam a economia do lado da demanda, em parte por causa da tradição (iniciada por Franklin Roosevelt, o mais notável democrata do século 20), em parte porque, apesar da influência do materialismo científico, muitos deles se apegam a valores tradicionais (porque são valores humanos). Infelizmente, eles aderem ao elitismo criado pelo materialismo científico, a "meritocracia", o elitismo das pessoas que "realmente sabem o que é certo". (E essas pessoas também podem ser ricas e famosas!) Naturalmente, os democratas querem o bem social e o fazem por meio da elite burocrática e da regulação.

Os democratas são socialistas? Os democratas norte-americanos evitam essa expressão como ninguém. Mas essa ideia de que o bem social pode ser injetado numa sociedade materialista mediante regulação é a mesma já sugerida por Marx, e que não deu certo.

Além disso, a política dos democratas elimina a disparidade de renda? Só se essa política consistir em tributar os ricos e não envolver o financiamento do déficit público. Mas a polarização política torna impossível tributar os ricos; não é uma opção politicamente correta.

O elitismo do tipo republicano é melhor? Não, como a história já demonstrou. A economia do lado da oferta, combinada com a oligarquia cristã, é um passo para trás, para a era feudal.

O problema é que nem a elite tradicional, nem a elite burocrática e nem a elite dos ricos e famosos podem levar o "bem" para a sociedade, pois os seres humanos têm circuitos cerebrais de emoções negativas (a origem da "corrupção") que lhes são inerentes, e, neste estágio de nossa evolução, o "bem" nos seres humanos é apenas uma potencialidade e só por vezes disponível como algo concreto para aqueles que são sensíveis às suas intuições. O bem precisa ser cultivado. A intuição precisa ser seguida pela criatividade não só para podermos equilibrar o negativo, mas para atingirmos o positivo.

Como cultivamos o bem? Como colocamos no cenário o interesse pela criatividade? Tradicionalmente, tentamos fazê-lo pela educação, que, é evidente, tende a produzir a elite (religiosa ou materialista, como preferir). O capitalismo sugere outro caminho. Cultive o bem tornando-o parte da equação econômica de produção e consumo.

A natureza humana pode ser influenciada pela tecnologia e pelo consumo? Claro. Como nos tornamos os materialistas que somos hoje? A polarização entre visões de mundo diz mais respeito ao modo como pensamos do que ao modo como vivemos. As tecnologias materiais dos computadores e dos celulares influenciaram tanto as pessoas, que a própria natureza dos relacionamentos humanos está mudando rapidamente. Hoje, as crianças caminham lado a lado trocando mensagens de texto, não palavras faladas. Elas já descobriram que deixar os sentimentos de fora da comunicação é mais eficiente! Já lhes ensinaram que é preciso aprender a processar informações sem se deixar perder na busca de significados. O dinheiro está na informação. Não estamos na era da informação?

Mas a razão pela qual os humanos, desde que surgiram, têm interagido com o caminho do significado e do sentimento não é o fato de que lidar com as emoções e explorar significados é mais divertido do que ganhar dinheiro. Talvez você não tenha percebido, mas as sociedades e culturas atuais sofrem privações nutritivas não apenas em termos de dietas equilibradas e materialmente saudáveis, como também (e mais ainda) em áreas como o sutil e o espiritual – energia vital, significado mental, valores arquetípicos e totalidade espiritual.

Pensamos que vivemos em nosso ambiente exterior, mas isso é uma meia verdade. Vivemos muito mais em nosso ambiente interior, a psique. Quando a psique fica empobrecida por falta de nutrição, perdemos o entusiasmo e sentimo-nos deprimidos. Tentamos em vão preencher nossa vida com recursos tecnológicos, mas a falta do sutil aparece em nossos relacionamentos – ou melhor, na falta deles.

Imagine que consigamos fazer com que uma tecnologia explícita de energia vital produza bens para consumo de energia vital. As crianças que consumirem esses bens serão vitalizadas pela energia, e depois vão dissipá-la por meio da interação com outros seres humanos. Esta é a forma de voltarmos aos relacionamentos.

Não percebemos como o materialismo científico nos privou de vitalidade por causa de sua afirmação de que tudo é matéria, e de que biologia é química. Veja o caso dos grãos de nossa alimentação cotidiana. Os biólogos afirmam que alimentos cultivados organicamente e alimentos que são fruto da bioengenharia são igualmente nutritivos, já que a composição química do alimento é a mesma. A nova ciência desmente isso. Provavelmente, o conteúdo de energia vital do alimento modificado pela bioengenharia será diferente, e isso é importante.

Há um ditado em inglês que diz que a prova do pudim consiste em comê-lo. Prove o arroz cultivado organicamente e o arroz modificado geneticamente pela Monsanto. Você será capaz de sentir a diferença energética (mais vitalidade) no arroz orgânico. E isso não acontece apenas com grãos. Hoje, se moramos numa cidade grande, a água que recebemos passa por tantos tratamentos químicos que pode muito bem estar privada da preciosa energia vital que deveríamos extrair dela.

Você tem alguma dúvida de que a água natural da fonte, sem qualquer tratamento químico, tem um sabor mais refrescante?

Concordo que, no curto prazo, nem todos conseguirão cultivar alimentos de forma orgânica ou obter toda a sua água potável de fontes naturais. No longo prazo, é possível esperar que o uso eficiente do solo disponível e o desenvolvimento de outras tecnologias sustentáveis permitam que cultivemos organicamente nossa terra. Entrementes, deveríamos saber que já temos tecnologia para revitalizar grãos normais, mesmo aqueles cultivados com fertilizantes químicos, desde que não tenham sido modificados geneticamente. O mesmo se pode dizer da água tratada com elementos químicos.

Esses são apenas dois grandes exemplos de economia da energia vital. A filosofia da "química nos proporciona uma vida boa" deu-nos muitos produtos tratados quimicamente que não possuem mais energia vital correlacionada. A revitalização desses produtos não só nos dará mais saúde e integridade, mas revitalizará a economia e, de quebra, mudará a direção da cultura, levando-a à reumanização.

O mesmo se aplica ao significado mental. O materialismo científico difama o significado. Os bastiões da ciência atual declaram abertamente coisas como "quanto mais estudamos o universo, mais ele parece sem sentido". Naturalmente, parece mesmo, se a lente pela qual você o está observando está coberta de materialismo científico.

Uma história sufi: o mulá Nasruddin é visto brigando com a água, agitando-a, batendo-a, fazendo todo tipo de traquinagens. Um amigo lhe pergunta: "Mulá, o que você está tentando fazer com essa água?". Ele responde: "Estou tentando fazer iogurte". O amigo fica chocado: "Mulá! Não dá para fazer iogurte com água". "Mas suponha que eu consiga", diz o mulá, prosseguindo em sua tarefa.

A verdade é que não conseguimos extrair significado da matéria sem a mente. Agora, se você acha que sua mente é matéria, cérebro, então está travado. Como disse Abraham Maslow, "Se você tem um martelo na mão, tudo começa a parecer prego". Se sua visão de mundo só entende a matéria, que não pode processar significados, o mundo não tem sentido; você o vê como informação.

Convicto da suprema falta de significado, você só consegue saciar sua sede humana de significado com significados falsos, como nos ensinam os existencialistas, ou tornando-se viciado em informação. Você pode se convencer de que sua sede ocasional de significado deve estar satisfazendo alguma necessidade de sobrevivência; do contrário, por que a evolução darwiniana o incluiria na discussão? Mas tudo que isso faz é ajudá-lo a racionalizar o viver na perspectiva da sarjeta da vida condicionada e orientada pelo prazer e pela dor, a serviço de suas emoções instintivas.

Não faz muito, um personagem de uma das peças de Bernard Shaw (*Heartbreak House*) travou o seguinte diálogo:

> *Ellie*: É muito caro manter uma alma: muito mais do que manter um carro.
> *Shotover*: Verdade? Quanto come a sua alma?
> *Ellie*: Muito. Come músicas, quadros, livros, montanhas, lagos, coisas bonitas para vestir e gente agradável de se conviver. Neste país, não se pode ter tudo isso sem muito dinheiro: é por isso que nossas almas passam tanta fome.

Hoje, vivemos uma cultura do computador, na qual a alma das pessoas passa fome porque não consegue encontrar significados para comer e se nutrir. Hoje, a música é sobretudo negativa, e a maior parte dos quadros e dos livros não nos inspira. As montanhas e os lagos estão por aí, mas quem tem tempo para contemplá-los? Como diz o filósofo Russell Means, "... os filósofos desespiritualizaram a realidade, e por isso (eles) não encontram satisfação ao observar uma montanha, um lago ou uma pessoa *existindo*. A satisfação é medida em termos de ganho material – assim, a montanha vira cascalho e o lago torna-se fonte de arrefecimento para uma indústria".

De modo análogo, ainda podemos encontrar coisas bonitas para vestir, mas será que encontramos gente agradável? No materialismo científico, quem é bonzinho chega por último, lembra-se? Você precisa ser narcisista para usar roupas bonitas e conversar com seus amigos pelo celular. E não é essa a realidade de hoje, em que o narcisismo predomina entre nossos jovens?

Além disso, claro, onde está o amor? Onde estão as pessoas a serviço da beleza? Estamos confusos. Existem mesmo esses arquétipos, guias atemporais de nossa busca de significado e propósito? Divididos entre duas visões de mundo – o elitismo religioso e o materialismo científico –, não temos pista alguma. Especialmente no que diz respeito a valores arquetípicos. Usamos nossa confusão de forma oportunista para sacrificar o bem social em nome do bem pessoal em qualquer situação ambígua, e isso se aplica tanto a republicanos quanto a democratas. Em outras palavras, somos hipócritas da pior espécie, hipócritas que racionalizam sua hipocrisia.

O advento da civilização significa a criação de representações cada vez melhores dos arquétipos atemporais (ver Capítulo 3). Em vista disso, nossa civilização corre perigo. Logo, nossa polarização cultural afeta tanto a política e a economia como o progresso da civilização propriamente dita.

Democratas e republicanos não conseguem concordar em termos de valores, mas tenho a certeza de que os dois grupos acreditam no capitalismo e se empolgariam se aplicássemos conceitos capitalistas em nossas explorações do sutil. Lembre-se: acima de tudo, os americanos são pragmáticos. Um hindu devoto prefere morrer de inanição a comer carne de vaca; um muçulmano prefere passar fome a consumir carne de porco; do mesmo modo, um judeu religioso se absterá de comer se não encontrar comida kosher; os americanos, no entanto, vão sempre preferir comer a passar fome (Kanth, 2013). As mudanças operadas pelo materialismo no capitalismo deram-nos poderosas técnicas de marketing. Hoje usamos essas técnicas para enganar sutilmente as pessoas, mas elas também podem ser usadas com facilidade na educação sutil. Os democratas gostam de beneficiar diretamente os necessitados para criar demanda, mas os republicanos preferem criar incentivos fiscais só para os ricos. Ambas as práticas desestimulam o comprometimento no capitalismo. Talvez os dois partidos devessem chegar a um acordo quanto a essas benesses, como um sinal: os incentivos devem ser usados para a educação no domínio sutil, a fim de que as pessoas – pobres e ricas – se interessem e se capacitem a consumir energias sutis. Concordo que esse tipo de estímulo vai exigir muita habilidade e foco nas vendas para ser aceito amplamente. Mas, assim que a produção e o consumo de energia sutil se tornarem correntes em nossa sociedade, a polarização cultural será página virada.

A lição dada pelo passado é clara. É a tecnologia que muda a economia, e a economia requer mudanças na política. Depois, a cultura pode seguir a integração necessária, adaptando a visão de mundo integradora da física quântica. Essa visão é tema do próximo capítulo.

capítulo 3

Experiências humanas, a visão de mundo quântica e a base científica para a economia quântica

Todo sistema de conhecimento deve nos ajudar em nossos três desafios existenciais: como pensar, como viver e como ganhar nosso sustento. Há quatrocentos anos, e em boa parte dos dois milênios anteriores, vivemos sob a égide de religiões, que, na maioria das vezes, malgrado períodos de sucesso, desapontaram-nos no cumprimento desses três pontos. Em muitas partes do mundo, como resultado disso, tivemos a era das trevas, quando muitas pessoas viveram na miséria material. A ciência moderna surgiu do impulso criativo humano de eliminar a miséria, de encontrar um sistema de conhecimento que trabalhe universalmente visando esse objetivo.

As coisas começaram a mudar no século 16, com o advento da ciência moderna. Nos quatrocentos anos seguintes, a ciência acumulou tanta informação sobre a matéria que esse sistema de conhecimento pareceu ser capaz de controlar e de prever a maioria das coisas em nosso ambiente inanimado exterior, começando até a tentar compreender a vida, incluindo-se aí o ser humano. Infelizmente, foi reinventada uma antiga filosofia que dizia que tudo é feito de matéria e que tudo é causado por interações materiais. Chamada de materialismo científico, essa filosofia impediu o desenvolvimento da ciência das experiências humanas.

Nessa filosofia, todos os movimentos, inclusive sociais e econômicos, são objetivos, locais e específicos, determinados por leis científicas e por uma evolução guiada pelo acaso cego e pela necessidade de sobrevivência. E só existe um nível da realidade: a matéria que se move no espaço e no tempo. Nessa visão, a mente é totalmente computável e a criatividade é a criatividade de computador, uma nova repetição do passado. Os valores são epifenômenos de nossa necessidade de sobrevivência. Francamente, quem pode culpar alguém por ser cético com relação a essa ciência? Assim, as religiões mantiveram alguma credibilidade, e o resultado foi a cisão e a polarização na visão de mundo.

As religiões não conseguiram compreender como o mundo material exterior funciona; logo, desmereceram-no, abrindo lugar para a miséria em nosso nível de vida material. Os materialistas não conseguem explicar nossas experiências sutis interiores, e por isso denigrem sentimentos, significados, valores e a consciência que a matéria não consegue computar. Como já disse, isso também abre caminho para o desastre.

Como sabemos que não somos meros computadores movidos pelo cérebro? Sabemos disso porque temos essas experiências interiores, não é verdade? Temos a experiência do sujeito/*self*; construímos a civilização presumindo que esse sujeito/*self* é causalmente potente e deve assumir a responsabilidade por suas ações. Temos sentimentos; em parte, são fenômenos cerebrais previsíveis, sem dúvida. Às vezes, porém, surgem de surpresa, parecem imprevisíveis, sem relação com o cérebro, mais viscerais. Na verdade, nossos pensamentos envolvem não apenas conteúdos computáveis, mas significados incomputáveis. Intuímos esses valores arquetípicos que Aurobindo (1996) chamava de supramentais! E agora sabemos, graças novamente às experiências de pesquisadores da criatividade, que temos a criatividade para lidar com nossos sentimentos e transformá-los, a fim de explorar novos significados e para incorporar valores. Mas as experiências são subjetivas, privadas e sutis. Como podemos incluí-las em nossa ciência, que tem material objetivo, público e denso? Eis o lamento do poeta T. S. Eliot:

> Onde está a vida que perdemos vivendo?
> Onde está a sabedoria que perdemos no conhecimento?
> Onde está o conhecimento que perdemos na informação?*

Será que tudo o que nos resta fazer é lamentar o que foi perdido com o advento da ciência materialista? Não, podemos fazer melhor. A maneira de fazê-lo vem da física quântica, o mais recente paradigma da física da matéria.

---

* No original: *Where is the life we have lost in living? / Where is the wisdom we have lost in knowledge? / Where is the knowledge we have lost in information?* [N. de T.]

A física quântica e sua visão de mundo

Na física quântica, originalmente concebida para objetos materiais, estes são mostrados como objetos de possibilidade – ondas de possibilidade. Se você colocar um elétron em repouso no centro de um recinto, o elétron não vai ficar parado segundo a física newtoniana; ele vai se expandir pelo local numa questão de instantes. Mas, se você instalar uma grade tridimensional de detectores de elétrons pelo recinto, nem todos os detectores irão disparar ao mesmo tempo. Em um experimento, só um detector detecta sinais. Só após muitos experimentos idênticos é que se descobre que o elétron não aparece num dado local o tempo todo, como uma partícula newtoniana livre; na verdade, ele aparece no recinto todo com diversas probabilidades, formando uma curva em forma de sino (Figura 1). Naturalmente, nossa interpretação é que o elétron se espalha, mas apenas em possibilidade, como uma onda de possibilidades além do espaço e do tempo. Quando a mensuramos, a onda de possibilidade torna-se a partícula concreta; as diversas facetas possíveis da onda entram em colapso e resumem-se a uma única faceta.

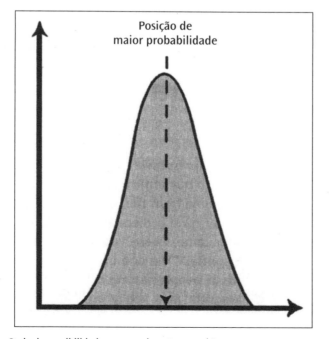

Figura 1. Onda de possibilidade em experimento com elétron.

Portanto, não existe apenas um, mas dois domínios da realidade – um de potencialidades e um da experiência concreta. O domínio da experiência concreta, evidentemente, é o espaço-tempo; assim, o outro domínio deve existir "fora" do espaço e do tempo, de algum modo. Essa ideia não é totalmente nova. Místicos, especialmente orientais, falam sobre ela há milênios; para eles, esses dois reinos chamam-se transcendente e imanente. Os psicólogos que seguem a chamada psicologia profunda têm o conceito do inconsciente, que sugere dois domínios da realidade: inconsciente e consciente. Parece que, pela terceira vez na história humana, descobrimos essa verdade essencial, agora com a certeza plena proporcionada pelos dados experimentais.

A oposição bem que tentou. Como podemos saber que o domínio da potencialidade nada mais é do que um artifício matemático? A grande descoberta deu-se quando um grupo de cientistas, liderados por Alain Aspect, descobriu um modo experimental de distinguir esses dois domínios. No domínio das experiências concretas ou manifestações, como todos sabem, precisamos de sinais portadores de energia para nos comunicarmos. Mas sabe de uma coisa? No domínio da potencialidade, não é necessário sinal, segundo Aspect, Dalibard e Roger (1982). A comunicação instantânea sem sinal que ocorre no domínio da potencialidade recebe o nome de não local.

Assim, nesse domínio não local, todas as coisas estão interligadas. A separação que sentimos só ocorre porque normalmente nos comunicamos mediante sinais locais. Mas, de vez em quando, todos passamos por experiências de comunicação instantânea, como a telepatia mental.

Se existe a comunicação não local, deve haver um campo causal com ela envolvido. O pesquisador Ervin Lazlo (2004) chamou esse campo de *campo akáshico*, reconhecendo a origem esotérica do conceito (em sânscrito, *akasha* significa "fora do espaço e do tempo"). Mas como chegar à consciência a partir desse conceito?

Eis o paradoxo que muda a visão de mundo. Se o elétron é uma onda de possibilidade, como a onda se torna algo concreto – uma partícula concreta em um detector – toda vez que a observamos? Há um teorema matemático inviolável na física quântica: nenhuma interação material consegue transformar uma onda quântica de possibilidade em algo concreto (Von Neumann, 1955).

A implicação desse teorema está conseguindo nada menos do que mudar nossa cosmovisão científica. É importante que você, leitor, perceba isso com clareza antes de levar a sério o aspecto da física quântica que muda a visão de mundo. Veja! Dados teóricos e experimentais convenceram os físicos de que o macromundo material é formado a partir do micromundo de partículas elementares como elétrons e quarks, que faz um caminho semelhante a uma escada, passando por aquilo que chamamos de causação ascendente – a causa sobe desde o nível micro de partículas elementares até o nível macro do detector (Figura 2).

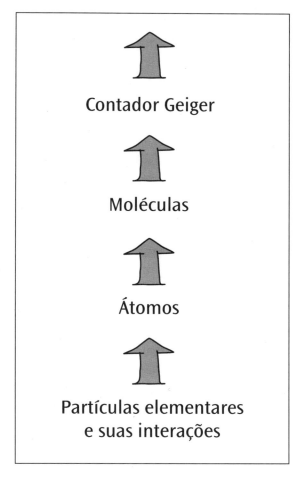

Figura 2. Causação ascendente – O macromundo material (detector) é formado a partir do micromundo de partículas elementares.

Assim, na verdade, tal como elétrons e quarks, um detector de elétrons também é um objeto de possibilidade. E possibilidade material associada a possibilidade material não pode gerar algo concreto.

Logo, um detector de elétrons não consegue concretizar o elétron e detectá-lo. É verdade que isso se torna uma onda de possibilidade muito complexa, distribuída por muitas e muitas facetas, de modo que é muito difícil detectar sua natureza quântica. Mesmo assim, o teorema anterior ainda é válido; o detector é uma onda quântica de possibilidades.

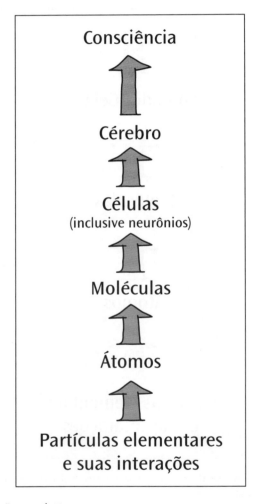

Figura 3. Causação ascendente.

E o cérebro do observador? Desde a década de 1950, os biólogos têm presumido que os seres biológicos são formados segundo o mesmo tipo de escalonamento que outros objetos materiais, até chegar ao cérebro do observador (Figura 3). Mas existe uma coisa chamada efeito do observador que não podemos negar: na presença de um observador, a onda entra em colapso, que é a palavra preferida dos físicos para designar a transformação de uma onda de possibilidade em uma partícula concreta.

O que permite a um observador humano causar o colapso da onda de possibilidade de um elétron? O que acontece no evento do colapso, quando a onda do elétron se transforma em partícula? Simultaneamente ao colapso, como disse Werner Heisenberg (codescobridor da física quântica), aquilo que conhecemos sobre o elétron muda. Nosso aparato que processa o conhecimento – a consciência – está envolvido em uma mensuração quântica.

O físico John von Neumann foi o primeiro a propor que a consciência causa o colapso da onda de possibilidade do elétron escolhendo uma das facetas do objeto-onda multifacetado; o colapso exige a causação descendente por meio de uma escolha da consciência. Mas Neumann estava presumindo o dualismo – a consciência não material como um mundo separado do mundo material. Essa pressuposição sofre do paradoxo do dualismo, como você já sabe: como uma consciência não material interage com a matéria sem violar a lei da conservação de energia?

Você precisa pensar na consciência de maneira radicalmente nova: a consciência não é algo separado da matéria; tampouco é feita de matéria, dos neurônios cerebrais. A consciência é a base da existência, na qual a matéria existe como ondas de possibilidade. Não se deixe perturbar pela questão de como a matéria densa pode ser feita de consciência – o mais sutil do sutil. Veja! Segundo a física quântica, a própria matéria existe como possibilidade sutil antes de a escolha/interação da consciência torná-la densa (Blood, 2001). Perceba que a realidade tem dois domínios: primeiro, a consciência e suas possibilidades. Isso constitui o não manifestado (que os psicólogos chamam de inconsciente e as tradições esotéricas religiosas chamam de transcendente). Segundo, o manifestado (que os psicólogos chamam de consciente e as religiões, imanente), no qual se encontram objetos manifestados por colapso e um sujeito – o observador manifestado – que os vivencia. O evento do colapso causado pela "causação descendente" da escolha feita pela consciência não local manifesta a percepção da cisão entre sujeito e objeto.

A lição mais importante para as pessoas práticas e pragmáticas é a seguinte: o mundo é formado tanto por causações ascendentes quanto descendentes, o poder da matéria densa e o poder da consciência não local; veremos a seguir que podemos ter acesso a este último por meio do sutil. O primeiro nos dá possibilidades; o segundo, escolha e manifestação. Nenhum deles pode ou deve ser ignorado. Tanto a matéria quanto o espírito são importantes. Empresas e consumidores percebem: somos as duas coisas; precisamos das duas coisas. Além disso, percebem que, embora as interações materiais sejam totalmente causais, uma escolha pode ser intencional. Atividades como negócios são intencionais. Não é bom saber que (finalmente!) a física quântica está proporcionando um modo científico para o propósito entrar no mundo?

A ciência da experiência que inclui o sutil: paralelismo quântico psicofísico

Quando percebemos que o mundo material consiste de possibilidades quânticas da consciência, e que a experiência material dos sentidos deriva do colapso dessas possibilidades, é fácil ver como podemos expandir esse conceito para construir uma ciência que inclua todas as nossas experiências. Suponha que a consciência contenha não apenas o mundo material, mas múltiplos mundos, cada qual consistindo de possibilidades quânticas, cujo colapso é responsável por todas as nossas experiências.

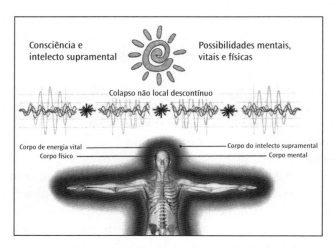

Figura 4. Como o paralelismo psicofísico e a causação descendente criam nossos quatro tipos de experiência.

Há muito tempo, o filósofo/físico Gottfried Leibniz enunciou uma filosofia chamada paralelismo psicofísico para evitar o paradoxo do dualismo da interação. A psique, disse ele, coexiste paralelamente com o físico. Não é necessário interagir, não há paradoxo do dualismo. Não é bem assim, disseram os críticos. Por favor, digam quem mantém o paralelismo. Leibniz não teve resposta para isso, mas nós temos. No paralelismo quântico psicofísico, a consciência mantém o paralelismo. Em todo evento, junto com o físico, um ou mais dos outros mundos de possibilidade entra em colapso e se manifesta como experiência graças à escolha consciente. Nesse processo, o físico faz uma representação do sutil, mental e vital.

Aprecie a sabedoria da formação do mundo físico à maneira reducionista, micro-forma-o-macro. Segundo a matemática quântica, os objetos da matéria do mundo macro, tendo grande massa, perdem a maior parte de sua capacidade de movimento quântico, tornando-se aproximadamente newtonianos. Sem dúvida, esta é uma camuflagem poderosa para tentarmos penetrar, assim como é difícil pensar que os arranha-céus de Wall Street tornam-se uma possibilidade quando ninguém está olhando! Mas essa fixidez confusa e aproximadamente newtoniana é importante: permite à macromatéria fazer representações do sutil para que você as use como referência. Se a matéria fosse sempre quântica e capaz de se esvair enquanto você estivesse fazendo uma representação (imagine-se transpondo um pensamento para o papel, com tinta e caneta, sobre um assunto importante de negócios), tal representação não seria muito útil, seria? Mas, sem a representação, como recuperamos o sutil?

Perceba mais uma coisa importante a respeito disso. Um vez que a macromatéria perde muito de seu poder quântico, cadeiras, mesas e edifícios sempre aparecem em posições aparentemente fixas quando causamos seu colapso, e observadores variados podem comparar suas observações formando uma realidade consensual sobre esses objetos, que todos concordam que devem ser exteriores a eles. Em contraste, os objetos sutis sempre retêm sua natureza quântica; aqui, não há isso de micro formar macro. Logo, é sempre muito pouco provável causarmos o colapso do mesmo pensamento, sentimento ou intuição em conjunto com outra pessoa; naturalmente, percebemos pensamentos, sentimentos e intuições como particulares e internos. Dessa maneira, interior/exterior não é uma dicotomia fundamental; é uma consequência da maneira como a matéria externa é construída em comparação à psique interna. Daí o meu apelo às empresas: algumas já valorizam o ecossistema exterior. Isso é bom. Mas vocês não poderiam melhorar ainda mais isso, tornando a atitude consistente com a ciência da experiência e agregando valor também ao ambiente interior, o ambiente sutil de nossa psique? O filósofo Arne Næss deu a isso o nome de ecologia profunda. Além da simpatia superficial pela ecologia, vocês precisam cultivar o respeito pela ecologia profunda.

Vida, propósito, criação de formas e energia vital

O que é a vida? Como você sabe que está vivo? Qualquer leigo tenderia a dizer "Sei que estou vivo porque sinto vitalidade – uma espécie de energia – movendo-se em mim". Mas os biólogos em geral acolheram a filosofia do materialismo científico: tudo é matéria; portanto, não existe distinção entre vivo e não vivo. Na verdade, biologia é bioquímica.

Certa vez, perguntei a um colega biólogo o que distingue vida de não vida. Ele disse imediatamente: "a evolução". Certo, mas como a evolução pode ser entendida em termos de uma teoria puramente materialista? Você pode perguntar: "E o que dizer do darwinismo?". O darwinismo tem duas pontas: a variação aleatória em um componente hereditário, os genes (porções da molécula de DNA) e a seleção natural dessas variações com base na necessidade de sobrevivência. Normalmente, parece ser uma teoria materialista, mas há uma palavra um tanto evocativa na teoria que sugere algo diferente – a palavra *sobrevivência*. Em geral, os objetos materiais não têm a característica da sobrevivência. Mostrou-se em laboratório que moléculas específicas de RNA viral são mais capazes de se replicar do que outras moléculas do mesmo tipo; mas essa replicabilidade molecular, um fenômeno inteiramente físico, não pode ser – e nem o foi – traduzida na capacidade de reprodução de algum organismo unicelular que seja crucial para a sobrevivência.

Características como a sobrevivência têm a palavra "propósito" escrita por toda parte. Este é o ponto crucial. Objetos biológicos, como órgãos, realizam uma função intencional, que chamo de comportamento programado, para fazer contraste com o comportamento "legal" dos objetos físicos e químicos. Assim, enquanto os objetos físicos são puramente "legais", os seres biológicos são tanto legais quanto programados. O comportamento programado refere-se ao comportamento que segue instruções lógicas, passo a passo, com um propósito (Goswami, 2008b).

Pense em seres biológicos e faça uma analogia com computadores. Em um computador, é possível pensar de duas maneiras complementares: o ponto de vista do hardware, no qual elétrons atuam sobre elétrons, e o ponto de vista do software, no qual símbolos atuam sobre símbolos por meio de programas. De modo similar, em organismos biológicos, no nível físico legal (hardware), moléculas atuam sobre moléculas. E no nível programado do software, as formas programadas atuam sobre formas programadas, realizando funções deliberadas.

Evidentemente, ninguém pode dizer que o comportamento programado decorre do comportamento legal do hardware! Portanto, aí vai o reducionismo ingênuo ralo abaixo. Nunca poderemos compreender o comportamento programado do software da forma viva com o comportamento legal do substrato não vivo do hardware, com a física e a química!

Para o computador, sabemos que nós, programadores, usamos o hardware físico (com a causação descendente da escolha feita pela consciência não local) para realizar funções de software que são propositais e significativas. O propósito e o significado dos programas que usam os símbolos vêm de nós. De maneira similar, na biologia, será possível haver características propositadas sem uma consciência com propósito? Os biólogos convencionais se embaraçam, temendo a intromissão de um Deus cristão personificado em seu território, e tentam negar o papel da consciência chamando-a de "designer inteligente" com uma conotação religiosa disfarçada, mas os detalhes da teoria baseada na consciência indicam claramente que as ações propositais da consciência são inteiramente objetivas.

Os biólogos afirmam que a vantagem seletiva, a adaptação darwiniana, programa os genes para produzir características aparentemente propositais. Mas há uma circularidade lógica, um paradoxo, nesse argumento.

O ponto é este. O darwinismo é uma teoria com duas pontas: a variação aleatória e a seleção natural com base na necessidade de sobrevivência. A variação ocorre no micronível genético, mas a seleção natural tem lugar no macronível da forma. Infelizmente, não existe relação objetiva entre micro e macro. Por isso, os biólogos introduziram a ideia do determinismo genético: genes e programas genéticos determinam a forma.

Percebeu a circularidade da lógica? A ideia de que os genes determinam a forma faz o darwinismo funcionar. De onde vêm os programas genéticos? Da evolução darwinista.

Encare os fatos! A consciência objetiva, um programador natural usando a causação descendente, é necessária para produzir formas biológicas programadas. Na linguagem religiosa há um ditado sábio: Deus cria o homem à Sua própria imagem. Para saber se a consciência usa outros princípios organizadores exceto ela própria na produção de formas vivas, podemos estudar nosso próprio comportamento enquanto criamos um programa de computador. E então? Usamos nossa imaginação mental, na verdade padrões de significado, mapeando-a como software no hardware do computador. Noutras palavras, usamos uma matriz dos significados de nossa mente.

O comportamento programado é inerente à criação biológica de formas que começam com um embrião unicelular. Tecnicamente, o processo de criação da forma é chamado morfogênese: *morfo* significa forma; *gênese*, evidentemente, criação. As matrizes de criação de formas biológicas são chamadas de campos morfogenéticos, os campos que são usados como uma espécie matriz para ajudar a programar a forma biológica.

Por que a célula do fígado funciona de maneira tão diferente da célula do cérebro, embora ambas tenham sido produzidas pela divisão celular a partir do embrião unicelular original? A resposta é que a célula hepática se diferencia da célula cerebral graças a programas que permitem que conjuntos diferentes de genes criem conjuntos diferentes de proteínas funcionais nesses dois órgãos. Os campos morfogenéticos fornecem à consciência as ferramentas para que ela possa escolher dentre as possibilidades quânticas materiais envolvidas nos programas de diferenciação celular.

Mas onde ficam esses campos? Aceita-se cada vez mais a tese de que sua natureza seja epigenética, mas até que ponto os biólogos estão dispostos a entrar na toca do coelho? A verdade é que, na morfogênese biológica – por exemplo, na regeneração celular com células-tronco (células indiferenciadas) –, a questão é inevitável: como a célula sabe sua posição no corpo? A maneira como a célula "sabe" quando foi retirada da medula óssea e introduzida no cérebro para se programar como neurônio não pode ser compreendida apenas em termos de uma transferência local de informação. Os campos morfogenéticos precisam ser não locais, de alguma maneira. Mas todas as coisas materiais interagem mediante sinais locais! Veja o problema. Na ciência dentro da consciência, as matrizes morfogenéticas são a substância do mundo vital de possibilidades da consciência. São não locais e não físicos, uma ideia proposta inicialmente por um biólogo chamado Rupert Sheldrake (1981).

Para cada forma ou órgão biológico, existe um campo morfogenético associado e correlato que atua como sua matriz. A consciência medeia a interação dessas matrizes com a matéria quando esta cria a forma de acordo com o que está determinado na matriz. Vamos chamar de corpo vital o conglomerado de campos morfogenéticos correlatos com as formas biológicas de um organismo.

Um órgão saudável significa não só que o órgão físico, a representação, é saudável, mas que o campo morfogenético correlato também é saudável. A sensação de saúde ou bem-estar, de vitalidade ou energia vital, provém dos movimentos do corpo vital correlato, os campos morfogenéticos. O bem-estar fala do estado de equilíbrio e de harmonia desses movimentos – as energias vitais.

Como podemos comprovar isso com dados empíricos? As tradições espirituais orientais descobriram há muito que existem pontos no corpo humano, localizados aproximadamente ao longo da espinha dorsal, em que se manifestam nossos sentimentos mais intensos, chamados de pontos de chakra (Figura 5). De fato, a neurofisiologista Candace Pert constatou uma abundância de movimentos de correlatos moleculares das emoções ao longo da espinha (Pert, 2008). Muitos pesquisadores notaram que os pontos de chakra ficam próximos de órgãos físicos importantes. Agora, perceba que, quando causamos o colapso de um órgão físico, também estamos causando o colapso dos campos vitais morfogenéticos correlatos. A mudança (da possibilidade para a experiência concreta) do campo morfogenético correlato é o movimento que vivenciamos como um sentimento. Se isso for certo, então o sentimento de cada chakra vai corresponder à função do(s) órgão(s) correlato(s) desse chakra. E isso confirma a nossa análise da questão (veja a Figura 5).

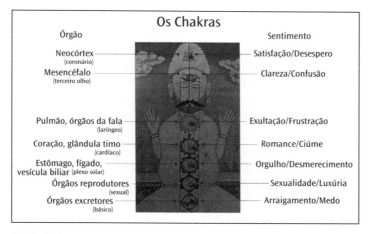

Figura 5. Os chakras.

Dá para perceber por que essa mudança de paradigma no pensamento biológico é importante para a economia. Dezesseis por cento de nossa economia relaciona-se com a saúde. Além disso, os alimentos e todos os outros produtos orgânicos que consumimos têm corpos vitais correlatos. A qualidade desses produtos depende não apenas de sua constituição física como também de sua constituição vital. Sob a égide do materialismo científico, temos nos mantido alheios à dimensão vital das coisas que consumimos. Imagine a oportunidade econômica que pode se abrir aqui. Biologia sem energia vital é como física newtoniana sem eletromagnetismo!

Como exemplo, veja o caso dos suplementos alimentares que os norte-americanos costumam ingerir quando seguem um regime. Com certeza, esses suplementos, que são extratos do original orgânico, proporcionam quantidades suficientes de nutrientes materiais, como proteínas; mas, com a mesma certeza, o processo de extração retira boa parte da energia vital correlata do alimento original. Portanto, esses suplementos carecem de vitalidade, e, de inúmeros modos, sua ingestão seria inadequada para a nutrição. Talvez seja por isso que as pessoas recuperam o peso perdido na dieta pouco depois de saírem dela! A falta de vitalidade produz a tendência inexorável de comer. Não seria interessante inventar um modo de repor a energia vital faltante, vendendo o suplemento alimentar revitalizado?

A evolução deu a nós, humanos, circuitos cerebrais instintivos de emoções negativas – circuitos de sentimento no cérebro límbico correlacionados com circuitos de significado no neocórtex; juntos, o sentimento e o pensamento de seu significado são responsáveis por aquilo que vivenciamos na forma de emoções. Esses circuitos cerebrais mascaram o funcionamento dos chakras inferiores como precursores dessas experiências.

Uma coisa boa que resulta da familiaridade renovada com os chakras é que começamos a vivenciar não apenas os chakras inferiores como também os superiores, cujas funções não são controladas por circuitos cerebrais instintivos. Inicialmente, os chakras superiores são ativados por intuições, mas não prestamos muita atenção nelas quando adultos; entretanto, quando aprendemos a lidar com as intuições, quando nos envolvemos criativamente com elas, conseguimos criar novos circuitos cerebrais que transmitem emoções positivas, equilibrando nossa negatividade. Como já mencionei, essas "pessoas transformadas" com novos circuitos podem ser o capital humano das futuras sociedades quânticas. O poder do sutil em ação!

A mente: mais princípios organizadores para nossa constituição biológica

Tenho enfatizado a importância da inclusão de nossos objetos interiores sutis na economia. O psicólogo Carl Jung (1971) apresentou uma classificação empírica de quatro características da personalidade, baseada na natureza quádrupla de nossas experiências: sensações, sentimentos, pensamentos e intuições. Sensação é a experiência física, como sabemos muito bem. Agora identificamos a experiência do sentimento com a experiência do movimento dos campos morfogenéticos do corpo vital. Se nossa experiência de sentimento se deve a uma nova entidade – o campo morfogenético –, podemos perguntar se existem outras duas entidades, princípios de organização biológica que correspondam respectivamente às nossas experiências conscientes de pensamento e de intuição.

Primeiro, vamos analisar o pensamento, o mundo da mente. Uma questão pertinente é: se a mente não é o cérebro, qual será o papel apropriado do cérebro com relação à mente?

De modo geral, os biólogos acreditam que a mente é um epifenômeno do cérebro, proveniente de interações neuronais. Recentemente, porém, a mente foi redescoberta na ciência como entidade independente; seu propósito é processar significados (Searle, 1994; Penrose, 1991). Logo, o papel apropriado do cérebro com relação à mente sugere-se sozinho – fazer representações do significado mental. E o cérebro faz isso com o neocórtex.

Veja só. Normalmente, em que você pensa? Pensa em significados antigos já mapeados em suas memórias cerebrais, criando a confusão de que a mente é o cérebro! Porém, de vez em quando, você tem um pensamento novo, algo em que nunca pensou, e isso o surpreende. De onde vem esse pensamento criativo? Deve haver uma mente por trás de seu cérebro.

O grande neurocirurgião canadense Wilder Penfield descobriu por que a mente tem de ser diferente do cérebro enquanto estimulava o cérebro de seu paciente (epiléptico) com um eletrodo. Subitamente, a ativação de um pequeno ponto do cérebro evocou no paciente uma sinfonia completa de Beethoven. Penfield percebeu com clareza que a memória está na mente, e que estimular o cérebro no ponto apropriado apenas a ativou. Os substratos neuronais são meros movimentos da matéria física, como o movimento dos elétrons em uma tela de

TV. Não há significado nisso. Atribuímos significado ao movimento dos elétrons na tela de TV e compomos um enredo com ele (Figura 6). Do mesmo modo, em linguagem quântica, dizemos que os registros de memória neuronal do cérebro são gatilhos que disparam a evocação de experiências mentais correlatas, cujos significados provêm da mente.

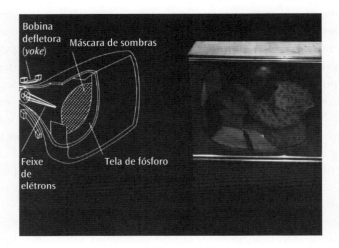

Figura 6. A mente atribui um significado.

Intuição e o supramental

E mais. Pode o comportamento legal do hardware eletrônico do computador nos dizer alguma coisa sobre as leis segundo as quais os símbolos atuam uns sobre os outros, a lógica dos programas de computador? Pode o comportamento legal do hardware eletrônico nos dizer alguma coisa sobre o programador? Novamente, as respostas são *não*.

Bem, então é um pouco mais complicado. A biologia precisa dos campos morfogenéticos do corpo vital – que são as matrizes das funções vitais que devem ser representadas na forma física que executa essas funções –, mas requer mais coisas. Primeiro, precisa do programador, que conhecemos e já apresentamos: a consciência e sua ação de causação descendente. Além disso, a biologia requer um princípio organizador adicional, o reservatório dos contextos da lógica por meio da qual operam os programas biológicos, ou as funções das quais os campos morfogenéticos são as matrizes.

Isso está relacionado a uma pergunta: Onde ficam as leis físicas? Esta é uma questão que vem sendo discutida há muito tempo por diversos físicos e filósofos, e a resposta mais sensata ainda é aquela dada há muito tempo por Platão. As leis físicas não estão escritas no hardware físico, nem derivam do movimento aleatório do substrato material. Em vez disso, como diz Platão, as leis físicas pertencem ao domínio dos arquétipos, o mais esotérico domínio das possibilidades da consciência de onde vem nossa experiência da intuição. As leis do movimento dos campos morfogenéticos provêm do mesmo lugar (Figura 7).

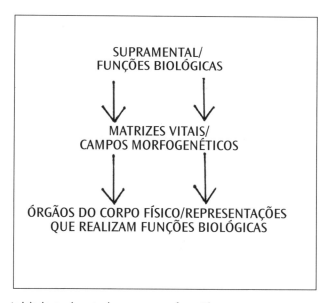

Figura 7. As leis do movimento dos campos morfogenéticos.

Obviamente, o domínio dos arquétipos também se situa além da mente. Na verdade, ele também deve estabelecer os contextos do pensamento mental. Como esse domínio está além da mente, justifica-se a palavra *supramental* usada para denotá-lo.

Por fim, qual é a sua experiência pessoal? Você tem intuições? As intuições são experiências muito sutis, e muitos materialistas científicos tentam nos convencer de que elas não existem, que são meros pensamentos. Faça uma introspecção profunda e perceba que o pensamento intuitivo difere qualitativamente do pensamento comum. Ele sempre sugere algo de valor, mas abstrato – conceitos como amor, beleza, justiça, verdade, bondade, abundância. Essas ideias abstratas são os arquétipos platônicos do pensamento. Os pensamentos intuitivos que você tem são representações mentais desses arquétipos, o significado mental instantâneo que você deu a eles.

A matéria biológica ainda não evoluiu o suficiente para fazermos representações diretas dos arquétipos no corpo físico. Assim, fazemos representações de nossas intuições com a ajuda da mente e do corpo vital, respectivamente na forma de pensamentos intuitivos e de sentimentos positivos do chakra superior.

Experiências e necessidades

Com a evolução humana, as primeiras de nossas necessidades a ser enfatizadas foram as necessidades físicas. Nossa mente deu significado ao mundo físico e nós desenvolvemos a mente física. Naqueles primeiros dias, fomos caçadores (homens) e coletores (mulheres). Nessa época, as mulheres tinham um papel secundário; os homens proviam as necessidades do grupo – o alimento principal. Com a evolução de máquinas agrícolas de pequena escala, como a enxada, homens e mulheres trabalharam juntos na horta. Suas interações contínuas despertaram sentimentos, e a mente começou a dar significado ao sentimento – a era da mente vital. Nossas necessidades de sentimento dominaram-nos nessa ocasião.

Com a evolução de instrumentos agrícolas de grande escala, como o arado, o cenário mudou novamente. Só os homens conseguiam manusear esses instrumentos pesados. Assim, as mulheres ficaram relegadas novamente a cuidar dos filhos e a um papel secundário, e os homens voltaram a ser os "chefões", os únicos que podiam processar o significado da mente – o pensamento abstrato. Mesmo entre os homens, foi criada uma hierarquia. Apenas alguns deles – proprietários de terras e seus amigos – tinham tempo livre para poder processar o pensamento abstrato, mas não tinham muita motivação. Por isso, nessa época, a exploração do processamento de significados foi lenta.

A revolução industrial trouxe a democracia e sobretudo o capitalismo, redistribuindo capital suficiente para criar uma classe média que tinha tempo livre e motivação (no mínimo, para ascender na escala social – veja aqui o poder do sonho americano, entendendo-o como o sonho de todos os humanos). Logo, o processamento de significados decolou. Com o desenvolvimento da tecnologia do controle de natalidade, as mulheres acabaram se libertando, participando da aventura do processamento de significado.

Assim, até recentemente, a necessidade de significado aumentou, sendo superada apenas pela necessidade de sobrevivência física. O longo hábito de reprimir a mente vital tornou os homens um tanto alheios às suas necessidades de sentimentos. Com as mulheres, porém, que ainda prezam as necessidades vitais e conquistaram o mesmo status social, a necessidade de sentimentos ganhou proeminência em todas as nossas sociedades.

Há cerca de três mil anos, alguns grandes seres humanos espalhados pelo mundo descobriram, de forma independente, a importância daquilo que intuímos de maneira convincente e coerente, a ponto de criar nossos primeiros livros de ética – códigos morais de vida. Não tardou para que seus ensinamentos nos dessem as grandes tradições espirituais do mundo, cujas versões populares foram as principais religiões. Infelizmente, em virtude de um conhecimento incompleto, as tradições espirituais e, principalmente, as religiões sempre enfatizaram o transcendente acima do imanente. Volte sua atenção para o alto, para o céu, diziam, não para as necessidades da terra. A falta de atenção para com as necessidades terrenas deu-nos a sombria Idade Média, até a ciência moderna aparecer.

No século 18, junto com a democracia e o capitalismo, a educação liberal evoluiu, tendo como propósito emancipar-nos dos grilhões de dogmas religiosos limitadores. Mas levou apenas dois séculos para que a ciência se corrompesse sob o dogma limitador do materialismo científico. Negligencie todas as outras necessidades exceto a física, que pode ser estudada com a ciência quantitativa. Não existe significado real no universo; nossos sentimentos são distrações ociosas, e só a sobrevivência, o prazer e a dor devem merecer atenção. O primeiro item cuida de si mesmo. Portanto, busque o segundo e evite o terceiro; melhor ainda, substitua-o pela devoção ao processamento de informações. Coma, beba e seja feliz novamente se estiver sofrendo ou, pelo menos, processe informações para varrer a dor para debaixo do tapete. Percorra a autoestrada da informação sem qualquer propósito, abusando do potencial criativo da internet.

Em termos econômicos, essa filosofia diz: oriente a economia para a expansão ilimitada das necessidades materiais dos consumidores, incluindo o prazer e o processamento de informações. Não ligue se vivemos em um planeta finito, com meio ambiente finito! Se essa expansão não for suficiente, expanda mais na arena financeira, com abstrações do dinheiro. Não se preocupe se isso implicar riscos à economia regular. Além disso, há o mundo da informação, que é mais vasto ainda! Quase descobrimos algo ilimitado. Não dê a mínima se nossos filhos estão se tornando rapidamente viciados em informações, sofrendo de TDAH (transtorno do déficit de atenção com hiperatividade) em uma escala de 20%!

Embora os materialistas científicos tenham monopolizado as instituições de ensino superior, não conseguiram converter o resto da sociedade, não antes que outro grande movimento da consciência tenha começado a produzir uma integração autêntica, desta vez entre mente e matéria, espiritualidade e ciência.

Mais ou menos ao mesmo tempo, a tecnologia nos deu a internet (que não é de todo má!), que permitiu acabar com o monopólio do estabelecimento educacional superior. Paralelamente, o influxo de religiões orientais e de novas forças da psicologia está ajudando a acabar com o monopólio do cristianismo em relação a valores espirituais.

Se você usa a camisa de força do dogma, sua criatividade se esgota, pois você está limitando as possibilidades que lhe são abertas para exploração. Seu domínio da exploração do sutil restringe-se agora ao conhecido. O infinito parece bem finito por causa de suas lentes defeituosas, tanto as lentes da ciência materialista quanto as do cristianismo popular.

Com a visão de mundo integradora exigida pela física quântica, com a ciência quântica da experiência, os domínios sutis podem se tornar domínios infinitos de exploração e expansão econômica. Tudo o que temos a fazer é expandir o capitalismo para incluir as necessidades sutis, explorar o domínio vital e desenvolver a tecnologia da energia vital, libertando de dogmas os domínios do significado e do valor enquanto nos lançamos em novas explorações. É difícil, mas viável, especialmente quando temos o senso de urgência de uma crise para nos empurrar para a criatividade, novamente acolhida sob o guarda-chuva do novo paradigma. E mais. Com a física quântica a nos orientar, descobrimos como funciona a criatividade; não precisamos mais lidar cegamente com ela (Goswami, 2014; veja também o Capítulo 9).

A ciência da manifestação: os três princípios quânticos

Muitas empresas são manifestações evidentes de ideias criativas. Se você é uma pessoa de negócios, não gostaria de saber se existe uma ciência por detrás de nossa capacidade de manifestar? Não gostaria de se fortalecer usando essa ciência?

Desde que Von Neumann sugeriu que a consciência causa o colapso de uma possibilidade quântica tornando-a concreta, tem havido um zum-zum-zum sobre nossa capacidade de manifestação. O físico Fred Alan Wolf tem uma frase interessante: criamos nossa própria realidade. Nos Estados Unidos, durante algum tempo, as pessoas, investidas da sensação de onipotência quântica, tentaram manifestar um Cadillac, famoso carro de luxo da década de 1970. E como não foram bem-sucedidas nessa empreitada, concentraram-se na manifestação de vagas para seus velhos carros nos estacionamentos repletos do centro das cidades. E quando isso não funcionou, as pessoas escreveram livros ensinando a manifestar. Os livros venderam bem, mas... deixaram de lado algumas sutilezas da mensuração quântica.

Agora, conhecemos essas sutilezas. A consciência não é um parceiro dual da matéria, como a concebeu Von Neumann; tampouco é um epifenômeno do cérebro de cada indivíduo. Ela é, na verdade, a base da existência na qual a matéria e a psique (com seus três mundos) existem como possibilidades quânticas. Quando a consciência causa o colapso de uma onda de possibilidades quânticas, escolhendo uma de suas múltiplas facetas, escolhe de si mesma, sem a troca de sinais – comunicação não local.

Essa não localidade é o primeiro princípio quântico da manifestação. Para manifestar, você precisa acessar a consciência não local. A liberdade absoluta de escolher, criar e manifestar depende inteiramente de sua capacidade de acesso à sua consciência não local, onde você e todos os demais são um só. O motivo pelo qual você não vivencia regularmente essa consciência, a razão pela qual todos nós perdemos facilmente o acesso a ela, é que nos tornamos condicionados. Quando crescemos, estímulos muito semelhantes nos bombardeiam; se nossa resposta é adequada, eles se reforçam. O mecanismo de que dispomos – o cérebro – cria memórias com essa capacidade de reforço. Identificamo-nos com essas memórias de aprendizado psicossocial; essa identidade é o ego ou caráter individual (Mitchell; Goswami, 1992).

Também somos capazes de ser conscientes reproduzindo a memória cerebral, reconstruindo-a para que fique adequada à situação, para nos gratificarmos e agradarmos aos outros. Isso nos dá o outro componente do ego: o ego/persona. Com o desenvolvimento da personalidade, tornamo-nos "eus" individuais, tão absortos conosco mesmos que chegamos a ser narcisistas. Acompanhe esta história de Bette Midler:

> Uma mulher encontra uma amiga que não via há muito tempo. "Vamos colocar a conversa em dia." Ela convida a amiga para ir a uma cafeteria

e começa a contar as novidades. Fala e fala sobre si mesma durante meia hora, percebe a situação e pede desculpas. "Puxa, fiquei falando de mim mesma esse tempo todo. Vamos falar de você. O que você acha de mim?"

O segundo princípio da manifestação é a descontinuidade. Todo evento de colapso é instantâneo. Naturalmente, como não há perda de tempo numa troca de sinais, os colapsos são súbitos, descontinuados. Quando os elétrons saltam de uma órbita atômica para outra, nunca passam pelo espaço intermediário; damos a isso o nome de salto quântico.

Em princípio, todos os eventos de colapso são saltos quânticos. Entretanto, em nossa experiência de fluxo de consciência, nossas respostas a estímulos familiares são bastante previsíveis em virtude do condicionamento. Assim, a descontinuidade cede lugar a uma continuidade aparente, similar à aparente perda de movimento quântico de macro-objetos materiais.

Todavia, as escolhas criativas dentre as possibilidades quânticas que nos proporcionam experiências criativas mantêm a descontinuidade. Por isso, a surpresa do tipo ah-ha! sempre acompanha uma experiência criativa; por esse motivo, às vezes chamamo-la de "experiência ah-ha!".

O terceiro princípio quântico de manifestação é chamado de hierarquia entrelaçada, ou emaranhada. Como disse antes, num evento de colapso, a consciência, indivisa dentre suas possibilidades, parece se dividir em sujeito e objetos. Se pensarmos nisso, em todo evento de mensuração quântica há o envolvimento do cérebro do observador. Inicialmente, ele também deve consistir numa possibilidade; só com o colapso é que se torna concreto, mas nunca vemos isso. Assim, identificamo-nos com ele. De algum modo, o cérebro capturou a consciência o suficiente para que ela se identifique com ele. É uma autoidentidade, a identificação com um cérebro específico. Mas o que o cérebro fez para que a consciência se identificasse com ele?

A resposta é: hierarquia entrelaçada. A hierarquia entrelaçada significa uma causalidade circular bidirecional, em lugar do relacionamento causal unidirecional que é a hierarquia simples com que você está acostumado (na Figura 4 há um exemplo de hierarquia simples).

Para ver como a causalidade circular produz a autoidentidade, examine uma frase à luz da hierarquia entrelaçada: eu sou mentiroso. Perceba a circularidade. Se estou mentindo, estou dizendo a verdade, e assim por diante, *ad infinitum*. Quando você entra nessa circularidade, pode permanecer nela indefinidamente. Você pode se identificar com ela; pode olhar para o resto do mundo de frases separado de você. Noutras palavras, você tem uma autoidentidade, separada de tudo o mais.

Agora, perceba que nessa frase de autoidentificação a situação é um pouco artificial. Afinal, você só interpretou o sentido da frase de maneira apropriada, percebendo sua circularidade lógica, porque é um sofisticado conhecedor de gramática. Você vive conscientemente em um mundo que transcende o mundo da frase, em um nível que a frase nunca consegue alcançar. Em outras palavras, você vive em um nível inviolável para a frase. Por isso, pode entrar no mundo da frase e sair dele; para você, ficar preso nele é apenas uma opção.

Finalmente, perceba que com o cérebro a situação é bem diferente. Se o cérebro captura a consciência tal como a frase do mentiroso capturou você, a totalidade da consciência transcendente ainda está no nível inviolável. Você pode ir até lá? Sim, mas só no estado inconsciente. Por isso, graças à realidade em dois níveis, consciente/inconsciente, assim que a consciência se identifica com o cérebro, a identidade aparente torna-se compulsória e parece real.

O cérebro possui uma hierarquia entrelaçada? No nível macro, o cérebro tem um aparato de percepção totalmente quântico. Ele também possui um aparato de memória que é quase newtoniano, como os macro-objetos comuns. Agora, note que a percepção exige memória, e que a memória exige percepção. Se tentássemos construir tal hierarquia entrelaçada começando pelo micro e indo para o macro, iríamos precisar de um número infinito de idas e vindas entre os dois níveis para conseguir alguma coisa, de um número infinito de oscilações entre níveis (Figura 8).

É isso que chamamos de hierarquia entrelaçada (Hofstadter, 1980). Obviamente, não podemos criar tal sistema dual de hierarquia entrelaçada a partir do zero. É preciso contar com a criatividade da causação descendente, por meio da consciência não local, para formar um cérebro com hierarquia entrelaçada (Goswami, 2008b). A autoidentidade que surge da associação com a hierarquia entrelaçada do cérebro é o que chamamos de *self* quântico, em contraste com o ego condicionado.

Certa vez, alguém escreveu: "Se o cérebro fosse tão simples a ponto de conseguirmos compreendê-lo [por meio do reducionismo], seríamos tão simples que nem conseguiríamos fazê-lo". Sábias palavras! E, por falar nisso, precisamos admitir que também existe uma hierarquia entrelaçada na formação de uma única célula viva. Há muito tempo os biólogos sabem que precisamos do código genético do DNA para criar proteínas, mas precisamos das proteínas para criar o DNA – causalidade circular. Desse modo, a mensuração quântica autorreferenciada ocorre mesmo em uma única célula viva, que é a maneira como distinguimos o vivo do inanimado.

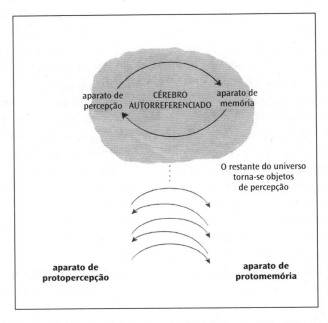

Figura 8. Hierarquia entrelaçada implica um número infinito de idas e vindas entre os níveis consciente e inconsciente.

Qualquer um desses três princípios quânticos pode ser usado para acessar a consciência quântica, sede da causação descendente. Cultivamos o caminho da não localidade por meio da cooperação com os outros, com intenções similares às daqueles com quem meditamos e contemplamos ou tomamos decisões de negócios. Cultivamos o caminho da descontinuidade mediante a criatividade, inclusive a criatividade nas inovações empresariais. Dedicamo-nos à prática da hierarquia entrelaçada nos relacionamentos íntimos, também com chefes de empresas e seus assistentes pessoais, colegas de pesquisa e, em alguns casos especiais, até com produtores e consumidores.

Hoje, há boas evidências científicas mostrando que a intenção é importante. Em 1993, na Universidade do México, o neurofisiologista

Jacobo Grinberg conseguiu demonstrar a comunicação quântica não local entre dois cérebros. Para isso, primeiro fez com que os cérebros se correlacionassem: os dois sujeitos de seu experimento meditaram juntos com a intenção de manter comunicação direta (sem sinal, não local). Após vinte minutos, foram separados (mantendo a intenção da unidade), postos em gaiolas de Faraday individuais (câmaras à prova de eletromagnetismo) e cada cérebro foi ligado a uma máquina de eletroencefalograma (EEG). Mostrou-se a um sujeito uma série de flashes de luz, o que produziu em seu cérebro uma atividade elétrica que foi registrada na máquina de EEG; foi extraído dela um "potencial evocado" com a ajuda de um computador, subtraindo o ruído do cérebro. De algum modo, o potencial evocado foi transferido para o cérebro do outro sujeito, conforme indicou o EEG desste sujeito que mostrou, após a subtração do ruído, um potencial transferido, similar ao potencial evocado em fase e em força. É o que mostra a Figura 9.

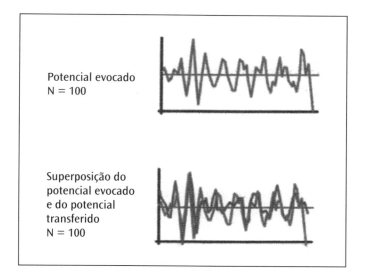

Figura 9. Leituras de atividade elétrica por EEG.

Os sujeitos de controle (que não meditam juntos ou que não conseguem sustentar a intenção de comunicação sem sinal durante o experimento completo) não mostram nenhum potencial transferido (Figura 10).

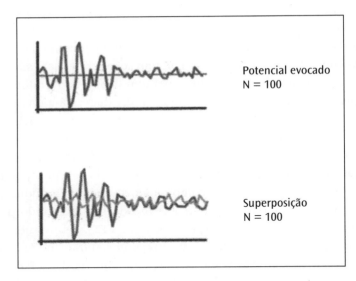

Figura 10. Leituras de atividade elétrica por EEG em sujeitos de controle.

O experimento demonstra a não localidade das respostas cerebrais, é claro, e uma coisa mais importante ainda: a não localidade da consciência quântica. De que outro modo podemos explicar como a escolha obrigatória da resposta evocada no cérebro de um sujeito pode levar à escolha livre de uma resposta (quase) idêntica no cérebro do parceiro correlacionado? O experimento foi replicado cerca de vinte e cinco vezes desde então. Como exemplo, leia o trabalho da pesquisadora Leana Standish e de seus colaboradores, da Universidade Bastyr (Standish et al., 2004).

Espero que você não tenha deixado de lado um dos aspectos mais importantes do experimento de Grinberg: o poder de nossa intenção. Os sujeitos de Grinberg tiveram a intenção de fazer com que sua conexão potencial não local se manifestasse em uma realidade demonstrável. Os sujeitos de controle que não conseguiram sustentar a intenção nunca manifestaram um potencial transferido.

O poder da intenção

O parapsicólogo Dean Radin (1997, 2006) realizou alguns experimentos demonstrando o poder da intenção; em um deles, aproveitou-se do julgamento de O. J. Simpson, ocorrido há alguns anos. Naquela época, muita gente estava assistindo à TV, e Radin criou a hipótese acertada de que a intenção das pessoas (gerada em conexão com o ato de assistir ao julgamento pela TV) flutuaria muito em função do drama no tribunal estar intenso ou monótono. Assim, por um lado, ele pediu a um grupo de psicólogos que traçasse uma curva da intensidade do drama na sala do tribunal (e, portanto, da intensidade das intenções das pessoas) como uma função do tempo real. Paralelamente, mediu no laboratório o desvio oriundo da aleatoriedade dos chamados geradores de números aleatórios (que traduzem eventos quânticos aleatórios da radiatividade em sequências aleatórias de zeros e uns). Radin descobriu que os geradores de números aleatórios desviavam-se mais da aleatoriedade exatamente nos momentos em que o drama na sala do tribunal do júri atingia um pico. O que significa isso? O significado foi dado pelo filósofo Gregory Bateson: "o oposto da aleatoriedade é a escolha". Logo, a correlação prova o poder criativo da intenção.

Em outra série de experimentos, Radin descobriu que geradores de números aleatórios desviam da aleatoriedade em salas de meditação quando as pessoas meditam juntas (mostrando elevada intenção de sincronia), mas não em uma reunião de diretoria de uma corporação, na qual os egos colidem.

Nossas intenções são importantes, mas ainda mais importante é o alinhamento de nossas intenções com as dos demais, porque é nelas que está o poder causal. Líderes empresariais, prestem atenção.

A intenção do cosmos

Como podemos conhecer a intenção do cosmos, do todo, da própria consciência quântica no não manifestado, no inconsciente? Estudando a evolução (Goswami, 2008b).

Evolucionismo não é darwinismo. A crença cristã no criacionismo é um dogma que não vai a parte alguma tendo em vista o vasto número de dados demonstrando a evolução. Mas, de modo quase tão sério, os dados fósseis exibem duas características principais e duas secundárias que tampouco sustentam a crença dogmática dos biólogos no darwinismo como um todo.

Recapitulando, Darwin apresentou uma teoria da evolução com duas etapas: variações aleatórias e seleção natural motivada pela necessidade de sobrevivência. Nessa teoria, a evolução é contínua, gradual e muito lenta. Leva muito tempo para acumular o grande número de variações genéticas que causam a macroevolução – a evolução em grande escala, na qual um órgão totalmente novo, digamos, desenvolve-se quando a espécie muda e torna-se uma nova espécie. Como a seleção natural atua individualmente em cada variação, e como normalmente as variações são nocivas à sobrevivência, fica difícil entender como se podem acumular as milhares e milhares de variações necessárias para que um órgão, ainda que primitivo, se desenvolva a partir do nada.

Os dados fósseis sugerem dois ritmos de evolução, proporcionando-nos a pista para uma solução. Existe um ritmo lento, e o darwinismo parece explicá-lo. Ele não leva ao desenvolvimento de nenhum órgão importante. Mas há ritmos bem rápidos, nos quais não se encontram fósseis entre uma macroespécie e outra (Eldrege; Gould, 1972). É aqui que precisamos nos deter. Sob a ótica da ciência dentro da consciência (Goswami, 2008b), as lacunas fósseis são explicadas como evolução criativa; o ritmo rápido é a assinatura do salto quântico descontínuo da criatividade. Na criatividade quântica, parte do processamento é inconsciente, e durante essa fase muitas variações pequenas podem se acumular como possibilidades quânticas. Quando a consciência vê a gestalt de possibilidades produzindo um novo órgão, faz a escolha, causa o colapso da possibilidade-gestalt e o órgão ganha expressão.

Os dados fósseis também sugerem uma direção única no registro fóssil: os fósseis parecem ficar cada vez mais complexos com o tempo. Damos a isso o nome de flecha biológica do tempo. Estudando os dados fósseis desde os tempos primitivos até o momento, até uma criança pode deduzir que muito tempo se passou. Nenhum dos mecanismos darwinianos tem direcionalidade temporal. Qualquer etapa pode nos levar a uma simplificação ou a uma complexificação. Quando incluímos a consciência e a criatividade na equação da evolução, podemos invocar o propósito. Que intenção proposital do cosmos impele a evolução? A resposta é a mesma que o propósito geral da própria manifestação: tornar manifestado o não manifestado, tornar consciente o inconsciente, como dizia Carl Jung. Por meio da manifestação, o sutil é representado na matéria.

Nossa capacidade de fazer representações físicas do sutil evolui. Primeiro, a capacidade de fazer representações do vital evoluiu graças à evolução da vida por meio de órgãos cada vez mais sofisticados para representar funções vivas, como automanutenção, autorreprodução, autoexpressão, distinção entre si mesmo e o outro etc. A seguir, evoluiu a capacidade de fazer representações cada vez mais sofisticadas do mental. É nesse estágio da evolução que nos encontramos neste momento.

A mente já passou por dois estágios de evolução: a mente física (na qual a mente confere significado ao mundo sensorial físico) e a mente vital (na qual a mente confere significado ao mundo vital dos sentimentos). Agora, estamos no estágio evolucionário em que a mente explora o significado do próprio significado; em outras palavras, é o estágio da mente racional.

Nossa capacidade de representar diretamente o supramental no físico ainda não evoluiu. Entretanto, há sobre nós uma pressão evolutiva nessa direção, motivo principal para que alguns se sintam atraídos pela criatividade e pela espiritualidade. Neste momento, essa pressão evolutiva está tentando nos levar para um novo estágio de evolução mental, no qual usaremos coletivamente nossa mente para explorar a capacidade intuitiva de fazer representações do supramental, primeiro na mente e só depois no cérebro. O corpo vital também terá de trabalhar de forma importante nesse processo, que levará a circuitos cerebrais de emoções positivas. (Veja mais detalhes em Goswami, 2008b.)

O requisito para entrarmos no estágio seguinte de evolução da mente é completar o estágio atual da mente racional. Por isso é tão importante disponibilizarmos, o mais depressa possível, o processamento de significados para todos os membros de nossa espécie. Entendo que a mudança de paradigma da atual economia materialista para a economia da consciência é da maior urgência sob esse ponto de vista evolutivo. Acredito sinceramente que a recente crise econômica é um lembrete da consciência (e de que outras crises virão se não ouvirmos a mensagem).

Por isso, neste momento, a evolução do vital e do mental está quase terminando, e a evolução das representações do supramental – que atualmente só podemos fazer tendo como intermediários a mente e o vital – está bem aberta. Para levar adiante essa evolução, precisamos aprender a ouvir os murmúrios dos arquétipos supramentais, explorando-os em todas as nossas atividades.

Resumindo, para responder à pergunta, qual é a intenção cósmica objetiva com que devemos nos alinhar para obter os melhores resultados no atual estado de nossa evolução? A consciência não local sempre escolhe tendo em mente uma coisa: a escolha deve levar a uma representação cada vez melhor do sutil na matéria. Isso explica por que a evolução faz com que passemos da simplicidade para a complexidade das espécies: a flecha biológica do tempo não é mais um mistério!

Como uma pessoa de negócios se alinha com o movimento evolutivo da consciência? Explorando criativamente o arquétipo da abundância nos negócios, fazendo novas representações como estas que estão sendo exploradas neste livro. A economia sutil é uma verdadeira mina de ouro a se explorar, caso entenda o que quero dizer.

Explorando a abundância e não apenas a riqueza material, você inclui o bem do mundo como motivação para seus negócios e para seu bem pessoal. Como diz Wendell Berry:

> Temos vivido nossa vida supondo que aquilo que é bom para nós é bom para o mundo. Estamos errados. Precisamos mudar nossa vida para que seja possível viver sob a premissa inversa, ou seja, a de que aquilo que é bom para o mundo será bom para nós. (Citado em Eisenstein, 2011, p. 379)

Você pode pensar de maneira romântica. Alinhar-se com o movimento evolutivo da consciência é como abrigar-se sob um "escudo quântico" de proteção (Petersen, 2011). Protegido, você aguarda sem medo o sucesso porque sabe que, no longo prazo, não há como fracassar.

Sobre a riqueza

Já disse que a exploração criativa das pessoas de negócios sob a óptica da consciência volta-se para a elaboração de novas representações do arquétipo da abundância. Na sua forma mais genérica, a riqueza é a representação do arquétipo da abundância no mundo físico, à qual se chegou, como de hábito, por meio dos intermediários dos mundos vital e mental.

Lembre-se de que, na época de Adam Smith, nossa visão de mundo era modelada pelo modernismo, que, na sua forma cartesiana, aceitava apenas a matéria e a mente, sem menção ao vital. Temos generalizado "mente" para incluir os três mundos sutis, mas, na verdade, Descartes e os modernistas do século 18 deviam estar se referindo apenas à mente que atribui significados. A cultura ainda era muito machista e chauvinista; sentimentos eram ocupação feminina, e por isso desmerecidos.

Tendo esse cenário como pano de fundo, não é surpreendente que aquilo que hoje chamamos de riqueza seja o conceito mental de riqueza, uma representação do arquétipo da abundância construída com o intermediário da mente que atribui significados. Por isso, temos considerado coisas materiais (imóveis, ouro e joias) como riqueza ao longo da história. Mais tarde, o conceito de dinheiro e seus derivativos evoluiu; com o fim do padrão-ouro, também se tornaram riqueza. Em algum momento, começamos a atribuir valor às representações do significado na matéria: um livro, uma obra de arte, uma composição musical gravada de maneira cada vez mais sofisticada. Isso foi chamado de capital cultural. Os governos tratam dos problemas que podem surgir com esses bens: são os direitos de patente do capital cultural.

Aqui, você não vai encontrar nenhuma referência à representação do arquétipo da abundância por meio dos intermediários dos sentimentos vitais. Agora que estamos nos afastando do chauvinismo machista, será que podemos abordar o tema do ponto de vista vital? O vital é representado no mundo vivo como formas biológicas. A representação da abundância no vital é o sentimento de vitalidade abundante, o sentimento de bem-estar ou de saúde vital, uma condição necessária também para a saúde física e mental.

Agora, voltamos ao velho ditado: saúde é riqueza. O bem-estar em todos os níveis – pessoal, nacional e planetário – é importante para avaliarmos a saúde da humanidade.

Logo, o fato de levarmos em consideração o arquétipo da abundância ensina-nos uma grande lição: precisamos acrescentar "saúde é riqueza" quando pensarmos em riqueza e capital. Isso tem grandes repercussões no desenvolvimento da nova economia (veja o Capítulo 4).

É interessante generalizar um pouco e conversar sobre a riqueza sutil em contraste com a riqueza densa.

Dizem que a atual riqueza material, em sua totalidade, não tem precedentes na história da humanidade. Pode ser. Mas a riqueza material tem dois defeitos.

Há uma bela história sufi a respeito de um deles.

Um mestre sufi chega à corte de um rei. Naturalmente, este se esforça para impressioná-lo com a grandeza de seu palácio e com o modo principesco como ele e seus cortesãos vivem. Então o rei pergunta: "Mulá, você gosta do que está vendo?".

O mulá responde: "É um hotel bem grande".

O rei fica surpreso. "Hotel? É meu palácio. Moro aqui."

"Mas você vai morrer. E aí, o que acontece?"

O rei percebeu o seu erro. Esse é o problema com palácios e riqueza material: não dá para levá-los consigo. Claro, você pode deixá-los para seus filhos ou parentes. Mas isso não é uma garantia de que seu capital será beneficiado após sua morte. Nem sempre as crianças adquirem a criatividade de seus pais para explorar a abundância.

Em segundo lugar, a riqueza atual é instável. Excetuando-se os períodos de estabilidade econômica, o valor da riqueza pode flutuar muito, dependendo da natureza dos bens que você adquira. Na década de 1990, um bom número de milionários high-tech perdeu seus milhões e nunca os recuperou; o mesmo aconteceu com vários especuladores do mercado imobiliário durante a grande recessão.

A riqueza sutil tem alguns problemas em comum com a riqueza material, mas em menor escala. O valor monetário do capital cultural flutua com as bases da visão de mundo da sociedade. Se, por exemplo, a visão de mundo tornar-se exclusivamente materialista, o valor de boa parte do capital cultural pode acabar desaparecendo, tal como ocorre hoje com os livros e a música gravada.

Por outro lado, porém, a riqueza sutil tem grandes vantagens sobre a riqueza material: tem um valor intrínseco, por exemplo, que permite a você colocar seus ecossistemas internos em ordem, trazendo-lhe felicidade e positividade. E outra grande vantagem da riqueza sutil é que você pode transmiti-la para os outros. Quando a riqueza sutil é adquirida na forma de circuitos cerebrais, resultando num comportamento pacífico de sua parte, os demais podem imitar seu comportamento por meio de "neurônios-espelho", uma grande descoberta neurológica (Ramachandran, 2010). Mais importante ainda é que os circuitos cerebrais estão correlacionados com modificações das matrizes morfogenéticas associadas, e que essas modificações são armazenadas de forma não local. Desse modo, elas viajam conosco quando morremos e reencarnamos (Goswami, 2001). Em outras palavras, você pode levá-las quando morrer. Ficou intrigado? Este é o tema da seção seguinte.

E se somos capazes de adquirir a riqueza sutil trabalhando em um grupo de relacionamentos hierárquicos entrelaçados, a herança da riqueza sutil pode se tornar uma parte da própria humanidade em evolução por meio da biologia dos instintos de Lamarck e Sheldrake (Sheldrake, 2009; Goswami, 2008b).

Este é um ponto interessante. Com a evolução, a riqueza material ficou cada vez mais sutil (dinheiro, títulos e ações, derivativos e assim por diante); mas a riqueza sutil tornou-se mais tangível.

Memória quântica não local e reencarnação

É possível reencarnar? Uma parte de você, além de seu corpo físico, pode sobreviver à morte e chegar a reencarnar em um novo corpo físico, um novo você no futuro? A nova ciência diz que sim (Goswami, 2001). A afirmação categórica vem da ideia de memória quântica. A memória quântica é uma memória não local; ela não reside na localidade espaço-temporal, em nosso cérebro. Reside "fora" do espaço-tempo, no reino-potencialidade da não localidade quântica. É claro que tal memória não morre com a morte do cérebro. Logo, se um cérebro futuro utilizar a memória não local que você produziu nesta encarnação, não faz sentido dizer que a pessoa que possui esse cérebro é sua reencarnação?

Na base da consciência, tanto o mundo físico quanto o sutil (constituídos por um mundo de energia vital do sentimento, por um mundo mental do significado e por um mundo supramental de temas arquetípicos) existem como possibilidades quânticas para escolha da consciência (Goswami, 1993, 2000). Como discutido antes, o cérebro é capaz de estabelecer uma identidade para a consciência (o *self* quântico) em virtude de possuir um sistema de mensuração em hierarquia entrelaçada – um aparato de percepção e um aparato de memória em causalidade circular – não redutível ao micro.

O físico Mark Michel e eu fizemos alguns cálculos que sugerem que, se um estímulo quântico (tal como um fóton proveniente de um objeto que estamos observando) interage com tal sistema, com reflexo repetido no espelho da memória, e a resposta do sistema é sempre reforçada, então, finalmente, no limite da repetição infinita, a resposta quântica do sistema dá lugar a uma resposta newtoniana "condicionada". Então, é assim que, carregada por um cérebro condicionado com um corpo sutil condicionado e correlacionado, a consciência perde sua liberdade de escolha e parece ser o ego condicionado pelo comportamento (Mitchell; Goswami, 1992). Em contraste, em eventos de intuição dos *insights* criativos, em que experimentamos o supramental para o qual não temos capacidade de criar memória física (representação), o *self* que vivenciamos é sempre espontâneo, é cósmico. É o *self* quântico.

Desse modo, o ego-caráter de seus padrões de hábito e de aprendizado – *karma*, em sânscrito – constitui a memória não local, sendo armazenado nas equações matemáticas modificadas e não lineares que guiam seu comportamento condicionado. As leis metamatemáticas por trás dessas equações pertencem ao domínio supramental da realidade além do espaço e do tempo, e um bebê que nascer no futuro, iniciando sua vida e usando o mesmo conjunto de leis metamatemáticas que você usava, será sua reencarnação.

A teoria plena da reencarnação afirma que o recém-nascido vai se somando ao conjunto condicionado à medida que cresce, e, no momento devido, vai morrer e renascer novamente (Goswami, 2001).

Comprovação experimental direta da memória não local

Há evidências diretas que sugerem que a memória de uma propensão aprendida é não local. Na década de 1950, o neurofisiologista Karl Lashley (1950) fez um experimento no qual tentava estudar em que local do cérebro se dava o aprendizado de uma propensão. Para isso, treinou ratos para que encontrassem queijo num labirinto em Y e depois começou a cortar sistematicamente partes do cérebro do rato, testando-o para saber se a propensão ainda estava presente. Estranhamente, descobriu que, mesmo com 50% do cérebro removido, um rato treinado ainda conseguia chegar ao queijo. A única conclusão viável é que a memória aprendida de uma propensão é não local, e o termo antigo para isso é *akashic*, palavra sânscrita que significa fora do espaço e do tempo. (Outra conclusão, a de que o cérebro seria holográfico, foi popular durante algum tempo, mas não é mais considerada viável.)

Por que a reencarnação é importante para a economia?

Há muito, os indianos orientais perceberam que as pessoas se comportam segundo três tipos de propensão. O condicionamento domina a maioria das pessoas, e essa propensão é chamada de *tamas*, em sânscrito. Um número substancial de indivíduos, porém, consegue responder a uma situação com um comportamento criativo, do qual há dois tipos. Algumas pessoas abordam um problema de forma criativa, mas não passam dos contextos arquetípicos de pensamento conhecidos. As soluções que encontram são adequadas à situação, sendo esse tipo de criatividade chamada situacional (*raja*, em sânscrito). Outras pessoas, quando veem um problema, enxergam nele mais do que os contextos arquetípicos conhecidos, e a solução que buscam e encontram é a descoberta de um novo significado num novo contexto arquetípico. A esse tipo de criatividade dou o nome de fundamental. A propensão para ela é chamada de *sattva*, em sânscrito. No jargão mais recente, *sattva* é o pensamento "fora da caixa", mesmo na dimensão dos arquétipos.

A explicação dos três *gunas* está no fenômeno da reencarnação, plenamente apoiado pelo modelo quântico segundo o qual parte de nossa memória – padrões de hábito – é não local. Inicialmente, todas as almas novas são *tamásicas*. Após algumas reencarnações, desenvolve-se *raja*. Com o tempo, após muitas reencarnações, para as almas "antigas", *raja* cede lugar a *sattva*. O processo envolve a limpeza do inconsciente, o que é importante para o processamento criativo. Naturalmente, agora que compreendemos a teoria por trás disso, o processo de limpeza pode ser acelerado.

A classificação das pessoas em *sáttvicas*, *rájicas* e *tamásicas* é muito relevante para a economia e os negócios. De modo geral, os agitadores (no bom sentido) da sociedade, entre os quais as pessoas de negócios, têm predominância de *raja*. Veja que a palavra sânscrita *raja* (que significa rei) é a raiz desse *guna*: tal como reis da antiguidade, os *rájicos* têm a mesma tendência a construir impérios. Em termos de criatividade, quando esses indivíduos fazem uma descoberta num novo contexto, usam-na em muitas situações novas, tanto isoladamente quanto numa combinação de diversos contextos velhos. Obviamente, isso é análogo a construir impérios. Às vezes, essa criatividade é chamada de "horizontal", enquanto a criatividade fundamental é denominada "vertical". As palavras do economista Joseph Schumpeter explicam perfeitamente a diferença: "Acrescentem sucessivamente tantos vagões quanto quiserem, nem por isso obterão uma ferrovia".

Em contraste, a tradicional força de trabalho dos empregos rotineiros geralmente consiste de pessoas *tamásicas* que, sem a criatividade fundamental e sem o impulso da expansão imperial, simplesmente sucumbem à labuta da vida condicionada.

Tenho mais um exemplo útil relacionado à reencarnação. A literatura oriental sobre reencarnação contém outro conceito ligado ao karma (padrão de hábitos): o karma ambiente (*prarabdha* em sânscrito), o que trará frutos nesta vida. A ideia aqui é que não trazemos todo o karma que acumulamos nas vidas anteriores para a vida que estamos vivendo agora. Na verdade, trazemos uma parte específica dele.

A surpresa das surpresas foi saber que essa ideia foi confirmada por meio de dados empíricos na pesquisa de um terapeuta de vidas passadas chamado David Cliness. Cliness estudou diversos pacientes que se lembraram de muitas vidas anteriores. Curiosamente, descobriu que as pessoas não trazem para a vida atual todas as propensões e contextos aprendidos em vidas passadas. Ele usou a linguagem do jogo de pôquer para descrever a situação. É como se a pessoa jogasse pôquer com suas propensões e contextos aprendidos, escolhendo cinco cartas de um baralho com 52 cartas.

Podemos teorizar seguindo a psicologia oriental. Por que trazemos uma seleção específica de karmas? Porque queremos nos concentrar em uma agenda de aprendizado específica para esta vida. Essa agenda de aprendizado leva o nome de outra palavra em sânscrito, *dharma* (grafada com "d" minúsculo para distingui-la da palavra *Dharma*, com "D" maiúsculo, que denota o Todo, o Tao).

A ideia de a vida consistir no cumprimento de uma agenda de aprendizado pode lembrá-lo do maravilhoso filme *Feitiço do tempo*, no qual o herói reencarna (por assim dizer) de uma vida para outra com uma única agenda de aprendizado, e das mais importantes – o amor.

Posso falar mais uma coisa sobre o *dharma*, encontrada na literatura oriental. Quando cumprimos a agenda de aprendizado que trouxemos para a vida atual, a vida torna-se plena de felicidade. Se, ao contrário, encontrarmos a plena felicidade na vida, podemos concluir que devemos estar seguindo nosso *dharma*. O mitólogo Joseph Campbell costumava dizer: "Siga o que o faz feliz". Ele sabia.

Se você é uma pessoa de negócios e isso o faz feliz, muito bem. Você está seguindo sua agenda. Creio que um dos problemas atuais é que há muita gente oportunista na economia e nos negócios: só estão nisso pelo dinheiro, não porque seguem seu *dharma*. É por isso que as atividades dessas pessoas são perigosas e potencialmente nocivas para o mundo dos negócios.

Tenho um desejo muito pessoal. Pessoas como nós, que visam o bem do mundo, às vezes se perguntam por que empresários se desinteressam pelo bem-estar das gerações futuras (o empresário Katsuhiko Yazaki [1994] dá a essa atitude o nome de "agoraismo"). Talvez, se compreendessem a natureza científica da reencarnação que estamos descobrindo agora, perceberiam que eles mesmos farão parte das gerações futuras, e sua visão de práticas empresariais insensíveis passaria por uma mudança radical.

Ciência dentro da consciência: um resumo

Os elementos básicos da ciência que está se desenvolvendo dentro da primazia da consciência são os seguintes:

- A consciência é a base de toda a existência. Todo objeto, material ou mental, existe como possibilidade quântica nessa base da existência. Em outras palavras, as leis do movimento de todos os objetos respeitam a física quântica.
- As possibilidades quânticas da consciência são quatro: material (a que temos acesso sensorialmente); vital (a energia que

sentimos, principalmente nos chakras e, secundariamente, pelas "moléculas das emoções" no cérebro – veja Goswami, 2008a); mental (com que pensamos o significado); e os arquétipos supramentais das leis físicas, do significado mental, das funções vitais e das discriminações éticas (que intuímos). O material é chamado de denso porque nós o vivenciamos como algo externo, e os demais constituem o domínio sutil de nossa experiência, vivenciado privada, interiormente.

- A consciência escolhe dentre suas possibilidades para criar experiências, eventos concretos. Aquilo que a tradição espiritual chama de causação descendente por um agente não material (frequentemente chamado de Deus) é agora visto como o resultado da escolha de um estado não ordinário da consciência, no qual todos somos um e onde a interligação de todas as coisas permite a comunicação sem sinais (tecnicamente chamada de não local). *Sem sinais para mediar, sem dualismo!* A escolha e o colapso exigem uma hierarquia entrelaçada que produz a identificação autorreferente da consciência com um aparato de medição de hierarquia entrelaçada, como uma célula viva ou o cérebro. Desse modo, a mensuração quântica permite que a consciência se represente na matéria viva, uma representação que vivenciamos como sujeito ou *self*.

- Existe um critério para a escolha da consciência não local quando causa um colapso? O critério é objetivo: levar a evolução deliberada da consciência manifestada adiante, permitindo a evolução de representações cada vez melhores do sutil. Atualmente, a pressão evolutiva está envolvida com as representações cerebrais dos arquétipos supramentais pela intermediação da mente.

- Ao contrário da física newtoniana, na física quântica ocorrem tanto movimentos contínuos quanto descontínuos. Os movimentos contínuos reinam no movimento das possibilidades naquilo a que chamamos de inconsciente (sinônimo de consciência não local não manifestada). A escolha que leva ao colapso (transformação) da possibilidade em algo concreto é descontínua. Vivenciamos esses movimentos descontínuos (chamados saltos quânticos) em nossas experiências criativas, os *insights* ah-ha! Esse ah-ha significa a surpresa da descontinuidade e a novidade do *insight*.

- O sujeito/*self* vivenciado num salto quântico criativo é imediato, e chamamo-lo de *self* quântico. Todavia, as memórias produzem condicionamento, e as respostas condicionadas dão origem a um fluxo de consciência contínuo e previsível; chamamos aquele que o vivencia de ego. No ego condicionado, temos a escolha limitada entre alternativas condicionadas, o que é útil para o consumismo. Existe ainda a liberdade tão importante de dizer "não" ao condicionamento.
- Os três pilares da física quântica que se destacam no novo paradigma são: não localidade, descontinuidade e hierarquia entrelaçada.
- Quando a consciência escolhe dentre as possibilidades o evento concreto de sua experiência (com um ou mais dos componentes físico, vital, mental e supramental), o físico (cuja manifestação é obrigatória para que as possibilidades se tornem concretas após o colapso) tem a oportunidade de criar representações do sutil. O físico é como o hardware do computador; o sutil é representado como o software.
- Finalmente, a ciência dentro da consciência, com que a visão quântica do mundo está nos presenteando, é uma ciência inclusiva e livre de dogmas.

PARTE 2

O QUE A ECONOMIA QUÂNTICA PODE FAZER POR NÓS

capítulo 4

Bases conceituais da economia quântica

Como disse o psicólogo Abraham Maslow, além de nossas necessidades materiais básicas, temos toda uma hierarquia de necessidades. Entretanto, a ideia não começou com Maslow; a descoberta dessa hierarquia de necessidades deu-se há muito tempo. A Cabala judaica, codificada no século 15, diz que temos cinco corpos, dos quais quatro são imateriais, cada um com funções que dão origem a necessidades. Mas, na verdade, a mais antiga referência pode ser encontrada nos *Upanishads* hindus.

Um garoto curioso quer descobrir a natureza da realidade. Assim, ele faz a pergunta a seu pai, um professor muito sábio. O pai fica contente. Todavia, em vez de responder, ele diz: "Por que você não medita e descobre sozinho?".

O filho medita durante algum tempo, tem uma ideia e vai procurar o pai para confirmá-la: "A realidade é a matéria, aquilo de que meu corpo é feito, a essência dos alimentos que como".

O pai aprova. "Sim", ele diz, "mas medite mais um pouco."

O menino se afasta, medita e, após algum tempo, evidentemente com base em sua experiência, tem outra ideia: "A realidade é a energia que sinto", declarou desta vez a seu pai.

O pai aprova, mas o estimula a meditar um pouco mais.

O garoto faz o que lhe foi pedido; em pouco tempo, tem outra ideia: "A realidade é a mente, o veículo com o qual pensamos e exploramos os significados, pai".

O pai diz: "Sim, mas vá mais fundo".

O filho é perseverante. Agora, medita e medita e, finalmente, descobre a intuição, com um arrepio na espinha e tudo o mais, e corre até seu pai: "Pai, pai. Descobri, descobri. A realidade é aquilo de onde provêm nossas ciências, os valores segundo os quais vivemos". Naturalmente, está falando dos arquétipos.

Brota um sorriso no rosto do pai. Mas ele diz: "Bom. Mas vá mais fundo, meu filho".

Não há problema. O filho está mesmo motivado. Ele medita novamente e descobre a unidade de tudo, que a realidade é uma e única, sem fronteiras. Seu ser enche-se de júbilo e vem-lhe a certeza. É isso. Ele nem torna a perguntar a seu pai; ele não precisa mais de confirmações.

Os *Upanishads* referem-se às descobertas do garoto com a palavra sânscrita *"Kosha"*, que, nos capítulos anteriores, chamamos de corpos. O maior defeito da economia capitalista de Adam Smith é ignorar as necessidades superiores das pessoas, provenientes dos corpos não materiais, no estabelecimento da equação econômica de necessidades e talentos – demanda e oferta, consumo e produção. Seguindo Maslow, mas modificando sua teoria conforme a percepção da ciência dentro da consciência (veja o Capítulo 3), podemos ver facilmente quais são essas necessidades superiores. E, na verdade, a julgar pelo caminho que nossas sociedades seguiram nos últimos sessenta anos, qualquer pessoa pode sentir hoje a necessidade de mais vitalidade – energia vital – em virtude da degradação ambiental. A maioria de nós sente a fome de significados; só conseguimos consumir uma quantidade específica de informações sem significado. Até as crianças se cansam delas. E, apesar de o materialismo ter pregado valores materiais nessas décadas todas, por que existem ainda religiões nos Estados Unidos e no mundo? Ainda que a educação atual demonstre um pendor para o materialismo científico, uma parcela significativa de nossa juventude percebe a necessidade de valores superiores. Obviamente, nossa necessidade de valores supramentais e espirituais transcende os esforços materialistas em tentar criar preconceito contra eles; não funcionou na Rússia soviética e não está funcionando na América democrática. Algumas pessoas simplesmente sabem – por meio da intuição, o que mais? – que há valores cuja busca nos traz satisfação, aproxima-nos da plenitude e da felicidade.

Ocorre, porém, um efeito tangível dessa propaganda em escolas públicas, instituições de ensino superior e, claro, na poderosa mídia: a confusão de valores. O que acontece é a nítida falta de inteligência dirigida para o processamento de valores não materiais como sentimentos, significados e arquétipos. Assim, somos cientes de que precisamos de algumas coisas, mas dizem-nos com tanta ênfase e com tantas vozes que todas as nossas experiências emanam da matéria, que ficamos confusos quanto à sua natureza.

Na nova ciência, podemos perceber desde o início que temos não só necessidades físicas, mas necessidades em todas as outras dimensões de nossa experiência – sentimentos, pensamentos, intuição e felicidade. Infelizmente, a visão de mundo e as mudanças culturais havidas nos Estados Unidos desde que Maslow introduziu o conceito da hierarquia das necessidades criaram certa camuflagem sobre essas necessidades. Além disso, não se esqueça de que até o jovem da referida história do *Upanishad* teve de meditar antes de descobrir as necessidades superiores. Hoje, você pode identificar suas necessidades superiores com a ajuda do conhecimento científico.

1. Como você sabe que não está satisfazendo suas necessidades de energia vital? Conforme discutimos antes, os sentimentos, os movimentos da energia vital, originam-se nos pontos de chakra do corpo. Mas vamos encarar os fatos: exceto em raras ocasiões de crise ou de criatividade, você não sente muitos movimentos vitais no corpo. Os estresses da vida moderna dificultam até sentir sede ou fome, as quais, naturalmente, destinam-se não só a nos alertar para a nossa necessidade de água ou de comida como também, num nível mais sucinto, a nos conscientizar de nossa necessidade da vitalidade proporcionada pela água e pela comida. Assim, uma maneira de sentir os movimentos vitais é desenvolver sensibilidade aos sentimentos no corpo. Este é o modo positivo. Há também um modo negativo. Nosso impulso pela satisfação das necessidades da energia vital (nutrição vital além da física) aparece no comportamento emocional negativo. As emoções negativas são um sinal claro de que temos deficiência de energia vital nos três chakras inferiores. A vida urbana atual é tão repleta de estresse emocional que faz com que as emoções negativas aflorem. Emoção é pensamento mais sentimento, mas, infelizmente, a maioria das pessoas vivencia as emoções como fenômenos cerebrais. A evolução deu-nos os circuitos cerebrais instintivos no cérebro límbico. Os sentimentos evocados por esses circuitos são aqueles que costumamos vivenciar, contaminados pelo significado dado pela mente e codificado no neocórtex como circuitos cerebrais corticais em experiências

de emoções negativas. Quando você desenvolve sensibilidade e acompanha suas experiências emocionais até as origens viscerais delas, começa a vivenciar sentimentos "puros", sem aversões associadas a eles. Então, vai ficar bem ciente da falta de vitalidade de seus chakras inferiores, como se a energia vital tivesse sido literalmente drenada desses pontos. Portanto, quando você sente uma emoção negativa como resposta a um fator de estresse, é um sinal de que deve admitir sua necessidade de energia vital, o que acontece quando você mais precisa nutrir esses três chakras inferiores. Implicitamente, você também sabe disso. Sob estresse emocional, quem não sentiu a necessidade de comer um chocolate ou de fazer um lanchinho? Obviamente, quando você faz um lanchinho para lidar com a ansiedade, está nutrindo o terceiro chakra de energia vital; porém, como a situação não está clara, você tenta se nutrir de energia vital com um alimento que não é nutritivo. Para alguns, o sinal mais claro disso é uma estranha excitação, e essas pessoas tentam lidar com ela valendo-se de pornografia viciante e doentia. Estão respondendo à crise de esgotamento de energia vital no segundo chakra. O esgotamento da energia vital no chakra básico dá origem ao medo, para o qual a resposta habitual é a fuga. Se você estiver com pouca vitalidade no chakra básico, não terá firmeza suficiente para ficar e lutar.

2. Há milênios, como parte de nossa experiência intuitiva, temos intuído emoções positivas que se originam de sentimentos positivos dos "chakras superiores", como amor, expressividade, clareza e satisfação. Naturalmente, os circuitos do neocórtex fazem essas interpretações mentais dos sentimentos antes que se tornem uma experiência. Nossas religiões e tradições mentais desenvolveram-se em parte para nos ajudar a cultivar essas emoções positivas a fim de equilibrar as negativas. Na verdade, isso nos deu a civilização. Os materialistas podem confundir você quanto à natureza de suas emoções negativas – se têm origem material ou não –, mas não podem afirmar que essas emoções positivas têm relação com o cérebro. Desse modo, o que o garoto da história do *Upanishad* descobriu por meio da meditação, você está descobrindo com a abertura da mente para a nova ciência. E é bom que hoje todos possam fazê-lo. Nosso futuro depende da descoberta de tecnologias de energia vital que supram diretamente os chakras

com energia. Nossa evolução depende de reconhecermos essas necessidades emocionais positivas, de cultivá-las e colhê-las. O reconhecimento da necessidade de energia vital é fundamental para o desenvolvimento da economia quântica.
3. Você está ciente da necessidade de busca de significados? Especialmente da procura de novos significados mentais que exigem criatividade? Aqui, a camuflagem é a ênfase excessiva na tecnologia da informação em nossa cultura. O processamento de informações não tem fim, vicia e pode ocupar todo o seu tempo livre; já reparou? Atividades triviais ocupam seu tempo para você não se entediar; mas, sem um novo significado, as energias do amor, da expressão, da clareza e da satisfação ficam implorando por atenção, as intuições delas não atingem você. Daí o predomínio da insatisfação em nossa sociedade e, com ela, a epidemia de depressão. São sinais claros de que está faltando o processamento de significado em sua vida. Os materialistas dirão que a mente é o cérebro, o dualismo mente-corpo. A nova ciência, porém, resolveu todas as dificuldades filosóficas contra o reconhecimento de que a mente é diferente do cérebro, de que a mente é representada no cérebro e de que o propósito de nossa vida é fazer nova representação do significado dos arquétipos supramentais. Desse modo, a nova ciência o ajuda a refutar a alegação materialista em contrário, permitindo-lhe descobrir suas necessidades de significado.
4. Como você pode descobrir sua necessidade de buscar arquétipos supramentais como altruísmo, compaixão, verdade, beleza, integridade, justiça e, naturalmente, no contexto da economia, abundância? Os materialistas negam a existência desses arquétipos porque não conseguem justificá-los. Os criacionistas negam a evolução, apesar dos dados fósseis, porque não podem explicá-la. Aceitar a evolução, pensam, vai destruir sua fé na *Bíblia*. De modo análogo, o cientista materialista típico de nossos tempos prefere abrir mão da ideia de verdade eterna a abdicar do materialismo científico. Mas, pergunte-se: Onde está a verdadeira ciência sem a busca da verdade? Pode haver beleza real sem um observador engenhoso? E como gerar prosperidade sem almejar o arquétipo da abundância? Podemos realmente explorar a saúde sem a percepção-consciente do arquétipo da integridade? Podemos ser éticos nos negócios sem cultivar a bondade nas pessoas?

São perguntas difíceis de responder hoje em dia, admito. Mas a nova ciência está mostrando o caminho. Enquanto isso, basta aceitar a validade de suas próprias intuições, por meio das quais os arquétipos supramentais vão conversar com você agora mesmo, e a validade da nova ciência. Com efeito, se suas necessidades de significado e de energia vital forem satisfeitas, isso vai ajudar muito.

5. Finalmente, não devemos nos esquecer da necessidade de felicidade. A confusão é feita pela afirmação insistente dos materialistas de que a felicidade nada mais é do que o prazer, ou seja, um monte de moléculas de prazer no cérebro. Já tentamos o prazer como substituto para a felicidade sob a égide do materialismo científico. Temos a Mansão Playboy para prová-lo e pornografia à vontade na internet. Nossos filmes, músicas e leituras estão repletos de sexo, de comida e de outras atividades prazerosas. Por que, então, estamos procurando relacionamentos firmes a um ponto tal que até os gays estão podendo explorá-los com o reconhecimento e a aprovação das sociedades? Porque sabemos, no íntimo, que, "um dia, todos acabam precisando de alguém" para se sentirem inteiros.

O dilema conceitual deve-se à afirmação materialista de que a matéria é a base da existência. E a matéria consiste de objetos separados e independentes. A integridade é conversa mole! Será? A física quântica diz outra coisa: a consciência é a base da existência, e não a matéria. E a consciência, além da separação do ego, é uma unidade interconectada, embora não tenhamos noção clara disso. É a separação entre sujeito e objeto, à qual a percepção manifestada está associada, que é ilusória. Essa separação, às vezes, nos afasta da integridade-felicidade.

As religiões levaram isso um pouco além. No cristianismo, a separação é chamada de inferno-sofrimento; é no céu que estão a integridade e a felicidade. Uma história taoista esclarece a questão. Você está observando um banquete no inferno, com pratos deliciosos, e os convidados estão tentando comer, mas não conseguem. Veja! Os garfos são do comprimento da mesa. No céu, você observa, fascinado, os convidados comendo sem esforço algum a mesma comida, na mesma situação. Cada pessoa dá comida para a pessoa sentada à sua frente na mesa.

Eis a conclusão: além da satisfação das necessidades físicas, a economia capitalista precisa lidar com as necessidades sutis e espirituais. Agora que você descobriu a escala das necessidades, perceba que essa escala não é totalmente hierárquica. Existe um *feedback* entre as necessidades superiores e as inferiores. Se você satisfaz as necessidades superiores, a ânsia de satisfazer as necessidades inferiores diminui. Quando Newton estava numa fase muito criativa, sua irmã precisava lembrá-lo de comer. E não é preciso ser um Newton para compreender isso. O contrário também é verdadeiro. Se suas necessidades inferiores estão satisfeitas, aumenta a ânsia de satisfazer as necessidades superiores. Experimente e veja como é válida a mensagem do poeta que escreveu:

> Se você tiver cinco dólares, compre um hambúrguer.
> Mas, se você tiver dez, ó *connoisseur*, compre algumas flores
> Para admirar depois que a barriga estiver cheia.

Desse modo, a estratégia para uma economia quântica da consciência, mais adequada ao nosso tempo do que o capitalismo de Adam Smith do século 18, é cuidar de todas as necessidades simultaneamente, e não uma após a outra.

O capitalismo de Adam Smith foi desenvolvido como uma economia de bem-estar físico baseada na satisfação das necessidades condicionadas do ego físico. Em contraste, a economia quântica, como economia da consciência, deve ser uma economia de bem-estar holístico, baseada na satisfação das necessidades do ego físico e do ego sutil. E mais. A economia quântica deve, desde o início, cuidar também das necessidades do *self* quântico, o que significa prestar atenção na não localidade (como na cooperação), na descontinuidade (como na criatividade) e na hierarquia entrelaçada (como em nossos relacionamentos pessoais bilaterais).

Essa extensão do capitalismo, que envolve as necessidades humanas sutis superiores (além das necessidades materiais de sobrevivência básica) e o reconhecimento das necessidades do *self* quântico superior (além do *self* egoico e consumidor), encaixa-se muito bem na definição etimológica da economia. O termo *economia* origina-se de duas palavras gregas: *oikos*, que significa lugar, e *nomus*, que significa gerenciamento. Desse modo, a economia trata do gerenciamento do lugar onde vivemos. Pensando bem, não vivemos apenas no mundo físico; vivemos também no mundo vital dos sentimentos, no mundo mental do significado, e até fazemos incursões ocasionais no mundo supramental dos valores arquetípicos como bondade, abundância, amor, justiça, beleza e verdade.

Naturalmente, um capitalismo adequadamente desenvolvido deve incluir o gerenciamento de todos os mundos nos quais vivemos e que visitamos.

Finalmente, onde está o motivador do lucro na arena espiritual? É possível haver capitalismo sem lucro e sem motivos para lucrar? Mas há lucro! A cultura religiosa de uma era esquecida negava a aceitação de recompensas materiais em troca de um dom espiritual que alguém compartilhava com você. Se alguém compartilhar a exploração de significados com você na forma de um livro ou de um vídeo musical, você paga entusiasticamente por isso. Certo? Do mesmo modo, paga alegremente pelo dom da energia vital da massagem feita por um profissional; ele ganha a vida compartilhando seu dom, beneficia você, que reconhece o fato e o paga, e ambos ficam satisfeitos. Então, por que hesitar em pagar pelo amor de um sábio? É a cultura! O dinheiro não compra amor, o dinheiro não compra felicidade, é o que nos dizem sempre. Quem não quer ser recompensado por uma boa ação da qual foi parte essencial? Ademais, todos precisam satisfazer a necessidade de sobrevivência. Isso custa dinheiro, não? Nos velhos tempos, "pecadores" poderosos davam dinheiro para as igrejas, que sustentavam as pessoas espiritualizadas. Logo, o amor do sábio não era totalmente gratuito. Hoje, de modo similar, a Igreja sustenta muita gente bastante espiritualizada que dá conselhos quando você precisa de ajuda. Mas a Igreja tem isenções tributárias, e quem paga por isso? Você, é claro, embora indiretamente. O capitalismo funciona melhor.

Você pode perguntar: As pessoas espiritualizadas são motivadas pelo lucro? Quando Jesus diz que aquilo que você der, receberá de volta cem vezes mais, não está falando de lucro material. Está falando de lucro sutil. Pessoas que produzem "bens" na arena sutil estão cientes dos lucros possíveis. Elas desfrutam desses lucros, e, como é de se esperar, quanto mais lucram, melhor fica sua produção. Logo, as pessoas com dons na arena da produção sutil não têm falta de motivação. Precisamos apenas motivar mais a produção sutil suplementando a satisfação sutil do produtor com uma compensação monetária densa adicional, para que ele possa se devotar à sua tarefa como profissional, em tempo integral, e não como amador sustentado pela filantropia alheia. Nossa premissa tem sido a de que isso vai corromper o sistema; assim, criamos a figura intermediária do benfeitor rico e de organizações semelhantes a igrejas. Mas a história mostra que isso não elimina a corrupção. O que vai eliminar a corrupção é o capitalismo, a competição capitalista. Só vamos pagar quando recebermos os benefícios, independentemente do endosso de uma organização.

A microeconomia do sutil

A economia trata de produção-consumo, demanda-oferta, preços e coisas assim. Como esses fatores servem às nossas necessidades sutis? Vamos falar desses microdetalhes.

A produção de energia vital pode se dar de diversas maneiras: o plantio – plantas, árvores e seus produtos (grãos, frutas e verduras) – contém abundante energia vital. Obtemos essa energia vital principalmente dos alimentos que comemos; parte dela, porém, é obtida respirando o mesmo ar que compartilhamos com o reino vegetal. Desse modo, até plantas dentro de casa e bichinhos de estimação podem nos fornecer a energia vital necessária. É um nível de produção com o qual mantemos um contato quase inconsciente, mas a cultura moderna, com seus extratos alimentícios, excesso de cocção, desflorestamento, poluição ambiental, uso de pesticidas na agricultura, modificação genética de grãos etc., está reduzindo essa forma de produção de energia vital. Nesse nível há muitas oportunidades para o emprego inovador e criativo de novas formas produtivas e para a revitalização de velhas formas.

A água tem uma longa história evolutiva conosco, humanos: éramos criaturas aquáticas antes de virmos para a terra. Portanto, a água ainda é uma fonte de energia vital para nós. Essa fonte também está sendo comprometida hoje em virtude da poluição ambiental e dos tratamentos químicos excessivos necessários para livrá-la da poluição material. Infelizmente, o tratamento químico acaba removendo a correlação entre a água e a energia vital da qual extraímos nossa nutrição vital. Logo, é preciso revitalizar a água para obtermos de volta essa preciosa fonte de energia vital.

De modo análogo, usamos muitos produtos hoje: alimentos dietéticos, substitutos nutricionais, cosméticos, perfumes e coisas assim. As vitaminas e o botox que você utiliza têm origem em substâncias orgânicas, mas a extração da essência material dessas substâncias originais livra-as da energia vital que havia inicialmente nelas – a energia vital está correlacionada com a forma maciça, não com as moléculas. A nova ciência diz que a nutrição que obtemos desses produtos daria um salto quântico se os revitalizássemos. E já dispomos da tecnologia para essa revitalização (veja o Capítulo 10).

Naturalmente, quando não recebemos uma nutrição adequada de energia vital, podemos sucumbir àquilo que a nova ciência reconhece como doença da energia vital (Goswami, 2004, 2011). A saúde e a cura na dimensão da energia vital são um importante caso de sucesso de práticas médicas alternativas como a Medicina Tradicional Chinesa (MTC), a Ayurveda indiana, a homeopatia, a naturopatia, o Reiki etc. Nossa postura mental precisa mudar muito antes de utilizarmos plenamente essa área de produção e consumo.

Todos nós podemos produzir energia vital, tanto para consumo pessoal em nosso tempo "desligado" como para manter o ambiente vitalizado por meio do cultivo da saúde positiva na sociedade. Pessoas com saúde positiva irradiam energia vital positiva não só pela respiração – com outras pessoas respirando o mesmo ar ou usando as mesmas coisas materiais que elas –, mas pela transferência direta e não local através da consciência. Quando a saúde é positiva? Quando as energias vitais do indivíduo e a correlação dessas energias com os órgãos físicos estão em equilíbrio e harmonia. Se você já é saudável, a melhor maneira de cultivar saúde positiva é participar regularmente de práticas de energia vital: yoga e pranayama (técnicas de respiração da Índia oriental), tai chi, artes marciais, aikido etc. Essa área de produção da energia vital relaciona-se com a educação e já é uma área economicamente ativa. Mas há um escopo enorme para expansão.

Será mesmo verdade que pessoas com saúde vital positiva irradiam tanta energia vital que podem alimentar alguém na sua presença? Sim. Medições mostram que, se um mestre de chi kung emana (outra palavra para intenção) *chi* (energia vital) bom sobre uma planta, a taxa de crescimento da planta aumenta (Sansier, 1991). Desse modo, fica claro que pessoas com saúde vital positiva, como um mestre de chi kung, de aikido ou de pranayama, são um valioso capital humano

Isso traz à discussão o importantíssimo terceiro nível de produção de energia vital – o reconhecimento e o cultivo de talentos e dons nessa área. Há algumas incursões de mestres tai chi e aikido da China e do Japão, e de yogues kundalini da Índia, e também algum cultivo local em países economicamente avançados, como os Estados Unidos, mas há um imenso escopo para investimentos por parte de empreendedores. Além de ensinar os outros, essas pessoas são literalmente capital humano em energia vital, pois podem vitalizar seu ambiente local com sua mera presença, um processo chamado indução, que funciona por meio da não localidade quântica e, talvez, até por neurônios-espelho.

Quanto à produção de significado mental, já temos alguma nas artes, livros, música, filmes e indústria de entretenimento. Todas essas indústrias também têm a capacidade de produzir energia vital positiva (emoções positivas). No entanto, boa parte dessa indústria tem se envolvido com a negatividade e com o cinismo existencial da cultura materialista. Se o ato de assistir a um filme o deprime, ele não está servindo às suas necessidades superiores, está? Mas *podemos* substituir a ênfase da negatividade para o significado e a positividade desde que adaptemos o capitalismo à economia quântica.

O maior desafio de uma economia consciente é criar empregos significativos para a força de trabalho, permitindo que as pessoas explorem o significado pessoal no trabalho. Talvez você tenha percebido que as coisas já estão se movendo nessa direção. Uma das ideias historicamente mais úteis de Adam Smith foi a divisão do trabalho, usada para a criação da linha de montagem. Durante um bom tempo, ela baniu o significado da vida de quem trabalha na linha de montagem, até acontecer um milagre. Descobriram no Japão que a maior parte da rotina entediante da linha de montagem podia ser feita por robôs, disponibilizados pela nova tecnologia. E mais: descobriram que, se uma única pessoa, com significado e satisfação em seu trabalho, realizar as tarefas restantes que os robôs não podem executar, a qualidade do produto aumenta substancialmente. "A qualidade vem primeiro" tornou-se o mantra das indústrias que adotaram o processo. (Naturalmente, a satisfação no trabalho ainda não é valorizada pela maioria dos empregadores.)

O segundo avanço nessa direção foi produzido pelo fenômeno da terceirização de algumas tarefas laborais rotineiras, transferidas para países em desenvolvimento a fim de tirar proveito do baixo custo da mão de obra local. É claro que se corre o risco de perda de empregos na economia desenvolvida em que essas tarefas estão sendo terceirizadas. Mas há oportunidades. Quando não houver mais empregos rotineiros para a produção de bens de consumo, o desafio para os produtores será inovar e desenvolver novas tecnologias. É preciso ter empregos para os consumidores potenciais manterem a demanda; é assim que funciona o capitalismo. Invariavelmente, isso cria empregos significativos para a população ativa, uma oportunidade. A mão de obra da economia desenvolvida está pronta para o desafio representado por essas oportunidades? Pode apostar. A ênfase da administração Obama nas indústrias "verdes" teve, ao menos, sucesso parcial; tanto industriais quanto trabalhadores estavam prontos para o desafio. É um exemplo claro da criação de empregos significativos.

Tradicionalmente, tem sido tarefa das instituições de ensino, escolas e universidades proporcionar a força de trabalho para empresas e indústrias. Quando os Estados Unidos foram fundados, essas instituições transmitiam a educação liberal. A palavra *liberal* tem a mesma origem etimológica que a palavra *liberdade*. Uma educação verdadeiramente liberal liberta a mente daquilo que é conhecido e prepara a pessoa para explorar o que é novo. Contudo, tendo ao leme o materialismo científico, o significado cedeu lugar à informação, e a criatividade ocupou o banco de trás da educação superior, que tem preparado uma força de trabalho com habilidade para seguir o significado dos outros, não para explorar o seu próprio. Quem se beneficia mais dessa tendência, e, portanto, quem são seus maiores defensores? Naturalmente, as corporações multinacionais.

Enquanto isso, empresas e indústrias reclamam da falta de inovação, mas é inútil. O desafio consiste em libertar as instituições de ensino superior dos grilhões não só do materialismo científico, mas das isenções fiscais, das doações de alunos, das grandes verbas governamentais para a grande ciência etc., que mantêm o *status quo*, e em levar essas entidades para o capitalismo do livre mercado.

Mais uma vez, a questão do cultivo de pessoas talentosas e dotadas para a produção criativa de significado vem à tona, e devemos reconhecer que, com a nova ciência, finalmente compreendemos o processo criativo em sua plenitude (veja o Capítulo 9). Portanto, essa área pode se expandir como nunca.

A produção de energia supramental e espiritual exige esforços renovados agora mesmo. No passado, organizações espirituais como igrejas, templos, sinagogas, mesquitas e outras cultivaram e produziram inteligência supramental e espiritual em seus líderes e praticantes. Hoje, essas organizações estão mais interessadas em influenciar a política leiga do que em investir no supramental. Mas não se iluda: isso pode ser feito, embora tenhamos de desenvolver novas organizações de ensino espiritual para tanto.

Na Roma antiga, a elite rica empregava filósofos para se nutrir de significado. Mais tarde, talvez o modo mais eficiente de produção (e disseminação) de significado e de energia supramental tenham sido os monges andarilhos (chamados *sadhus* na Índia; no Ocidente, os trovadores são um exemplo). Podemos reviver isso; até certo ponto, as diversas conferências da nova era sobre consciência e espiritualidade cumprem esse papel, mas em uma escala muito pequena. Nessas conferências, com ou sem meditações em grupo, como mostram alguns experimentos parapsicológicos, as pessoas conseguem vivenciar a consciência não local e, com isso, dão saltos criativos até o domínio supramental (Radin, 2006). Estamos testemunhando uma nova forma de educação que pode ser praticada facilmente até no local de trabalho.

Podemos avançar um passo. Suponha que todas as empresas e corporações de certo porte criem um departamento de produção de energia sutil que vá cultivar e empregar pessoas criativas de saúde positiva, pessoas de saúde mental positiva, e até pessoas de inteligência supramental com a finalidade de criar um ambiente positivo de energia sutil. Imagine que você trabalhe nessa corporação e, por vezes, seja tomado por oscilações de humor de emoções negativas. Suponha que o "médico" da casa consiga equilibrar sua negatividade com a positividade dele, simplesmente pela proximidade entre vocês. Como a produtividade vai melhorar! Se bem administrada, essa produtividade adicional pode sustentar facilmente um departamento de energia sutil. A boa notícia é que o Google já deve estar trabalhando nesse sentido.

Agora, a questão do consumo. Uma vez que o vital e o mental são representáveis em nós, podem ser consumidos por meios locais e não locais. Se, por exemplo, comemos uma verdura fresca, cultivada organicamente, sentimos sua vitalidade instantaneamente. E se assistimos a uma boa peça de teatro, ela cultiva em nós o processamento de significado, às vezes até um novo significado. Quando nos divertimos com um entretenimento bom e significativo, também sentimos emoções positivas; estamos consumindo tanto significado quanto vitalidade. Quando consumimos regularmente energia vital, significado e emoções positivas, a vida assume uma orientação positiva; ficamos otimistas e ansiamos pelas coisas. Nosso consumo melhora nossa saúde, bem-estar e qualidade de vida.

Então, um dia, acontece um salto quântico em nossa atitude; começamos a compreender a diferença entre *prazer*, *alegria* e *felicidade*. Obtemos prazer com um produto ou atividade sempre que o estímulo excita os centros de prazer no cérebro. O prazer é mecânico, previsível, e sempre surge em associação com moléculas de prazer, como a endorfina. A alegria emerge quando temos um sentimento positivo repentino ou descobrimos um novo significado junto com uma emoção positiva, associados a uma experiência intuitiva do *self* quântico. E a felicidade é a experiência da plenitude. Quando o consumo de energia sutil acontece mais em associação com a alegria e a plenitude, e menos com o prazer, percebemos que temos potencial para nos tornarmos produtores e exploradores de novos significados e de emoções positivas.

Como acontece esse salto quântico? As práticas de energia vital, bem como as práticas mentais como a meditação, têm um efeito colateral: elas reduzem nosso ritmo. As pesquisas mostram que criatividade é a criatividade quântica envolvendo o pensamento quântico. O pensamento comum é o pensamento num único nível – o pensamento da máquina para pessoas hiperativas e rápidas. Quando desaceleramos, participamos do pensamento quântico – o pensamento em dois níveis. Entre pensamentos, estamos inconscientes, e nossos pensamentos podem se expandir como ondas de possibilidade tornando-se reservatórios cada vez maiores de possibilidade para a escolha da consciência. Obviamente, no pensamento quântico temos mais chances de escolher o novo (Goswami, 2014).

A meditação pode ser aproveitada em outro efeito colateral útil: a centralização no presente. Geralmente, "vivemos o antes e o depois e ansiamos pelo que não é"; esses hábitos criam muitos resíduos inacabados, entulhando o inconsciente e impedindo um pensamento quântico eficiente. A meditação bem orientada restaura a centralização no presente e limpa de novo o inconsciente.

O consumo de energia supramental é não local, mas exige ativadores locais. Há cientistas que endossam o suposto efeito Maharishi, segundo o qual a energia espiritual e supramental gerada numa meditação em grupo é consumida automaticamente na vizinhança do local. Há dados que sugerem a redução de crimes em grandes cidades onde grupos de meditação transcendental realizam essa prática. No entanto, essa é uma questão controversa, e não a estou defendendo sem medidas adicionais que garantam o *acionamento*. O consumo mecânico e puramente quântico de sua energia espiritual por mim exige que eu esteja correlacionado com você de algum modo – o acionamento. Experimentos realizados pelo neurofisiologista Jacobo Grinberg e seus colaboradores, por exemplo, sugerem que, se duas pessoas manifestam uma intenção juntas, tornam-se correlacionadas de forma não local, mas talvez o processo seja mais simples (Grinberg et al., 1994). Há muitas anedotas sobre pessoas que se sentem em paz na presença de um sábio. Assim, a mera presença no local pode acionar uma correlação e um consumo não locais. Experimentos sobre cura a distância, em que a meditação de um grupo de oração sobre uma lista de nomes melhora a saúde das pessoas que estão se recuperando de cirurgia em outro local, mostram como é simples correlacionar pessoas a ponto de promover a cura (Byrd, 1988). Ainda assim, inegavelmente, parece ser necessária uma interação local.

No Capítulo 1, falei do Baba Sorridente e do fenômeno da indução. Vivenciei esse fenômeno mais de uma vez. Na década de 1980, houve um período em que eu estava muito triste, e minha tristeza estava afetando meu casamento. Em suma, minha esposa e eu brigávamos muito.

As circunstâncias nos levaram ao *ashram* de um filósofo norte-americano de nome Franklin Merrell-Wolff, situado numa cidadezinha chamada Lone Pine, na Califórnia, no alto da Sierra Nevada. Franklin tinha 97 anos naquela época. Quando tentei conversar com ele sobre física quântica, ele se recusou. "Me dá dor de cabeça", disse. Como eu gostei de Wolff e não tinha nada mais a fazer senão passar longas tardes de verão ali, fiquei sentado com ele no jardim. O homem cochilava enquanto eu vegetava. Ficamos assim durante algum tempo. Então comecei a ouvir as pessoas falarem sobre um "físico encantador" na propriedade, e fiquei curioso.

"Gostaria de conhecê-lo", disse, e todos riram. Era eu o tal físico. Fiz uma breve sondagem interna e percebi que fazia algum tempo que não tinha nenhuma discussão conjugal. O que causara a transformação? Estou convencido de que a proximidade com Franklin provocou em mim uma consciência quântica não local cuja integridade me deixou feliz. (Por falar nisso, poucos minutos depois de sairmos do *ashram*, minha esposa e eu começamos a discutir no carro.)

Será que podemos produzir, comercialmente, pessoas como o Baba Sorridente e o Franklin? Creio que, com a nova ciência, temos tecnologia para isso. Em algumas pessoas, o impulso sexual, e até o instinto de sobrevivência e de automanutenção, é muito baixo. Se encontrarmos essas pessoas e as isolarmos de estímulos emocionais negativos, apresentando-lhes um curso básico de criatividade interior (Goswami, 2014), elas podem ir diretamente à autorrealização e à iluminação sem ter de passar pela extenuante prática da maturação psicológica. Os indianos do leste têm usado esse atalho para a iluminação há milênios.

A melhor parte da história dos produtos da energia sutil é que são relativamente baratos e permanecerão baratos. As energias sutis não têm limites; podemos consumir o quanto quisermos do amor de um sábio, pois a oferta não vai diminuir. Não existe jogo de soma zero no sutil. Pode haver algum custo material de produção. E, naturalmente, o onipresente custo de mão de obra. Logo, é necessário precificar os produtos sutis para compensar esses custos e acrescentar uma margem razoável de lucro, que pode não ser má ideia porque permite às pessoas terem intenções mais sérias ao consumir produtos sutis. Além disso, há a oportunidade para o governo subsidiar a indústria sutil. Como isso pode ser feito? Talvez os empreendedores e filantropos possam iniciar a indústria sutil; com o tempo, as sociedades vão perceber os benefícios e usar o poder do voto para influenciar o governo.

Podemos quantificar o bem-estar holístico? Para as necessidades básicas, o PNB (produto nacional bruto) ou o PIB (produto interno bruto) são indicadores razoáveis. Podemos generalizar o conceito de PIB para a economia quântica da consciência?

Redefinindo o PIB

Para a maioria dos materialistas, a ciência só precisa lidar com o mundo material, pois só ele pode ser quantificado e medido de forma confiável. Precisamos erradicar esse preconceito. Podemos medir nosso bem-estar ou prosperidade pelo PIB? Não. Pesquisas realizadas na década de 1960, nos Estados Unidos e no Japão, mostram que a taxa de crescimento do PIB não mantém sincronia com o aumento do bem-estar (Daly; Cobb, 1994). Precisamos complementar o conceito do PIB com um índice de bem-estar.

Não podemos medir a energia vital, o prana ou o *chi* usando o mesmo critério com que medimos uma porção de arroz, mas não é verdade que não possamos medir a energia vital. Por exemplo, depois que você desenvolve a sensibilidade necessária, quando a energia vital sai de você, seu sentimento no chakra específico vai lhe contar a história; o mesmo se aplica aos excessos da energia vital. Quando a energia vital sai do chakra umbilical, você sente insegurança, o famoso frio na barriga. Quando a energia vital entra nesse mesmo chakra, a sensação é bem diferente – autoconfiança ou orgulho.

De modo análogo, o processamento de significados dá uma sensação de satisfação no chakra coronário porque a energia vital entra por ali. Logo, podemos quantificar o significado na vida pela "quantidade" de satisfação que obtemos com ele.

Até o supramental pode ser medido. Se fizermos uma boa ação para alguém, um exemplo de altruísmo, sentimo-nos bem. Os pesquisadores descobriram que doações consistentes fazem até pessoas deprimidas se sentirem mais leves. Não que haja um influxo específico de vitalidade em um dos chakras, mas porque nosso estado de separação deixa de existir durante algum tempo. Com o amor, é até mais fácil atingir a plenitude e a felicidade, pois não só sentimos a sublimidade de não estarmos separados do todo como sentimos a energia vital no chakra do coração. E ambas podem ser usadas como medida.

Naturalmente, esse tipo de medição não é tão preciso quanto as medições materiais; são subjetivas e sempre um pouco vagas. Mas, se abrirmos mão do preconceito de que só valem medidas precisas e objetivas, qual o problema? Com isso, poderemos estabelecer critérios para julgar o lucro líquido de uma nação ou sua perda de moeda (sentimento, significado, intuição e plenitude) no domínio sutil e espiritual. Precisamos observar que a física quântica já substituiu a doutrina da objetividade completa (objetividade forte) pela da objetividade fraca, na qual a subjetividade é permitida conquanto nos certifiquemos de que nossas conclusões não dependem de sujeitos específicos (D'Espagnat, 1983).

Por exemplo, podemos enviar questionários para as pessoas ficarem atentas a seus sentimentos, significados, ao supramental e à vida espiritual (ou falta dela) enquanto pessoa econômica, *homo economicus*; em outras palavras, quando ela está lidando com questões econômicas – consumo e produção. Quando totalizamos esses valores durante um ano, podemos calcular facilmente um índice de bem-estar vital, mental, supramental e espiritual. Esse índice combinado vai complementar o PIB – todos os bens e serviços produzidos na economia material do país, que é o índice de nosso bem-estar material.

Do mesmo modo, podemos estimar a contribuição das energias vitais, mentais, supramentais e espirituais de uma organização produtiva em particular.

Alguns exemplos vão mostrar que o bem-estar nas dimensões sutil e espiritual é importante, e que estamos deixando de lado alguma coisa em nossa economia porque não o levamos em conta. Na Índia hindu (antes do século 10), o país e a cultura eram fundamentalmente espirituais. A economia era feudal, claro, mas, segundo todos os relatos (não apenas dos habitantes, mas de visitantes estrangeiros), o povo estava satisfeito e feliz apesar do sistema de castas. Por quê? Certamente, a Índia hindu era rica, mas bem menos do que os Estados Unidos de hoje. Em uma cultura espiritual, cultivam-se muita energia vital, significado mental, valores supramentais e plenitude espiritual; essa é a razão. A riqueza sutil diminuía a necessidade de riqueza material e mais do que compensava sua falta. Isso também foi verdade para o Tibete até a recente invasão da China comunista. De vez em quando, os líderes comunistas da China alardeiam a melhoria nas condições materiais do povo tibetano sob seu regime. Se ao menos conhecessem a profunda queda no índice de felicidade do povo tibetano... (bem, evidentemente, eles não ligam para isso).

Nem a cultura indiana nem a tibetana eram perfeitas porque limitavam o processamento de significados das classes mais baixas, e ainda assim a evolução da consciência acabou chegando a essas culturas. E foi gerada tanta energia nos domínios sutil e espiritual da antiga cultura indiana que, até hoje, quando realmente há pobreza material, os indianos pobres das aldeias estão felizes porque continuam a herdar e a preservar sua riqueza sutil e espiritual. Se Karl Marx tivesse visto isso, talvez repensasse a ideia de que as classes "exploradas" estão sempre infelizes!

Outro exemplo é a antiga cultura dos nativos norte-americanos. Havia tanta riqueza sutil que eles nem se importavam em possuir riqueza material. Tratavam a riqueza material do mesmo modo que a riqueza sutil: globalmente, coletivamente, sem possessividade pessoal e sem um jogo de soma zero.

Nossos esforços para quantificar as medições da energia sutil estão começando a dar frutos. A próxima seção será dedicada a compartilhar a nova pesquisa.

Medições verdadeiramente objetivas no domínio sutil

Podemos medir energia vital com um instrumento físico? Por definição, a resposta é não. Energia vital e instrumentos físicos pertencem a dois mundos diferentes, que não interagem diretamente. Mas, atenção.

As formas físicas de um organismo representam os campos morfogenéticos do corpo vital e estão correlacionadas com eles. Se pudermos medir essas formas físicas correlacionadas enquanto elas se modificam com os movimentos do corpo vital, estaremos medindo indiretamente alguma coisa do corpo vital.

Creio que seja isso que a controvertida técnica da fotografia Kirlian faz, na verdade. Os cientistas russos Semyon e Valentina Kirlian descobriram esse método de registro fotográfico que envolve o uso de um transformador elétrico, chamado bobina de Tesla, conectado a duas placas metálicas. Um tecido vivo, como o dedo de uma pessoa, é posicionado entre as placas, no ponto em que o filme fotográfico o toca. Quando se liga a eletricidade, aquilo que o filme registra é chamado de fotografia Kirlian.

Geralmente, as fotos Kirlian mostram uma "aura" em torno do objeto (Figura 11). Os proponentes desse método afirmam que a cor e a intensidade da aura descrevem o estado emocional da pessoa (cujo dedo está sendo usado na fotografia). Por exemplo, auras vermelhas e manchadas correspondem à emoção da ansiedade. Uma aura brilhante indica relaxamento, e assim por diante.

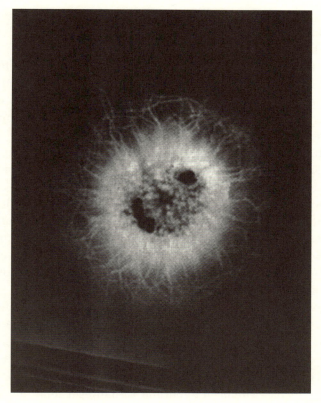

Figura 11. Imagem Kirlian de uma laranja fresca, cultivada organicamente (Solomon, 1998). Cortesia do dr. Harry Oldfield.

Fica claro que está acontecendo algum tipo de fenômeno energético, provavelmente físico. Mas, desde o início, foi confirmado que a energia envolvida não pode ser controlada pelos cinco sentidos; a energia não tem origem material. Alguns pesquisadores acham que aquilo que vemos são imagens do fluxo da energia sutil, indo do dedo até o filme por psicocinese. Mas isso também só seria possível se a energia sutil fosse física.

Também foi apresentada uma explicação materialista alternativa: a de que as auras estão relacionadas com o suor. De fato, a presença da umidade entre as placas afeta as fotos, criando controvérsia.

A razão pela qual estou falando sobre isso é que há mais uma explicação possível. Mudanças na energia vital (como oscilações de humor) mudam os programas que executam as representações dos órgãos cujas funções também mudam, refletindo a oscilação no humor. A foto está medindo a mudança no nível físico, mas, como as mudanças no nível físico estão correlacionadas com as mudanças no nível vital, indiretamente estamos medindo estas últimas.

Se essa explicação estiver correta, então o correlato físico da energia vital que está sendo medida deve ter natureza elétrica. Há evidências disso? Sim. Evidências vêm sendo acumuladas há algumas décadas, indicando que, além do corpo bioquímico, temos um corpo bioelétrico em torno da pele (Swanson, 2009).

A Medicina Tradicional Chinesa já mostrou que os campos morfogenéticos correlacionados com os órgãos dentro do corpo físico estão conectados àqueles correlacionados com as partes superficiais do corpo por meio daquilo que chamam de meridianos – aproximadamente, os caminhos da energia vital. (Na física quântica, não são permitidos caminhos exatos.) Desse modo, até uma mudança na energia vital correlacionada a um órgão de um chakra do corpo afeta o corpo bioelétrico superficial, cujas mudanças podem ser medidas por fotografia Kirlian ou por outros meios.

Ouvi falar de um dr. Chauhan, na Índia, que está detectando precocemente casos de câncer de mama ao medir a energia vital da paciente no chakra do coração, usando fotografia Kirlian. Seus diagnósticos têm sido confirmados por biópsia e as pacientes vêm sendo tratadas com sucesso nesse estágio inicial da doença.

Uma técnica similar à fotografia Kirlian está sendo usada para mensurar o pensamento, medindo-se seu correlato físico. Podemos dizer se alguém está pensando? Sim. Olhamos para a atividade cerebral com um aparelho de imagem por ressonância magnética (IRM).

Há alguns anos, estava em um shopping center em Colúmbia, Maryland, com minha neta. Quando vi um anúncio estranho em uma loja, perguntei a ela o que estava sendo vendido. Ela explicou que, se você coloca um capacete (fornecido por eles) na cabeça, dá para sentir claramente que o seu pensamento consegue mover o capacete. Deduzi como o dispositivo funcionava na mesma hora. Eles estavam usando a energia elétrica nos neurônios cerebrais com os quais o pensamento está associado para afetar o capacete de maneira perceptível, empregando algo semelhante a um aparelho de IRM.

As imagens de IRM já podem nos mostrar a qualidade nas mudanças de pensamento, passando do processamento mundano para o processamento criativo de significados. Em outras palavras, com mais algumas pesquisas, seremos capazes de medir o nível de bem-estar mental por meio da técnica da IRM.

Resumindo: com a implantação da economia quântica, podemos esperar a quantificação objetiva e confiável das medições da energia sutil, tornando viável a economia sutil.

capítulo 5

Como a economia quântica da consciência resolve o problema dos ciclos econômicos

Os economistas não têm uma imagem popular muito boa. Felizmente, muitos economistas estão cientes disso. Ouvi esta piada reveladora de um economista (abençoados aqueles que não se levam demasiadamente a sério!):

> Três profissionais – um cirurgião, um físico e um economista – estão discutindo sobre a mais antiga profissão do mundo, a profissão de Deus.
> O cirurgião fala primeiro: "Deus deve ser um cirurgião muito habilidoso para criar Eva a partir da costela de Adão", diz com presunção.
> O físico ironiza: "Ora! Todos sabem que Deus é um teórico do caos, para criar a ordem a partir de todo aquele caos inicial".
> E o economista sorri com malícia: "Sim, mas quem criou o caos?".

Desconfio que essa imagem negativa dos economistas deve-se, principalmente, às flutuações inerentes à presença do ciclo econômico, que dificulta as predições econômicas e faz a economia parecer caótica. No século 19, após alguns anos de crescimento, as economias capitalistas pareciam entrar regularmente em recessão, e havia sempre a possibilidade de uma estagnação ainda maior chamada depressão, que acabou ocorrendo no início do século 20. É para prevenir esse tipo de flutuação que foram propostas curas como o keynesianismo, o monetarismo e a intervenção governamental do lado da oferta. Com essas curas, as recessões ainda acontecem, mas espera-se que sejam mais brandas. E têm sido mais brandas? Não, a grande recessão demoliu essa expectativa! Naturalmente, alguns economistas acreditam que a grande recessão poderia ter se tornado uma grande depressão se não fosse pela intervenção governamental à maneira de Keynes. Mas isso é racionalização ou não é?

Infelizmente, malgrado todas essas curas e a grande recessão, ainda existe uma economia em perpétua expansão no setor material. Como a eventual recuperação depende quase totalmente do consumismo, criou-se um dreno permanente de recursos materiais do planeta.

Na economia do novo paradigma, podemos invocar o consumismo não apenas no setor material, mas no setor sutil; e, como a geração de produtos sutis é barata, em períodos recessivos podemos amenizar o golpe aumentando a demanda no setor sutil graças à intervenção governamental. Uma demanda maior aumentaria a produção no setor sutil, mantendo a economia aquecida e dando tempo para que as empresas se recuperem. Tudo isso sem qualquer desperdício de recursos no setor material. A atividade no setor sutil reduziria a pressão para se aumentar a demanda no setor material, que geralmente cria empregos de infraestrutura desnecessários e esgota recursos.

A criação de demanda no setor sutil é a parte mais complicada dessa cura, especialmente no período de transição entre uma economia materialista e uma economia da consciência. Mas pense. Como criamos demanda hoje, à beira de uma recessão? Criamos empregos públicos desnecessários e pagamos o seguro-desemprego. Ficou famosa uma frase de Keynes que disse que os desempregados poderiam cavar buracos no chão e depois preenchê-los novamente. A economia quântica oferece uma solução melhor. Associe o seguro-desemprego e os cargos públicos do governo ao incentivo para o consumo de energias sutis. Atualmente, o desempregado precisa mostrar que está procurando emprego para poder receber o seguro-desemprego. O novo requisito seria exibir provas de que o desempregado está trabalhando na educação e na prática da energia sutil com um mestre versado em energias sutis (produtor). Isso proporcionaria, necessariamente, uma elevação na produção e no consumo de energia sutil, mantendo em funcionamento a economia como um todo.

Mas a maioria das pessoas gosta das práticas sutis e transformadoras, mesmo que venham virtualmente de graça por um breve período. Em questão de alguns meses a até um ano, a maioria dos iniciados atingiria um patamar de estagnação e precisaria fazer uma pausa. Assim, ao cabo de um ano, aproximadamente, aqueles que tivessem *tamas* predominante teriam passado por transformações suficientes e estariam prontos para voltar ao trabalho "real". Pessoas com propensão *raja* usariam o tempo de consumo sutil para recarregar as baterias –

tempo de incubação. Pessoas de *sattva* e criatividade interior, naturalmente, confeccionariam produtos sutis: essa seria a sua ocupação no tempo do "fazer". Em um ano, elas também precisariam entrar em um ritmo mais tranquilo. Portanto, em um ano, tanto produtores como consumidores estariam prontos para voltar à "normalidade", e as companhias de produção material ter-se-iam recomposto e estariam prontas para produzir normalmente.

À medida que a economia se recupera da recessão, a produção de bens materiais aumenta, o consumismo material sobe e, durante algum tempo, haverá menos produção e consumo de coisas sutis. Mas isso não vai durar muito. Com a plena recuperação da economia, as necessidades materiais das pessoas estarão satisfeitas e agora, tendo provado as energias sutis, elas novamente buscarão satisfazer suas necessidades sutis, cuja produção irá aumentar para atender a esse crescimento na demanda. E isso tem o efeito de atenuar a pressão inflacionária e a tendência a períodos de "alta" da economia capitalista. Desse modo, a adição do setor sutil ao setor material da economia praticamente garante a manutenção da demanda agregada junto com a produção agregada, apesar das flutuações no setor material.

O importante é que não há esgotamento sensível das coisas sutis; não há pressão inflacionária nas dimensões sutis. A atenção à produção e ao consumo sutis permite que toda a economia amenize o golpe das recessões e da pressão inflacionária dos períodos de alta. Em outras palavras, as variações cíclicas da economia seriam muito menos severas; seriam tão suaves que só uma leve ou nenhuma intervenção governamental (exceto da maneira não invasiva mencionada antes) já conseguiria manter a economia estabilizada.

Perceba ainda como o ciclo econômico trabalha em harmonia com a transformação pessoal e social. Toda recessão leva as pessoas a um patamar mais elevado de vida transformada, envolvendo cada vez mais o consumo de energia sutil. As pessoas de *tamas* teriam mais *raja*, e sua capacidade de processar significados aumentaria. As pessoas com criatividade situacional teriam mais *sattva* e aprenderiam a desfrutar o tempo do "ser" com mais criatividade. Para as pessoas de *sattva*, o tempo de recessão possibilitaria a purificação de seu *sattva*, facilitando ainda mais a sujeição de seu ego às demandas da criatividade. Também podemos esperar mudanças nas empresas, pois elas serão administradas por pessoas transformadas. Logo, após cada ciclo econômico as empresas vão se tornar um pouco mais holísticas, seus produtos serão um pouco mais significativos e assim por diante.

Desse modo, estou convencido de que a "espiritualização" da economia ao estilo quântico, tornando consciente o capitalismo sob a economia quântica, é a maneira de criar a economia estável que muitos economistas têm questionado se seria possível implementar. Anteriormente, usei a expressão "economia clássica" para o capitalismo de Adam Smith somado à intervenção governamental à moda de Keynes. Foi um passo na direção certa, pois torna explícito o conceito de bem social implícito no pensamento de Adam Smith. Contudo, como já disse, a combinação não funciona, não elimina as flutuações expansão-retração da economia. A inclusão dos setores sutil e espiritual na economia capitalista resolve o problema; estabelece, efetivamente, um grande compromisso entre o bem social e a motivação do lucro em uma realidade sólida. É por isso que chamamos a nova economia da consciência de economia quântica, pois, sem as bênçãos da dinâmica quântica, o sutil e o espiritual não seriam viáveis como manifestação.

Para os apreciadores da física quântica: por favor, percebam que, no limite do setor sutil negligenciável, a economia quântica teria de recorrer à economia keynesiana, com funcionamento adequado ou não. Este é o princípio de correspondência entre a física clássica e a física quântica descoberto por Niels Bohr. Obviamente, a nova formulação da economia está aderindo à mesma tradição.

Podemos evitar, definitivamente, as crises econômicas?

Já introduzi a questão da crise econômica de 2007-2009. Quando a crise foi identificada de fato, no outono de 2008, em meio às eleições gerais norte-americanas, os governos mundiais tomaram as medidas adequadas? Se não, como poderiam ter feito melhor? O que podemos aprender com a experiência recente? Esse fenômeno ocorreria na economia quântica consciente? Nesta seção, vou tratar dessas questões. Antes, outra questão essencial: O que causou a crise?

Uma dos principais pontos a dar errado refere-se a um elemento do mercado financeiro. Assim, vamos começar pelo começo. Como o mercado financeiro tornou-se um elemento central da vida econômica dos Estados Unidos? Há tempos as empresas vêm usando ações para representar o valor de seus negócios, a fim de obter dinheiro com a oferta pública dessas ações. É uma prática que conduz à meta básica do capitalismo: disseminar a propriedade do capital, criando, ao mesmo tempo, uma poupança grande o suficiente para ser investida com eficácia na atividade econômica. Essa ideia foi levada ainda mais longe com a criação dos fundos de investimentos. É bom possuir ações, mas existe o risco do fracasso da empresa específica cujas ações você adquiriu; ou, o que é mais relevante, é preciso ter certa confiança de que o preço das ações vai subir ao longo do tempo. Se quiser ganhar dinheiro rapidamente, você precisa de uma ação que vai se valorizar no curto prazo. Se, por outro lado, você está guardando dinheiro para a aposentadoria, vai querer uma ação confiável de longo prazo. Nos dois casos, há um risco envolvido, razão pela qual é sensato deixar especialistas cuidarem de suas ações. A ideia dos fundos de investimentos encaixa-se nessa situação. Você contrata uma corretora ou um banco de investimentos para aplicar seu dinheiro. Os especialistas da empresa aplicam não só o seu dinheiro, mas o dinheiro de muitas outras fontes como você, em uma carteira de ações, diluindo o risco de cada um dos investidores.

Já mencionei isto: uma consequência do pensamento materialista que se originou na física é a crença de que o universo é fundamentalmente matemático; a matemática é a linguagem da física. Naturalmente, sob a influência materialista na economia, os matemáticos invadiram Wall Street e convenceram os investidores de que a matemática exerce um papel decisivo nos bancos de investimento. Você pode ironizar e chamar isso de inveja da física, mas não seria apropriado. Os matemáticos podem mesmo calcular efeitos estatísticos de curto prazo para permitir que os investidores avaliem com precisão os preços de ações e de títulos, tornando os investimentos de curto prazo no mercado de ações relativamente livres de riscos e viabilizando os ganhos com mais facilidade. Depois que os bancos de investimentos puseram um pé na economia, o dinheiro tornou-se relativamente isolado do valor material que ele representa; e, quando os matemáticos sagazes forneceram modelos de investimentos aos bancos financeiros, estes começaram a criar maneiras bem engenhosas de ganhar dinheiro. Isso levou a modificações cada vez mais inovadoras do conceito de ação, proporcionando mais chances de ganhar dinheiro rápido (com transparência cada vez menor), como contratos futuros (no mercado de commodities) e opções (sobre ações), fundos de cobertura (ou hedge funds), derivativos etc.

Finalmente, os "magos" matemáticos de Wall Street afirmaram que podiam até calcular a taxa de inadimplência de empréstimos com garantia real. Empréstimo (do ponto de vista do banco) é dinheiro parado, geralmente por longo tempo, como os créditos imobiliários de trinta anos com garantia hipotecária. Mas, se o banco conhece a taxa de inadimplência e reúne um monte de empréstimos de várias fontes para minimizar o risco de inadimplência, os empréstimos podem se tornar ativos contra os quais o banco pode emitir títulos ou valores mobiliários. Esse processo é chamado de securitização. Os títulos mobiliários podem ser divididos em lotes, e cada lote representa um aspecto diferente desses títulos. Isso é o que o banco vende como obrigação de dívida colateralizada (cuja sigla em inglês é CDO). Alguém escreveu um artigo na revista *Newsweek* comparando a criação das CDOs com a maneira como uma vaca é fatiada e vendida, com o preço de acordo com a qualidade do corte. Uma metáfora apropriada. Os investidores compram as CDOs e as vendem novamente para terceiros, criando ainda mais distância entre uma CDO e os créditos hipotecários originais que as garantem. Perdeu-se a transparência. A CDO, por falar nisso, é um bom exemplo de derivativo.

Uma vez que os homens públicos foram igualmente influenciados (enganados?) pelo materialismo científico, foi fácil convencer políticos de todas as denominações a modificar ou suspender as regras de investimentos em nome do livre mercado. Isso levou à desregulamentação do mercado financeiro, abrindo vastos territórios para o movimento da cobiça dos investidores. A desregulamentação aboliu a diferença entre banco de investimentos e banco comercial, implantando, assim, todas as inovações que vão contra a corrente da economia clássica de produção e consumo.

Alguns economistas acreditam que esses novos ativos da economia matemática – CDOs e coisas do gênero –, com a ajuda da desregulamentação, "sentaram-se sobre Wall Street e ela quebrou", causando a crise de 2007-2009. Para ser justo, porém, esses ativos não foram a única causa.

A maioria dos economistas concorda em relação a três fatores. Primeiro, em virtude do padrão dólar para o câmbio, muitos países exportadores tendem a calcular a balança comercial em dólares. Isso torna os Estados Unidos muito especiais, e, no período mencionado, houve excesso de disponibilidade de capital. Na atual visão materialista, é difícil para as pessoas, especialmente aquelas de *rajas*, abrirem mão de uma oportunidade de ganhar dinheiro investindo o crédito facilitado. Tradicionalmente, o mercado imobiliário tem sido um porto seguro para investimentos. Portanto, os investimentos baseados em crédito prontamente disponível produziram uma bolha imobiliária. Psicologicamente, o crescimento foi tão cativante que muita gente pensou que duraria para sempre. Isso criou a segunda fase do problema:

hipotecas com garantias duvidosas, hipotecas concedidas por bancos com taxas de juros menores do que a taxa preferencial de empréstimos interbancários. Os gerentes de crédito que lidavam com empréstimos imobiliários não analisaram adequadamente a credibilidade do tomador; em vez disso, confiaram em agências de análise de crédito que também não fizeram seu trabalho direito (todos estavam ansiosos para fechar negócios e ganhar dinheiro).

Na terceira etapa, houve o processo de securitização de que falei antes. Derivativos chamados obrigações de dívida colateralizada (CDOs) converteram ativos ilíquidos (as hipotecas antes da desregulamentação) em objetos comercializáveis. Foram muito procurados como investimento porque se acreditava que o risco estava muito disperso e que a matemática que embasava o cálculo do risco era muito confiável.

De modo geral, o esquema foi parecido com aquilo que o cartunista Scott Adams representou em sua tirinha de jornal diária *Dilbert*: "Tiro seu dinheiro e uso a matemática para transformá-lo em meu dinheiro, destruindo toda a economia". Parece simples, mas, na verdade, ninguém sabia o que estava fazendo. Em um episódio sórdido e particularmente revelador, uma companhia de investimentos vendia CDOs com a mão direita e, com a esquerda, desaconselhava investir em CDOs. Assim, o que aconteceu foi que alguns ganharam dinheiro, mas muitos mais perderam, e a economia entrou em parafuso.

Os especialistas ainda estão tentando descobrir como a economia foi destruída, qual teria sido o ponto crítico. Alguma coisa no róseo cenário da expansão infinita do mercado imobiliário deu errado. Talvez tenha começado com a elevação das taxas de juros de empréstimos de alto risco, pois, com isso, os credores entraram em default a uma proporção maior do que a prevista. Talvez algumas pessoas considerassem que o preço dos imóveis tivesse chegado ao pico e começaram a vender; com isso, o preço começou a baixar, desencadeando vendas motivadas pelo pânico. Alguns compradores pagaram as hipotecas de seus imóveis durante algum tempo na esperança de lucrar com investimento "zero". Quando o mercado imobiliário caiu e suas expectativas não se concretizaram, os compradores ficaram inadimplentes, resultando na execução das hipotecas. Esses fatores produziram incerteza no valor dos títulos imobiliários que garantiam as CDOs. A situação complicou-se ainda mais já que os detentores das CDOs nem sabiam da procedência dos títulos imobiliários – a falta de transparência tornou-se um grande empecilho para uma avaliação mais apropriada. O resultado disso foi que essas CDOs tornaram-se ativos tóxicos. Ninguém sabia como precificá-las.

A crise e a estagnação dos bancos financeiros foram as consequências de um cenário em que os bancos não conseguiam mais estimar adequadamente seu passivo e, portanto, recusavam-se a emprestar dinheiro uns para os outros. Quando os empréstimos cessaram, a crise afetou não só Wall Street como a Main Street. Os ativos tóxicos dos Estados Unidos também tinham invadido os bancos financeiros europeus. Por isso, mercados de todas as partes do mundo econômico civilizado ficaram ameaçados pela crise. Então vieram os salvamentos governamentais, tanto nos Estados Unidos como na Europa. O salvamento ajudou a estabilizar os mercados financeiros. É claro que o efeito colateral da explosão da "bolha" imobiliária foi uma grande recessão, da qual a recuperação foi bem lenta. O presidente Obama adotou a abordagem clássica do caminho keynesiano para tirar o país da recessão: gastos governamentais a ser pagos não com o aumento de impostos, mas com o financiamento da dívida. Mesmo com alguma ajuda do Fed para manter a oferta monetária estável, isso funcionou muito lentamente, sobretudo na área da criação de empregos.

O jogo das acusações começou para valer. De modo geral, os críticos se concentraram na falta de ética por parte de vários dos atores que contribuíram para a crise. Os agentes de crédito das empresas que negociavam títulos hipotecários de alto risco deviam ter emprestado dinheiro às pessoas sem conferir atentamente se elas seriam capazes de repagar o empréstimo? Não, disseram acertadamente os críticos; terem emprestado o dinheiro é um sinal de comportamento cobiçoso e antiético. Os críticos também culparam o governo pelo abrandamento das regulações que poderiam ter evitado os empréstimos de alto risco. Além disso, lembraram o perigo moral envolvido no salvamento do governo. Se grandes organizações financeiras sabem que o governo vai salvá-las – porque são "'grandes' demais para falir" –, vão continuar a assumir riscos indevidos em suas práticas de investimento (porque vão ficar com o lucro), mas o governo (na verdade, o povo) vai arcar com as perdas resultantes desses investimentos. Obviamente, isso não é justo, pois torna os ricos mais ricos e os pobres mais pobres.

Banqueiros financistas e economistas que os ajudam a produzir bolhas na economia para ganhar dinheiro: atenção. Tem circulado a seguinte versão de uma história bem conhecida na internet:

> Um homem caminhava a esmo. Pouco depois, entrou numa loja de curiosidades e, enquanto observava os itens, encontrou um rato feito de latão que chamou sua atenção. Após barganhar com o dono da loja, conseguiu

comprar o rato e saiu. Enquanto andava pela rua, ouviu sons estranhos atrás dele, virou-se e... Veja! Milhares de ratos o seguiam, saídos de toda parte. Em pânico, ele correu até o fim da rua e viu um rio. Jogou o rato de latão na água e, para seu alívio, todos os ratos passaram por ele e foram para o rio. O sujeito teve uma ideia. Voltou à loja e perguntou ao proprietário: "Você tem algum economista de latão para me vender?".

Uma abordagem menos violenta consiste em perceber que a análise crítica acima estava correta, mas incompleta. Há outro culpado que passou praticamente despercebido pelos economistas e gurus em geral. Naturalmente, estou falando da influência materialista prevalente na economia. Segundo o materialismo científico, não há ética quando se fala em lucros, e não há prerrogativa moral no movimento da equalização da riqueza. Tampouco há, segundo o materialismo científico, qualquer prerrogativa evolutiva para manter uma classe média saudável com fome de criatividade, mudando sua posição econômica na vida.

Logo, vamos nos reconfortar com o fato de que nos sentimos perturbados com essa falta de ética ou lassidão moral, de que não estamos totalmente convencidos de que a filosofia do materialismo científico por trás da economia materialista está certa, e de que vamos aprender algumas lições para agir.

Primeiro, a crise está deixando muito claros os limites da economia do livre mercado – a materialista ou mesmo a do estilo clássico Adam Smith-Keynes. O mercado pode se corrigir com poucas adaptações, alguns salvamentos, uma pequena injeção de recursos governamentais em infraestrutura, cortes fiscais, emissão de dinheiro pelo Banco Central ou ajuste temporário das taxas de juros. No entanto, se dependermos apenas do consumismo, na ausência de criatividade real, os investimentos e o aumento do número de empregos deverão ser lentos. E, após uma escala de tempo de longo prazo, a instabilidade do mercado sempre vai tender a crescer a tal ponto, que o mercado não consiga se ajustar e voltar ao equilíbrio. Em outras palavras, falta alguma coisa importante na economia clássica e materialista. Discuti antes o componente faltante: é o reconhecimento das necessidades espirituais e sutis do ser humano. Quando essas necessidades são incluídas, podemos praticamente desfrutar de uma economia estável no setor material enquanto mantemos contínua a expansão no setor sutil.

A segunda lição importante da crise recente é esta: é perigoso demais jogar com as finanças. Não foram os empréstimos de alto risco que causaram a crise em si. O que causou a crise foi o pacote das hipotecas, que as tornou mais atraentes para a especulação e menos transparente na correção a médio prazo. Muitos economistas lembraram os perigos da expansão do setor financeiro da economia, mas ninguém sabe como é possível controlá-lo. A economia da consciência oferece aos ricos e às corporações saudáveis mais saídas para a expansão – na verdade, saídas infinitas, caso sejamos suficientemente criativos. Essa nova expansão criaria não só uma nova tecnologia de energia vital como uma avalanche sem precedentes de excitante capital cultural e de novo capital humano.

Devemos tributar os lucros provenientes de investimentos financeiros?

A economia quântica idealista tem outra pista na busca por novas respostas. Nas antigas sociedades espirituais era proibido cobrar juros sobre empréstimos. Mesmo em tempos mais recentes, enquanto a visão religiosa do mundo dominou nossa economia, a usura nunca foi estimulada. A razão é a aceitação do fato de que o dinheiro deve estar ligado ao significado; de que deve resultar do esforço do trabalho honesto, da produção de bens ou da prestação de serviços. No capitalismo, porém, para cultivar o capital, é necessário pagar juros às pessoas por seus investimentos. Então, parece lógico que, se as pessoas desejam especular sobre os valores futuros das ações ou de mercadorias, elas devem ter a liberdade de fazê-lo. Do contrário, como podemos dizer que o mercado é livre?

Na verdade, há algumas décadas, o economista James Tobin, professor em Yale, propôs a imposição de um pequeno imposto sobre os lucros de especulações financeiras de curto prazo. Mas isso deixaria pouco rentáveis os mercados financeiros especulativos, gritaram, previsivelmente, os ricos e poderosos. Na época, o "imposto Tobin", como veio a ser chamado, nadava contra a maré da economia capitalista, influenciada como era pelo materialismo científico.

Mas, quando a economia quântica se tornar o paradigma reinante do capitalismo, será possível lançar um argumento diferente. A economia é o gerenciamento do lugar onde vivemos, e isso significa o mundo físico, o mundo mental do significado, o mundo vital do sentimento e o mundo supramental dos valores arquetípicos, inclusive o mundo espiritual da consciência quântica, a base da existência.

Desse modo, até as transações econômicas feitas no setor material devem ser transações de significado e valor, e não desprovidas deles. Uma vez que o dinheiro não tem significado ou valor inerente, deveríamos concluir que transações como ganhar dinheiro com dinheiro, desprovidas de significado e de valor, são antiéticas. Na medida em que algumas pessoas se dedicam a tais práticas durante algum tempo, e tendo em vista o cérebro humano programado para emoções negativas, talvez tenhamos de lidar com isso do mesmo modo como lidamos com outras práticas insalubres, como o jogo de azar e o consumo de drogas (por exemplo, os vícios do álcool e do cigarro): por meio da tributação. E, quando as pessoas de negócios começarem a ver a relevância da nova economia quântica em suas empresas, vida e sociedade, poderão aceitar a tributação.

Alguns pensamentos finais sobre a prevenção de futuras crises econômicas

O que acontece se descartarmos a lente do materialismo científico e analisarmos a situação de 2007-2009 sob o ponto de vista da economia quântica da consciência? A bolha imobiliária foi criada, em parte, para nos tirar da recessão de 2001-2002. Em vista da seção anterior, primeiramente, conclui-se que a economia quântica é uma economia estável para o setor material, e que não teria sido necessária uma bolha para lidar com a recessão, pois esta não existiria ou seria muito pequena. Em parte, a bolha imobiliária foi criada porque presumiu-se que as pessoas de negócios tomariam suas decisões racionalmente, conforme a matemática. Assim, em segundo lugar, contata-se que, na economia quântica, não é preciso supor que os humanos (entre os quais as pessoas de negócios) sejam capazes de tomar decisões racionais. Logo, sob a economia quântica, não depositamos muita confiança nas predições dos modelos matemáticos para tomar decisões de negócios, especialmente no longo prazo.

Na ciência dentro da consciência, sentimento e significado estão no mesmo patamar. Na pior hipótese, temos circuitos cerebrais emocionais negativos que nos afastam do comportamento racional. Nossa evolução ainda não produziu circuitos cerebrais de emoções positivas para compensar as emoções negativas. Na economia quântica da consciência, o setor sutil da economia procura ativamente produzir energias de emoção positiva (como inspiração, compaixão e cooperação) para compensar as tendências negativas (como a cobiça ou a concorrência excessivamente desleal) daqueles que fazem negócios.

Se a economia quântica tivesse sido implementada de imediato, teria nos tirado mais depressa da recessão atual? Em 2009, cheguei a escrever uma carta aberta ao presidente Obama nesse sentido; naturalmente, não recebi resposta – não que estivesse esperando uma (Goswami, 2011). Nunca saberemos. Sério, precisamos aceitar que uma economia quântica consciente nunca poderia ser implementada da noite para o dia; há muitas ideias inovadoras para a tecnologia sutil, mas o que falta são pessoas criativas – empreendedores e líderes empresariais – para empregar a tecnologia de energia sutil, mesmo que, por algum golpe de sorte, os políticos e o governo a usassem. O que podemos fazer é começar a preparar o ambiente assim que possível, envolvendo a academia, líderes empresariais, produtores talentosos e consumidores; isso pode ajudar nosso futuro econômico.

Na verdade, a administração Obama fez uma coisa que um economista quântico iria aprovar. Além de investir em "pontes para lugar nenhum" a fim de criar empregos, Obama desviou parte da atenção do socorro governamental para a reforma da saúde. É uma economia quântica pela metade, pois o investimento em saúde é significativo, não mero fomento ao consumismo vazio. Em uma economia quântica plena, esse investimento em particular envolveria tanto as medicinas convencional e alternativa quanto as práticas de energia sutil da medicina preventiva. O governo ainda pode fazer isso e talvez o faça no futuro (mas será necessário estimulá-lo).

A ideia de Obama – investir em tecnologias de energia renovável – envolve investimentos econômicos significativos. As pessoas que encontrarem emprego nessas companhias de energia renovável estarão processando significado, encontrando satisfação de maneira criativa e, assim, produzindo energia sutil em profusão.

Para nos afastarmos ainda mais de crises futuras, poderíamos desviar parte dos gastos governamentais com educação e pesquisa em projetos materialistas insensatos (como a fútil tentativa de mandar pessoas para outros planetas) e desenvolver novas tecnologias de energia sutil. Morar em Marte não é economicamente viável agora nem será no futuro, mesmo para quem for muito rico, malgrado as técnicas do marketing. Mas um perfume revitalizado que promova o amor romântico entre casais será econômico e útil para todos.

De modo análogo, poderíamos atualizar os departamentos de filosofia das faculdades; poderíamos criar cátedras de física quântica e de pesquisa da consciência. Poderíamos libertar a academia da tirania do materialismo científico e da grande ciência a serviço da construção de armas. Em vez disso, seguindo o precedente do projeto Apollo do presidente Kennedy (que, tendo em vista a Guerra Fria, foi apropriado na época), Obama ou um futuro presidente poderia iniciar um projeto de pesquisa de dez anos para estabelecer um consenso científico sobre a existência dos mundos sutis e sobre a potência causal da consciência na forma da causação descendente. No mundo pacífico (exceto por escaramuças regionais) para o qual estamos rumando, esta é a direção apropriada para a ciência, ou, melhor dizendo, para a pesquisa acadêmica em geral. Os parâmetros para tal projeto de pesquisa já estão claros (Goswami, 2008a, 2011).

Tudo isso faria parte do projeto que chamo de ativismo quântico – um esforço em grande escala de todos os aficionados quânticos para mudar a si mesmos e à sociedade usando princípios quânticos (Goswami, 2011). Já é hora de implementarmos a visão de mundo ditada pela física mais recente, que vem despontando no horizonte há quase cem anos e que promete nos dar uma abordagem do real livre de dogmas, integrando todas as visões polarizadas anteriores com a realidade.

Finalmente, temos de admitir que as instituições de educação superior já estão vendendo significado. Contudo, fazem-no de maneira mais ou menos irrelevante e, com frequência, sem criatividade, restritas à camisa de força do materialismo científico, tirando proveito do monopólio de que desfrutam graças à tradição. No longo prazo (pode ser mais cedo), teremos de nos livrar do monopólio de que as instituições de ensino superior desfrutam hoje no negócio da venda de significado (veja o Capítulo 10, em que discutimos mais a fundo a questão).

O caminho da física quântica para a consciência é análogo àquele que os orientais chamam de caminho *gyana* (sabedoria) para a espiritualidade. A curto prazo, poderíamos tentar reformular o cristianismo e outras tradições religiosas (como parte do ativismo quântico), estimulando-as a se adaptar à nova ciência da espiritualidade em suas práticas, a fim de torná-las produtoras mais eficazes e eficientes de energia positiva sutil e espiritual. A longo prazo, deveríamos nos livrar do monopólio das religiões sobre a questão dos valores. Dessa forma, com criatividade e esforço, podemos abrir o caminho para um setor futuro da economia sutil que estaria implementado antes que acontecesse a próxima grande recessão.

Qual a natureza das mãos invisíveis do livre mercado?

Há uma piada sobre os economistas conservadores do passado: Quantos economistas conservadores são necessários para trocar uma lâmpada? A resposta é: nenhum. Se a lâmpada precisasse ser trocada, as mãos invisíveis do livre mercado já teriam feito isso.

Mas os conservadores atuais aprovam a economia do lado da oferta e a intervenção governamental na forma de redução de impostos para os ricos. Eles também não ligam se o Banco Central mantiver a oferta de dinheiro emitindo moeda e mantendo baixas a inflação e as taxas de juros. Os liberais também gostam da intervenção governamental, mas à maneira de Keynes, com muitas ideias materialistas do consumismo. Você se pergunta: Quantos economistas liberais são necessários para trocar uma lâmpada? A resposta é: todos. Quantos mais forem empregados, maior a demanda e o consumo agregados.

Hoje, dependendo do partido que está no poder, os governos jogam com o livre mercado praticando a economia "goteja mas nunca chega", do lado da oferta; ou executando a economia à moda Keynes "construindo pontes para lugar nenhum", do lado da demanda. Os governos também intervêm no mercado de algumas outras maneiras além das mencionadas acima, e que Adam Smith talvez não tivesse aprovado: criam regulações burocráticas, resgatam companhias que eram "grandes demais para falir", dão incentivos tributários a segmentos da economia por motivos políticos e não econômicos, contrariando o espírito do capitalismo etc.

Podemos ter economia sem intervenção governamental? Mesmo com a economia quântica da consciência, até aqui a discussão mostra a necessidade de uma pequena intervenção governamental. Logo, será que o mercado que se supõe livre está destinado a não ser livre na prática, apenas como ideal?

Há muita mística em torno das "mãos invisíveis" do livre mercado porque ninguém, nenhum economista, as compreende. Os materialistas científicos acenam com as mãos: deve ser um exemplo de campo autoconsistente emergente. Mas nenhum modelo é apresentado; trata-se de um materialismo de promessa.

Quando você não entende alguma coisa, só pode rir dela. Gosto desta: "Nós, economistas, estamos armados e somos perigosos. Cuidado com nossas mãos invisíveis".

A verdade é que não há nada de errado com a intervenção governamental em si, desde que abramos mão da ideia de que o livre mercado precisa ser livre. O próprio Adam Smith estava a par disso. Ele sugeriu a intervenção governamental para reduzir a distribuição de renda *injusta*, para assegurar que o acesso ao livre mercado fosse realmente livre, até para o pequeno empreendedor (regulação contra monopólios, por exemplo), e para proporcionar educação liberal para todos que participassem do mercado.

Vou lhe contar qual é a minha hipótese. Você sabe que os materialistas dizem que a concorrência entre empresas é que mantém livre o livre mercado. Isso pode ter certa validade, mas os ciclos econômicos deixam claro que só isso não consegue manter livre o livre mercado. Creio que, conquanto o que as empresas, o governo e os consumidores fazem for compatível com o movimento evolutivo da consciência, a economia irá bem. Agora, o desafio da evolução consiste em difundir o processamento de significados para todos. Desde que a economia cumpra a tarefa de expandir o processamento de significados entre as pessoas, ela vai se manter estável. Mas se a economia passar um longo tempo sem inovações criativas, ou se as emoções negativas (como a cobiça) das pessoas interferirem no funcionamento da economia de maneira gravemente anticapitalista, violando o bem social, ou se a disparidade de renda eliminar a classe média que anseia criativamente pela concretização de seu "sonho americano", então a economia ficará instável. O que estou dizendo é que é hora de reconhecer que as mãos "invisíveis" nada mais são do que as mãos do movimento evolutivo e deliberado da consciência não local.

Mais recentemente, a liberdade do mercado foi invadida de forma realmente anticapitalista. Isso foi resultado do ferimento causado pelo materialismo científico em nossa psique coletiva. O ferimento fez com que os poderosos se livrassem do dever de ajudar seus colegas humanos na busca e exploração do significado mental, levando-os à escravidão da ganância instintiva, da avareza e da competitividade. Um dos efeitos disso é a corrupção grosseira das práticas que mantêm relativamente livre o mercado de ações. A prática atual consiste em criminalizar a corrupção (a lei contra informações privilegiadas é um exemplo); sim, essas leis são importantes, mas, isoladamente, as leis teriam sucesso muito limitado. Há outro efeito que é mais sutil.

Atualmente, há um movimento anticapitalista e antievolutivo para tirar o processamento de significados de grandes segmentos da população. No momento, esse fenômeno é mais norte-americano, mas em breve pode se expandir para outras economias desenvolvidas e com moedas fortes.

O padrão dólar cria esse novo problema para o capitalismo. Todos os superávits comerciais tendem a ficar ancorados em dólares, criando uma grande oferta de dinheiro nos Estados Unidos e que pode sustentar boa parte do financiamento da dívida por parte do governo e de setores privados. O financiamento da dívida é desejável? O dinheiro não deveria ser usado sempre para fazer mais dinheiro? O capitalismo de Adam Smith não foi idealizado para lidar com essas questões. Outro sinal da influência do materialismo é que responde afirmativamente a ambas.

Os norte-americanos têm estado numa situação singular desde que o ouro deixou de ser o padrão, dando lugar ao dólar. Os norte-americanos podem, quase indefinidamente, tomar dinheiro emprestado para comprar bens de outros países, pois estes não têm muitas opções exceto reinvestir o dinheiro em dólares e na economia dos Estados Unidos. O governo norte-americano tem com isso a capacidade de financiar grande parte da dívida, e tem usado o financiamento da dívida para reduzir impostos dos ricos e entrar em guerras duvidosas. Não há um prejuízo imediato para a economia, pois os ricos são os maiores consumidores, além de grandes investidores. E, no passado, as guerras ajudaram a expandir a economia. Mas essas práticas aumentam ainda mais o abismo entre ricos e pobres, e tendem a eliminar a classe média. Desse modo, o mercado fica mais concentrado nas mãos dos ricos e cria-se um novo sistema de classes que se assemelha ao do antigo feudalismo. Os cínicos podem dizer que os ricos são ameaçados, inconscientemente, por uma classe média próspera que talvez queira compartilhar seu poder, e assim manipulam as coisas para fazer a classe média encolher deliberadamente. Mas será que a economia materialista funciona quando o capital se concentra novamente, como na economia feudal/mercantil?

Na economia quântica da consciência, o remédio para tudo isso seria uma parte do renascimento universal dos valores idealistas. Na economia quântica, não lidamos com os sintomas do ferimento materialista, como a corrupção, mas curamos a fonte do ferimento para que os sintomas desapareçam.

Veja, por exemplo, o caso do financiamento da dívida. Comentei antes que agora, com a maioria das reduções de impostos implementadas por Bush ainda em vigor, o financiamento da dívida está sendo usado para aumentar a lacuna de riqueza entre ricos e pobres, contrária ao espírito do capitalismo. E pior: o financiamento da dívida remove a importante restrição sobre nações com ideias agressivas. A guerra de George W. Bush contra o Iraque não teria sido possível se não se permitisse o financiamento da dívida. Então, devemos ser contrários ao financiamento da dívida na economia idealista? Não necessariamente. Como a economia quântica lida com o fato de o governo criar disparidade de renda entre ricos e pobres, ou participar de guerras agressivas? Afinal, são as pessoas em cargos de liderança que declaram guerras, e são essas pessoas que decidem as reduções de impostos. Em uma sociedade idealista, a causa principal para a criação ativa da disparidade de renda ou das guerras por parte do governo – a emoção negativa – teria de ser enfrentada elegendo-se apenas líderes que possam oferecer um nível adequado de emoções positivas para equilibrar suas próprias emoções negativas. Como isso seria possível?

Na economia quântica, podemos usar o financiamento da dívida para criar e/ou expandir o setor sutil da economia conforme a necessidade e a viabilidade, sem afetar o funcionamento apropriado da economia – nacional e internacional (claro, desde que a dívida se mantenha como um pequeno percentual do PIB). O consumo do sutil transforma as pessoas. É um movimento que se afasta da atual economia baseada na informação e ruma para a economia baseada na transformação. Quando as pessoas valorizam a transformação, elegem líderes transformados.

Um último comentário antes de sairmos deste capítulo. Alguns economistas pensam que o sucesso da economia chinesa até o momento mostra que um capitalismo controlado é melhor do que o capitalismo de livre mercado. Mas seríamos muito precipitados se concluíssemos isso. O ponto a se notar é que, até agora, os chineses usaram o controle governamental em sincronia com o movimento evolutivo da consciência: removendo a pobreza e elevando o padrão de vida para todos, abrindo o processamento de significado para muito mais pessoas do que antes. Mas, cuidado! Quando as pessoas têm a liberdade de processar significados, mais cedo ou mais tarde vão querer escolher o significado que processam; vão exigir a democracia para eleger líderes de sua própria laia. Esse será o dia do ajuste de contas com o capitalismo controlado, à maneira chinesa. Nesse momento, o governo chinês vai descobrir que precisa lidar com as verdadeiras necessidades das pessoas, e não com seus próprios ditames. Os chineses têm de inovar, e não produzir apenas o que as economias desenvolvidas terceirizam em seu país por causa da mão de obra barata.

capítulo 6

Como empresas e consumidores estão mudando em sincronia com o movimento da consciência

Há movimentos nas práticas empresariais dos Estados Unidos e de outros países que estão em sincronia com o movimento evolutivo da consciência. A simpatia pela ecologia está na moda. Algumas empresas começaram a cuidar do ecossistema; querem reduzir a poluição ambiental e querem adotar fontes sustentáveis de energia. Há lucro nisso? Ocasionalmente. Com o tempo, o empurrão dos incentivos governamentais vai ajudar o movimento.

Em algum momento do passado recente, a produção de painéis solares para aquecer um edifício tornou-se lucrativa, e as empresas norte-americanas puseram-se a fabricar painéis solares, construindo um bom negócio. Depois, os chineses tiraram-nas do jogo, mas isso já é outra história. Provavelmente, receberam muitos empurrões de seu governo totalitário. Seja como for, há um programa crescente e robusto de produção sustentável de energia beneficiando o planeta.

Outra história positiva para o ambientalismo é o carro elétrico, um veículo que se move graças a baterias elétricas. O impossível tornou-se possível em parte porque a gasolina é muito cara, mas, principalmente, por conta das leis de trânsito em algumas cidades populosas da Califórnia, onde há restrições ao uso de carros poluentes ou de consumo elevado.

Neste capítulo, vou falar sobre isso e sobre como levar o processo mais adiante no espírito da economia quântica, não só em relação à consciência como ao bem-estar integral. Da ecoempatia, passando pela ecoempatia profunda até a ecoempatia integral, por assim dizer.

Os outros movimentos que vou explorar neste capítulo receberam muita publicidade na mídia e tiveram um papel importante na recente recessão no setor de empregos. Estou falando da globalização e da terceirização. Muitos economistas apresentam-nas como maléficas, enquanto outros aceitam-nas como inevitáveis. Digo que esses movimentos são bastante sincronizados com o movimento evolutivo da consciência; naturalmente, são grandes aberturas para a aplicação da economia quântica.

Poluição ambiental, ecologia rasa e ecoempatia

Temos um problema premente com a expansão da economia materialista: a poluição ambiental. É um problema complicado. No curto prazo, se a limpeza é uma necessidade, então a produção de poluição ajuda a expandir a economia criando setores de limpeza da poluição da economia. Acredite se quiser: o desastre do derramamento de petróleo do Exxon-Valdez no fim da década de 1980 ajudou a expandir a economia no Alasca. E, recentemente, as ações de controle de furacões ou de proteção contra vórtices polares em Nova York tornaram-se fontes de lucro! Talvez, em algumas décadas, quando a elevação do nível do mar ameaçar inundar Amsterdã ou mesmo Nova York, possamos ver outra expansão econômica com empresas florescentes dedicadas à proteção dessas cidades. É claro que estou brincando; mas é inegável que, a longo prazo, uma poluição ambiental descontrolada afetando um ambiente planetário finito vai acabar num acerto de contas. O aquecimento global causa mudanças climáticas globais. Muitos ambientalistas acham que o aquecimento global já chegou ao limite crítico, que vai causar um aumento de 2,5 graus Celsius até o final do século 21.

Outro fato pouco conhecido: a poluição ambiental – especialmente do ar e da água – reduz nosso acesso às energias vitais. Isso sem contar todos os outros riscos conhecidos da poluição da água e do ar.

Economistas liberais sugeriram algumas soluções interessantes para o aquecimento global, como o imposto sobre o carbono: uma tributação baseada na quantidade de dióxido de carbono que as empresas lançam no ambiente. A economia quântica tem uma solução melhor.

Na economia quântica da consciência, o consumo material é reduzido, diminuindo automaticamente a poluição ambiental. E essa redução ainda traz outra consequência. Boa parte do nosso consumo material é motivada por emoções negativas (ansiedade, ciúme, cobiça, luxúria, egoísmo, tédio etc.). Se uma emoção negativa afeta você, um modo de recuperar o controle é fazer compras. Infelizmente, esse tipo de atividade pode se transformar em vício. Em uma economia quântica, se você se sente tomado por uma emoção negativa, tem uma opção mais saudável: usar um produto de energia sutil para melhorar seu humor. Além disso, com a redução da dependência da economia de consumo material, também reduziremos a produção e a propaganda dessas fugas materiais nada saudáveis.

Você não acha que as emoções negativas são uma forma de poluição? Pois deveria. Elas não poluem seu ambiente interno? Além disso, na economia da consciência, prestamos atenção na produção de energias sutis geradas por nossas emoções positivas, criando assim a possibilidade de equilíbrio emocional e de inteligência emocional. Com o equilíbrio emocional, começamos a assumir a responsabilidade por nossas ações – individual e coletivamente; livramo-nos da tendência a comportarmo-nos como avestruzes para evitar a verdade (à maneira da Fox News, de Rush Limbaugh, do materialismo científico e de Richard Dawkins). Tudo isso contribui substancialmente para nossa capacidade de viver em uma economia sustentável.

Um desdobramento estimulante para as empresas que desejam ter legitimidade econômica pelo bem-estar das pessoas são os negócios "verdes" que surgiram com o movimento ecológico. Talvez você já tenha ouvido dizer que o verde é o novo preto. Os negócios verdes têm dois componentes. O primeiro é a percepção de que as considerações ecológicas podem ser usadas em ganhos econômicos, na geração de lucros, e isso é apenas o básico. Um exemplo é a reciclagem – a Xerox Corporation ganhou dez vezes o valor de seu investimento reciclando cartuchos de toner. E o segundo é a percepção de que, a longo prazo, a sustentabilidade ecológica – a harmonização entre atividade empresarial e aquilo que a terra pode suportar – é uma boa meta. Mais cedo ou mais tarde, esse objetivo será imposto pelos governos ou pela própria natureza, o que quer que venha primeiro.

No que se baseia a ecologia? Na ideia de relacionamento em rede entre a vida e seu ambiente – vivo e não vivo. Claro que os ecologistas falam apenas de conexões locais. Mas, da ecologia, é pequeno o passo para compreender que a conexão entre a vida e o ambiente vivo é muito mais profunda. A conexão não se dá apenas mediante sinais materiais e locais, mas também pela energia vital; em última análise, dá-se por meio da própria consciência, graças a uma conexão quântica não local que inclui até o não vivo.

Por isso, as empresas que cuidam da ecologia estão nos levando para além da mera satisfação de necessidades materiais e egoicas, até a satisfação de necessidades mais sutis da consciência superior, do bem-estar sutil. As empresas ecologicamente sustentáveis estão aumentando, literalmente, a produção global de energia vital.

Uma companhia de Wisconsin, a BioIonics, usa energia eletromagnética para transformar resíduos humanos e industriais, dejetos e detritos em fertilizantes para a agricultura e a horticultura, que – veja só – se limpam sozinhos. Uma companhia química de Oceanside, Estado de Nova York, inventou produtos de limpeza doméstica tão inofensivos que, se você engolir um pouco acidentalmente, não lhe fará mal; você pode até gostar do sabor (Smitha, 2011). Isso é ecoempatia!

Permita-me enfatizar a origem etimológica da palavra *ecologia*. O prefixo "eco" é comum tanto à economia quanto à ecologia, e vem do grego *oikos*, que significa "lugar". Como "logia" vem da palavra grega *logos*, que significa conhecimento, etimologicamente a ecologia trata do conhecimento do lugar onde vivemos.

Agora, perceba que não vivemos apenas no mundo material externo, que é o domínio da ecologia comum e rasa em que estudamos nossa relação com o ambiente físico, pois vivemos também em nosso mundo sutil, interno. Quando incluímos em nossa ecologia o conhecimento de nosso relacionamento com o(s) mundo(s) interno(s), temos o que o sociólogo Erne Ness chamou de ecologia profunda. Como a economia provém etimologicamente de *oikos*, lugar, e *nomus*, que significa administração, a economia é a administração do lugar onde vivemos. A economia quântica da consciência, com seu setor sutil, é a economia profunda, e caminha de mãos dadas com a ecologia profunda. Quando mantemos contato com a economia sutil, por meio da produção e do consumo consciente de energias sutis, limpamos nosso ambiente interno, nós nos transformamos. Esta é a chave do conceito de sustentabilidade sobre o qual tantas empresas querem saber mais. Será possível atingirmos a sustentabilidade?

Sustentabilidade

Projetistas e arquitetos têm sido pioneiros na idealização de designs arquitetônicos de prédios ecologicamente sustentáveis, inclusive para uso industrial, a começar pelas casas em domo de Buckminster Fuller. Cito, também, o designer futurista e visionário Jacque Fresco, que escreveu um livro chamado *Future by design,* que promove um futuro tão sustentável que nem mesmo o dinheiro será necessário para se fazer transações. Outro designer, William McDonough, em parceria com Michael Braungart, imprimiu seu livro em papel "sem árvores", feito de resinas plásticas e de materiais inorgânicos recicláveis. Os mesmos designers estão projetando prédios ecossustentáveis em sete cidades da China – um empreendimento muito alardeado. Segundo uma reportagem da revista *Newsweek* (2007), a primeira fase do projeto teve problemas.

São ideias excepcionais e, até o momento, não podem ser mais do que projetos viáveis, o que nos leva a perguntar como poderemos chegar à sustentabilidade se ela implica redução de nosso padrão de vida. Não envolve sacrifícios? Como sabemos desde o triste fracasso da economia marxista, a menos que as pessoas tenham a motivação egoísta de viver melhor (é o sonho americano novamente!), elas nunca se esforçarão o suficiente para fazer o capitalismo funcionar. E o que é uma vida melhor se não existe a capacidade de aumentar o próprio conforto e prazer material? Será que existe uma resposta sustentável que abranja a melhoria da satisfação pessoal como um todo nos setores sutis, de modo a complementar uma postura mais "enxuta" e eficiente diante do conforto e do prazer material?

Você já percebeu que, depois que se atinge certo padrão de vida, os objetos de prazer tornam-se cada vez mais uma questão de disponibilidade e não de necessidade? Afinal, nossos centros de prazer tendem a se saturar; você só consegue comer certa quantidade de comida e praticar sexo até certo ponto! Seu carro pode chegar a 380 quilômetros por hora, mas, para usar essa capacidade, você terá de se empenhar para encontrar lugares especiais onde dirigir a essa velocidade não ponha em risco a integridade dos outros. Após algum tempo, isso se torna contraproducente, a menos que você seja dessas pessoas que só se sentem seguras quando têm bens materiais ilimitados à sua disposição. São essas pessoas que entram no jogo do poder. Como o poder é afrodisíaco, esse jogo acaba viciando.

A verdade é que, quando as necessidades superiores das pessoas são atendidas, mesmo que parcialmente – como no caso daquelas que vivem em uma economia quântica –, suas necessidades físicas se reduzem, diminuindo assim a demanda de consumo material e o desperdício de recursos materiais limitados. E, o que é ainda mais importante, quando há amor e satisfação na sua vida, o *tamas* condicionado à necessidade quase inconsciente de segurança cede lugar à criatividade e à assunção de riscos, e você – creia-me – torna-se capaz de abrir mão de parte da necessidade de ter uma ampla oferta de bens de consumo à disposição. Você adquire a sensação incomum de que as coisas estarão disponíveis quando precisar delas; você não precisa tê-las agora em suas mãos! O sábio espiritual Ramana Maharshi dizia sempre à sua plateia: ponha as malas no chão. Você está num trem em movimento. Os budistas dizem: entregue-se ao fluxo da corrente; não resista a ela. Na linguagem da nova era, isso pode ser traduzido como "acompanhe o fluxo". Na linguagem religiosa mais clara, você está cedendo à vontade de Deus em vez de depender sempre da vontade do seu ego. Na linguagem de Carl Jung, você está começando a cortejar a sincronicidade – coincidências significativas. Com essa mudança de postura, a sociedade pode começar a ter um padrão sustentável de vida.

É claro que a economia quântica ainda se expande, mas em planos sutis, onde os recursos são ilimitados. Não há limite para o amor e a satisfação, e em breve não haverá quase limite para o número de seres humanos fazendo representações do sutil em suas vidas! Não há limite visível para a revitalização de produtos orgânicos. Quase não há limites para o capital cultural criado pela representação de significados, desde que continuemos a explorar criativamente novos significados e usemos materiais recicláveis para disseminar os significados. Não existe limite para a produção de capital humano – seres humanos com inteligência emocional e supramental.

Usei antes a expressão "inteligência supramental", e em sânscrito ela é grafada *buddhi*. Inteligência supramental é a inteligência obtida por meio do uso criativo dos arquétipos. Em outras palavras, a inteligência supramental é o resultado da busca contínua pela manifestação de circuitos cerebrais de emoções positivas dos arquétipos. Quando você faz isso, torna-se capital humano; sua presença é valiosa para os outros.

Pessoas como Ramana Maharshi e Franklin Merrell-Wolff, já mencionado, viveram no século passado. Hoje, temos o Dalai Lama. Na presença desse capital humano, é comum sentirmos paz e felicidade.

Mencionei antes o encontro de 1999 entre o Dalai Lama e pensadores e cientistas da nova era. Antes de discutirmos nossas ideias com o mestre budista, achamos que seria útil discutir entre nós o que iríamos apresentar, chegar a um consenso. Tentamos fazê-lo durante dois dias. Não conseguimos um consenso. Na verdade, chegamos a brigar, às vezes de forma exagerada. Quando tivemos a audiência, e depois de ter sido informado sobre o nosso comportamento, o Dalai Lama eliminou com seu riso toda a tensão. Foi uma presença extraordinária. Você pode ver isso no documentário *Dalai Lama Renaissance*.

Não existe sequer limite para a produção de capital humano de pessoas iluminadas. Quando cultivamos o sutil, quando nos aproximamos cada vez mais da transformação interior, passamos para uma economia ecologicamente sustentável no plano material. O que antes representava um sacrifício impensável e injusto, hoje é a simplicidade voluntária. Desse modo, a economia quântica profunda promove a ecologia profunda, que então promove a ecologia rasa – menos consumo material em um nível sustentável. Teremos baixado nosso padrão de vida, mas quem se importa? Teremos ganhado qualidade de vida, e nosso índice de bem-estar vai aumentar. Seríamos ricos de forma sustentável.

Do padrão de vida à qualidade de vida

Agora, vamos tratar do tema de outra tendência antievolutiva da expansão da economia materialista: a perda do tempo de lazer do trabalhador. Em resposta ao problema da divisão entre ricos e pobres sob o capitalismo, quase igual à divisão existente na época feudal, alguns economistas retrucam: "Ah, mas os pobres têm hoje um belo padrão de vida!". Sob a influência materialista, o capitalismo e sua contínua expansão econômica no plano material produzem padrões de vida cada vez mais elevados, é verdade; mas os salários não os acompanham sem que haja inflação. Para atender às demandas de padrões mais altos, com custos mais elevados, as pessoas são forçadas a abdicar de necessidades superiores, como a necessidade de os filhos terem um dos pais que não trabalhe (ou que trabalhe meio período), ou a de tempo de lazer para buscar significados. Portanto, invariavelmente, parte da promessa básica do capitalismo é abreviada pela natureza da própria fera. Na economia da consciência, não há esse problema.

Como já foi dito, a economia da consciência tem seu próprio limitador de expansão no plano material. Por isso, o padrão de vida não tem de aumentar mais depressa do que os salários. Mais importante ainda é o fato de a economia da consciência valorizar outras necessidades e sua satisfação, que exigem tempo de lazer. Assim, em uma economia sob a égide desse sistema econômico, o padrão de vida é definido de maneira diferente, aumentando não só na dimensão material como nas dimensões sutis sem comprometer o tempo de lazer do trabalhador.

Da ecoempatia à ecoempatia profunda à ecoempatia integral

Um grande passo consiste em começar pela ecoadministração integral – gerenciar o bem-estar da ecologia, tanto rasa quanto profunda. A economia precisa preservar a ecologia rasa – disso já sabemos. A economia quântica, que sustenta negócios e indústrias sutis, vai promover a ecologia profunda. A promoção da ecologia profunda promove ainda mais a ecologia rasa, e assim por diante; em pouco tempo, teremos a ecoadministração integral.

Já há sinais da importância do reconhecimento do sutil não só no econegócio, mas em todos os negócios. Por exemplo, o uso indiscriminado de teorias objetivas da matemática (como a teoria dos jogos, como se verá depois) para avaliar a postura do empreendedor na economia não costuma funcionar, pois as decisões de negócios são afetadas pelos sentimentos e palpites intuitivos das pessoas. De modo análogo, a economia do comportamento do consumidor também não funciona, exceto no curto prazo, pois cria bolhas na economia que acabam por explodir.

O fato é que o sutil influencia o denso; não há outra forma. Será que a boa economia deve encampar um produto de consumo que seja bom para nosso bem-estar sutil? Pode apostar. Depois que abrirmos a porta para que a energia sutil faça parte do mercado, as forças de mercado vão acabar decidindo se isso é ou não benéfico para a economia. Será que devemos exigir que as empresas produzam bens de energia sutil para o nosso consumo, permitindo com isso que formemos um reservatório de bem-estar sutil e de saúde positiva? Pode apostar. Será legítimo, quando alguém começar em um novo emprego, exigir que seu trabalho seja significativo, que produza satisfação e as energias de plenitude e integridade? Pode apostar. Há evidências científicas crescentes mostrando que a infusão de energia vital no local de trabalho melhora a produtividade.

Para integrar a ecoempatia rasa e a ecoempatia profunda, precisamos cultivar ambas e desenvolver uma sociedade de ecoempatia integral nas empresas. Começamos pela ideia de ecoempatia, mas enfrentamos dificuldades porque ainda não estamos prontos para fazer os sacrifícios necessários. Trabalhamos a ecoempatia profunda; após algumas idas e vindas trabalhando com ambas, descobrimos a simplicidade voluntária; agora, estamos prontos para começar a ecoempatia integral.

Podemos fazer isso porque sabemos que não estamos separados de nossos ecossistemas externo e interno. Ao desenvolver a ecoempatia, já sabemos que há empresários transformando a reciclagem e o reúso em uma indústria lucrativa. Para reduzir nossa dependência de bens de consumo materiais densos temos de fazer uma jornada mais profunda, passando de emoções negativas para positivas. Para essa redução, temos de nos afastar da sociedade de processamento da informação e resgatar o processamento de significados.

De emoções negativas para emoções positivas

As empresas conhecem intuitivamente a importância do sutil. Sabem, por exemplo, que um cliente adquire um produto baseando-se não apenas na avaliação objetiva dos usos sensoriais dele, mas também no que sente em relação a ele. Veja os anúncios produzidos pelas fábricas de automóveis para vender seus produtos. Se as considerações por trás desses anúncios fossem puramente físicas, eles falariam apenas de aspectos físicos: quilômetros por litro, durabilidade e custo de manutenção. Em vez disso, a maioria dos anúncios aborda o lado *sexy*, a velocidade que você pode atingir, a aceleração, o prazer que se pode extrair do veículo; às vezes, mais diretamente, o anúncio fala do *sex appeal* do carro.

Lembra-se da discussão que tivemos sobre chakras? A nova ciência explica-os como os pontos onde os órgãos físicos e suas matrizes vitais manifestam-se simultaneamente. É o movimento da energia vital nesses pontos de chakras que vivenciamos como sentimentos. O movimento nos três chakras inferiores é responsável por sentimentos básicos, que se tornam emoções negativas e instintivas com a ajuda dos circuitos cerebrais: medo, luxúria, inveja, ciúme, competitividade, egoísmo e assim por diante. Muitas empresas (a indústria automobilística é um exemplo) tentam vender seus produtos apelando para os chakras inferiores e para os circuitos cerebrais emocionais autocentrados. Elas não conseguiram chegar à boa energia vital, e as emoções positivas foram confundidas pelas alegações do *establishment* científico de que isso não existe!

Mas a condição humana não se limita aos chakras inferiores e às emoções negativas. Há ainda os chakras superiores, começando pelo coração, onde o movimento da energia vital (com a ajuda da mente, que dá significados) pode dar origem a emoções nobres ou positivas: amor, exultação, clareza e satisfação. O problema é que há poucos

155

circuitos cerebrais instintivos de emoções positivas instalados no nosso cérebro através da evolução. Geralmente, as emoções superiores chegam até nós se nos mantivermos abertos à intuição.

Assim, a sociedade precisa melhorar a educação oferecida aos produtores e consumidores. E precisa começar por você, o indivíduo. Instrua-se sobre a energia vital. Faça um retiro yogue, procure um mestre de tai chi ou uma instituição de artes marciais, ou pelo menos vá a um massagista que entenda do assunto. Você vai se espantar. Naturalmente, para as massas, para a percepção da eficácia do sutil em grande escala, talvez seja necessária a interferência do governo. Nas páginas anteriores, propus a intervenção oficial sob a forma de adoção da medicina alternativa de energia sutil para o Medicare, e da educação sobre energia sutil para os desempregados caso queiram receber o auxílio-desemprego.

Conhecimento é tudo. Se, por exemplo, um anúncio de carro diz que aquele modelo faz 25,5 quilômetros por litro de gasolina, isso não soa sensual e não atrai as pessoas convencionais; contudo, para uma pessoa com consciência ambiental, é um anúncio provocante e satisfatório. De modo análogo, um anúncio de automóvel que projete amor e beleza atrai o consumidor que se abriu para sua dimensão intuitiva.

Hoje em dia, muita gente pagaria uma fortuna por uma camiseta usada pela Kim Kardashian! Será que vai chegar o dia em que perceberemos que um carro usado regularmente por um mestre de Chi Kung absorveu energia vital positiva e correlacionada de seu motorista, e agora está à disposição de qualquer usuário? E que esse carro lhe traria uma sensação de bem-estar vital ao dirigi-lo? Ou como seria benéfico possuir uma casa que já foi habitada por um mestre espiritual? Tudo depende da postura, não é verdade?

Costuma-se dizer que, para subir na hierarquia de uma empresa, os empregados precisam competir uns com os outros. Somos sempre lembrados de que no mundo dos negócios é um salve-se quem puder. Novamente, emoções negativas. Mas será tudo assim? Quando os métodos japoneses de gerenciamento de linhas de produção (nas quais o mesmo operário é responsável por todo um produto acabado) ficaram populares, junto com o lema "qualidade é o principal no trabalho", empresas do mundo todo perceberam a importância da satisfação no trabalho auferida por um empregado que vê sua contribuição transformada em produto final. Parece que temos uma excelente abertura para emoções superiores nas empresas!

Da informação ao significado e à transformação

Para desenvolver o interesse pela exploração do significado nos negócios, precisamos mudar nossa perspectiva, passando da criatividade da máquina para a criatividade humana, da mera manipulação do conhecido em nome da riqueza e da fama para a exploração curiosa e sensível de novos significados, com o propósito de descobrir o arquétipo da abundância e de desenvolver novas representações dele. Para tanto, precisamos acreditar nas possibilidades positivas da incerteza na exploração de novas dimensões. Na visão de mundo baseada na consciência, percebemos desde o início que a criatividade consiste na descoberta ou na invenção de novos significados de valor arquetípico, criando produtos inovadores e plenamente desenvolvidos com essa descoberta. Ao percebermos isso, devemos ter em mente que a criatividade nos negócios é mais do que a exploração de um produto inovador para obtermos mais lucros. A motivação do lucro não precisa ser abandonada, mas deve ser complementada pela motivação do bem social e do bem-estar sutil. Saber que a riqueza é abundante nos dá confiança para reparti-la.

Veja as grandes inovações que deram origem a novas tendências nos negócios e na indústria. Todas – desde lâmpadas fluorescentes a adesivos *post-it* – contribuíram direta ou indiretamente para nossa capacidade de processamento de significado, e seu valor está nisso. O lucro material é um subproduto.

Na era industrial, a necessidade de produção em massa tornou repetitivas e monótonas as tarefas das pessoas comuns. É fácil falar sobre praticar o bem-estar, sobre sentir-se bem material e emocionalmente trabalhando na linha de montagem, mas fazer é bem difícil. Entretanto, em economias avançadas como Estados Unidos, Europa e Japão, estamos prontos para sair da era industrial e entrar em uma era tecnológica, o que vai nos aliviar da produção em massa graças à terceirização e ao uso crescente da robótica no local de trabalho (Friedman, 2007). Esses e outros fatores, como a consciência ecológica, estão ampliando o escopo para o significado e a criatividade no local de trabalho como nunca se viu antes. Assim, o futuro para o bem-estar no local de trabalho está dando um salto quântico.

Certo, admito que ainda não chegamos lá. Ainda há movimento na direção oposta. A partir da década de 1980, as empresas descobriram que é possível lucrar com o processamento de informações, muito mais do que com o processamento de significados. Pelo menos, é o que parece no curto prazo. Assim, hoje em dia, o negócio da publicação de livros está em perigo, as vendas de livros no varejo estão caindo, a indústria fonográfica está passando por uma importante revisão e assim por diante. Os jovens não têm mais foco e atenção, segundo dizem. Faça gravações de áudio e de vídeo e aceite o fato de que elas serão pirateadas e disponibilizadas na internet. Portanto, um vasto capital cultural desceu pelo ralo.

Cientistas materialistas famosos começaram a escrever sobre a falta de sentido do universo. Quem pode culpar pessoas de negócios que estavam tentando comercializar laptops com jogos para crianças? Não há significado neles! Mas há informações que podem ser compartilhadas com outras crianças que também assistem a esses jogos. Não tardou para que a tecnologia do celular virasse moda, e assim um garoto podia não só jogar videogames em seu tempo livre (ou no pouco que restou dele), como trocar informações sobre os videogames pelo celular.

E mais. Um professor de Harvard, chamado Alan Bloom, escreveu um livro dizendo que é mais importante para um universitário conhecer Platão e os fundamentos daquilo que ele fez do que *ler* Platão. O que conta na educação é informação; o resto, se você precisar, está na internet. Não preencha seu cérebro com significados; preencha-o com informações.

Após algumas décadas dessas práticas, o que aconteceu? A poluição de informações no cérebro das crianças chegou a tal ponto que o transtorno de déficit de atenção e hiperatividade tornou-se epidêmico. Recentemente, um estudo britânico revelou que quando crianças de 3 anos fazem pré-escola (o que significa processamento de informações, o que mais?), as chances de elas terem TDAH são de 20%.

Há evidências. Em 2008, pesquisadores da Universidade de Michigan descobriram que processar informações em demasia fadiga o cérebro. Na Universidade Stanford, os pesquisadores descobriram que o uso intensivo de multimídia prejudica a filtragem de informações irrelevantes e o foco na tarefa real (Agus, 2011).

As empresas precisam perceber que a informação não é algo natural em nosso ambiente interno, mas significado, sentimento e intuição sim. A informação polui nossa ecologia interna. Podemos tolerá-la em pequenas quantidades; precisamos fazê-lo porque o processamento de significados exige informação. Mas a poluição do ambiente interno com informações é tão desastrosa quanto a poluição do ambiente físico. Entusiastas de TI, por favor, lembrem-se do que disse o guru da computação, Norbert Wiener, há mais de cinquenta anos, e que estou parafraseando: deixe os computadores fazerem o que fazem melhor (processar informações); deixe os humanos fazerem o que fazem melhor (processar significados).

Desse modo, o poder da economia quântica da consciência revela-se plenamente quando combinamos ecologia rasa e ecologia profunda. Quando transformamos nossa perspectiva seguindo os ditames da ecologia profunda, vemos todo o mundo da consciência como sendo nós mesmos, e procuramos protegê-lo avidamente. Os limites do nosso *self* se ampliam. Então, as considerações da ecologia rasa – o cuidado com o ambiente – manifestam-se em nosso pensamento e em nossa vida, passando de possibilidade para realidade. E aí podemos baixar nosso padrão de vida, vendo que não é um sacrifício, afinal; na verdade, isso aumenta nossa qualidade de vida.

O negócio é ser pequeno!

À primeira vista, a economia – a administração do lugar – parece referir-se ao local onde vivemos, como argumentou o ecoativista Satish Kumar (2008). Nas duas pontas da produção e do consumo, se a economia é mantida particularmente no local, as pessoas envolvidas serão responsáveis por suas ações, e então a economia pode ser compatível com a ecologia. Quando tentamos generalizar o conceito de local para incluir os mundos internos, reconhecemos que, para esses mundos, os limites locais são definidos pela cultura. Portanto, no plano ideal, a economia deve ser principalmente local, tanto em termos geográficos quanto culturais, tal como Gandhi e, mais recentemente, E. F. Schumacher vislumbraram (Schumacher, 1973). E acredito que, com a economia da consciência em funcionamento, poderemos realizar esse ideal, com muita troca entre localidades, é claro. Lembre-se de que a internet veio para ficar e que faz parte do movimento da consciência. Assim como está sendo abusada para substituir o processamento de significados pelo processamento de informações e pela distribuição de pornografia, não devemos fechar nossa mente para a possibilidade de também ser usada para comunicações significativas (ninguém pode negar que a Primavera Árabe foi significativa!).

Neste momento, a realidade das economias do mundo é um fenômeno chamado globalização (veja a seguir). Empregos de economias avançadas estão sendo terceirizados para economias em desenvolvimento. Em outras palavras, a tendência é o contrário do ideal exposto anteriormente. A globalização está em sincronia ou fora de sincronia com o movimento evolutivo da consciência?

Globalização

Globalização é a revolucionária tecnologia de terceirização que entrou em uso graças ao desenvolvimento de corporações multinacionais. É a principal razão pela qual o mundo está se tornando rapidamente uma terra plana na economia, usando a metáfora de Thomas Friedman (2007). A globalização é boa ou má? Será uma característica permanente da economia capitalista?

O comércio entre países sempre existiu, e por diversas razões. Inicialmente, o comércio limitava-se a bens, mas a tecnologia possibilitou o comércio de serviços, o que resultou na terceirização. Esta foi uma das maneiras pelas quais as economias tornaram-se globais – ao contrário de sua premissa original –, além da criação de corporações multinacionais em função de regulações comerciais mais brandas, vantagens fiscais etc.

Como exemplo de terceirização, temos os centros de telemarketing que, a despeito de funcionarem na Índia, atendem aos norte-americanos. Os funcionários desses centros atendem o telefone e respondem perguntas sobre problemas com algum produto comercial ou industrial nos Estados Unidos; eles tentam usar um sotaque americano e cuidam de problemas desprovidos de qualquer importância local (ecológica ou cultural). Assim, esses empregos não servem para que os trabalhadores processem um significado pessoal ou cultural. Com o tempo, eles podem até alienar o trabalhador de sua própria cultura, como foi representado muito bem no romance popular de Chetan Bhagat chamado *One Night at the Call Center*.

As corporações multinacionais têm sido criticadas por muitos motivos. Elas têm acesso à mão de obra barata em economias subdesenvolvidas, e usam-na transferindo a manufatura para países subdesenvolvidos. Esta também é uma forma de terceirização. Uma crítica importante é que as multinacionais exploram a mão de obra barata de países subdesenvolvidos do Terceiro Mundo; às vezes, chegam a empregar mão de obra infantil. Há ainda acusações de evasão fiscal que devem ser verdadeiras, a julgar pelas revelações do esquema da Apple.

Eis uma crítica mais sofisticada. A mão de obra no país que recebe a multinacional não tem a alavancagem do aumento de salários por meio de negociações com a gerência (o que é comum em economias avançadas), uma vez que as leis trabalhistas são bem diferentes em países subdesenvolvidos em virtude de necessidades econômicas. E a mão de obra de países desenvolvidos também perde a alavancagem devido ao medo da terceirização dos empregos.

Mas creio que também é válido o argumento de que a globalização está aqui para ficar, conquanto existam diferenças nos custos de mão de obra entre nações a ponto de tornar a terceirização lucrativa. Nesse caso, a pergunta importante é: Podemos usar a globalização para fomentar os propósitos do capitalismo e a economia da consciência, disseminando o processamento de significados pela população? Sim, podemos. Afinal, as multinacionais estão criando novos empregos nos países em desenvolvimento. Isso pode ser bom, desde que nos certifiquemos de que o progresso decorrente vai se tornar uma abertura para a maior liberdade da força laboral desses países (Sen, 1999). Isso pode ser feito com a intervenção governamental e a insistência para que a mão de obra utilizada receba a garantia de uma educação liberal em escolas noturnas. Perceba que essa solução beneficia a economia sutil local.

Nesse mesmo sentido, adultos com empregos terceirizados podem ser estimulados a proporcionar serviços significativos para a própria cultura, contribuindo para o setor sutil da economia local. Isso é bem importante para impedir a alienação.

O caso da relação entre gerência e mão de obra é mais complexo. Para submeter as multinacionais a práticas uniformes entre gerência e força laboral, obviamente precisamos sair de economias nacional-estatais e passar para uniões econômicas internacionais mais amplas. Isso pode ser bem usado na economia da consciência. Em outras palavras, a tendência da economia da consciência seria a de se tornar uma união econômica internacional, dentro da qual cada democracia funcionaria com unicidade política, cultural e até com soberania, com suas próprias moedas, mas com maior cooperação. Isso porque a ciência dentro da consciência reconhece a não localidade quântica da consciência desde o princípio, fomentada pela cooperação.

E quanto aos empregos na economia desenvolvida que está terceirizando?

Naturalmente, a terceirização tira empregos das economias desenvolvidas do mundo. Às vezes, os políticos das economias desenvolvidas fazem um escarcéu contra a terceirização e falam de incentivos fiscais para as corporações, permitindo devolver os empregos manufatureiros ao país economicamente adiantado. À medida que o país em desenvolvimento tiver um desempenho econômico melhor e o custo de mão de obra aumentar, esse processo vai se tornar cada vez mais viável. Isso já está acontecendo no caso de terceirizações dos Estados Unidos para a China; com efeito, alguns dos empregos manufatureiros que foram terceirizados estão voltando para os Estados Unidos.

Mas o problema continua. Haverá sempre outras economias subdesenvolvidas no mundo para que as companhias se valham da terceirização durante algum tempo. Como proporcionamos empregos para a mão de obra na economia do país que terceiriza?

Entenda bem a situação. Trabalhos manufatureiros são basicamente trabalhos rotineiros de linha de montagem. Quem trabalha em um lugar desses em turno de oito horas, depois do expediente quer apenas chegar em casa, espichar-se diante da TV e vegetar. Não há incentivo para o processamento de significados. Embora seus poderosos sindicatos trabalhistas consigam negociar bons salários para essa mão de obra, ela não corresponde a uma classe média com tempo de lazer para processar significados. Tudo o que podemos dizer é que ela abre espaço para o sonho americano para seus filhos e filhas. Logo, o fato de trazer esses empregos manufatureiros de volta não contribuirá para a classe média no curto prazo.

Agora, olhe para o outro lado da moeda com a mente aberta. A terceirização proporciona um desafio e uma oportunidade para a economia desenvolvida – uma oportunidade para que sua força laboral tenha empregos mais significativos, mesmo que esses empregos tenham de ser criados. Os trabalhadores norte-americanos e de outras economias desenvolvidas estão prontos para esses desafios?

A resposta é um retumbante "sim". Após a recessão de 2007-2009, os empregos voltaram muito lentamente para a economia. Além do mais, os postos de trabalho que estavam sendo criados pagavam mal e não envolviam significado (como garçonetes, frentistas etc.), e os membros da classe média, com boa formação, não estavam dispostos a trabalhar neles. Um colunista do *The New York Times*, David Brooks, comentou que isso se devia ao fato de as pessoas estarem buscando empregos mais significativos.

Temos de abandonar a mentalidade mecânica do materialismo científico e aceitar o fato de que, após conhecer o processamento de significados e a alegria de processar significados no trabalho, é difícil alguém abrir mão disso, mesmo sob a ameaça da sobrevivência física.

Com a intervenção governamental, essas pessoas podem ser estimuladas a criar pequenas empresas no setor sutil e encontrar empregos significativos para si mesmas.

A terceirização traz outro problema sério. A corporação que terceiriza reinveste os lucros na economia de seu país de origem? Raramente. Aqui é que poderiam entrar os incentivos fiscais. O capital para investimentos estará disponível quando a proposta de uma indústria de energia sutil estiver bem articulada, especialmente com concessão de incentivos fiscais. Quando isso acontecer, poderemos contar com a criatividade das pessoas para começar novos empreendimentos sutis e expandir a economia, desde que, como sociedade, nos livremos da camisa de força do materialismo científico e dos dogmas religiosos. O primeiro limita nossa criatividade à criatividade do computador, e, mesmo assim, só no domínio material; o segundo tende a trazer de volta a velha economia feudal.

Portanto, creio que a terceirização poderia ser uma tendência muito desejável e em consonância com o movimento evolutivo da consciência. Mais cedo ou mais tarde, naturalmente, quando todas as economias do mundo tiverem desenvolvimento material suficiente para que sua mão de obra seja valorizada, a terceirização vai cessar. Então, a nova visão de mundo e a nova economia estarão firmemente implantadas, e teremos o desafio de remodelar os empregos manufatureiros em economias locais sustentáveis, à maneira de Gandhi e de Schumacher.

A eliminação da pobreza

A eliminação da pobreza tem dois contextos distintos. O primeiro (e mais premente) é o das economias subdesenvolvidas, nas quais a maioria da população vive na pobreza material, até com fome. O segundo contexto é uma pequena surpresa: na verdade, a eliminação da pobreza tem sido um problema persistente do desenvolvimento econômico mesmo em países economicamente adiantados. Até nas economias avançadas do mundo, existe um núcleo com um pequeno percentual da população que não tem teto, que não consegue manter um emprego e que, de modo geral, pode ser chamada de "abandonada". Os países comunistas mais antigos, como a Rússia soviética, tinham uma crítica legítima ao capitalismo: se o capitalismo é tão bom, por que não consegue eliminar a pobreza? Estavam falando deste segundo contexto.

Muitos acham que os "pobres" dos Estados Unidos são desajustados. Mas também é possível argumentar que viver nos Estados Unidos da maneira adequada é economicamente incômodo quando você é mais velho, doente – mental ou fisicamente –, quando você não tem sorte (por exemplo, quando você perde o emprego sem qualquer benefício por desemprego) e quando não tem uma família para ajudá-lo.

Vamos analisar o primeiro contexto. Redefinir a riqueza e o bem-estar econômico segundo a economia da consciência ajuda muito a equalizar a verdadeira situação econômica entre os países ditos desenvolvidos e subdesenvolvidos. Na verdade, essa redefinição revela como é importante que os países ditos de Terceiro Mundo, mesmo permitindo o livre-comércio, a terceirização e os investimentos de corporações multinacionais, não deixem suas culturas espirituais inatas serem destruídas pela ideologia do materialismo científico que acompanha esses procedimentos. Felizmente, quando a nova visão de mundo baseada na consciência substituir o materialismo científico, e a economia da consciência substituir o capitalismo de Adam Smith, a destruição intrusiva das culturas espirituais pelas culturas materialistas mais agressivas irá cessar, dando início ao retorno tão necessário a um modo de vida firmado em um relacionamento íntimo com a natureza (veja também Liem, 2005).

Desse modo, a longo prazo, o efeito da economia da consciência será a prosperidade econômica mundial, o bem-estar econômico em um novo sentido, algo que nunca aconteceu antes e que se dará em paralelo ao bem social. Enquanto cumprem a sua própria agenda econômica egoísta, as pessoas terão um sentido superior de preocupação mútua com aqueles com os quais têm afinidade na sociedade. No curto prazo, porém, nossa obra é talhada para nós; nunca subestime a oposição dos elitistas.

E, é claro, o problema mais premente da pobreza é a fome. Temos hoje a capacidade de eliminar a fome mundial, e todos os políticos sabem disso. Infelizmente, enquanto a visão de mundo não se alterar, a política da situação vai prevalecer. Quando a visão de mundo mudar, porém, a fome mundial será coisa do passado.

E o que falar da pobreza no segundo contexto que mencionei há pouco? Esse pode ser um problema fundamental da natureza humana. Pode haver sempre um pequeno percentual da população cujo *tamas* (condicionamento) é muito forte e *raja* (a propensão para a criatividade situacional) seja tão fraca que essas pessoas não conseguem se manter em um emprego; elas podem ser desafortunadas em virtude de traumas de origem variada. Além disso, há o problema de pessoas pobres que são levadas para a criminalidade.

Culturas espirituais como a indiana tinham solução para isso, e podemos revitalizá-la. Até pouco tempo atrás, a própria cultura espiritual da Índia sustentava um pequeno grupo de desajustados espirituais chamados *sadhus*. Alguns *sadhus* eram verdadeiros monges peregrinos à procura da espiritualidade; entretanto, não há dúvidas de que muitos deles eram como os hippies modernos – pessoas de *tamas* tirando proveito da tradição. O interessante é que, embora a maioria dessas pessoas falseasse sua busca espiritual, de modo geral contribuíram positivamente para a sociedade. Compare isso à negatividade que a imagem de um sem-teto dos Estados Unidos ou da Europa desperta hoje em nós! Quando nossos programas de pobreza não fornecerem apenas sopão e abrigo no inverno, mas também educação sobre o consumo de energias sutis, os desajustados recuperarão sua dignidade porque conquistarão valor econômico; voltarão a se tornar capital humano. Se podemos reciclar lixo para produzir energia elétrica, por que não podemos reciclar seres humanos enjeitados e transformá-los em capital humano? A boa notícia é que os membros do recente movimento Ocuppy Wall Street motivaram os sem-teto a se manifestar de maneira positiva.

Finalmente, vamos discutir a questão dos jovens pobres que são levados à criminalidade. Vamos usar um exemplo premente que se tornou possível graças à cultura atual, orientada para o prazer, na forma de um problema que geralmente é dos ricos – o vício das drogas. Suponha que um garoto pobre comece a ganhar dinheiro fácil vendendo crack. Em algum momento, ele sucumbe à droga e vai para a cadeia por posse ou tráfico, não importa. Esses garotos são motivados pela mesma cultura da informação que afeta os demais, e por isso tornaram-se hiperativos. Logo, os métodos educacionais convencionais que envolvem energia sutil e que exigem lentidão não vão funcionar com ele. Como lidar com esses jovens que estão povoando as prisões do Ocidente? Você sabia que a maior oposição à descriminalização da maconha vem de proprietários* de presídios? Mas será que podemos conter o vício das drogas pesadas se as descriminalizarmos? O que sei é que esse caminho é bem arriscado. A culpa está no materialismo científico como visão de mundo.

---

* Alguns países, como Estados Unidos e Reino Unido, têm prisões particulares, nas quais o dono recebe um valor diário ou mensal por prisioneiro enviado pelo Estado. [N. de T.]

A economia quântica sugere outro caminho. Se pusermos esses garotos na presença espiritual de um mestre, a indução irá desacelerá-los, e então eles poderão ser educados com técnicas de energia sutil que, no futuro, poderá levá-los a se acalmar sozinhos e começar a aprender. Desse modo, a combinação entre uso inteligente do capital humano e técnicas de energia sutil pode ajudar muito a resolver o problema do número crescente de presidiários nos Estados Unidos e em muitos outros países. Veja como a ecoempatia integral é eficaz!

Implementação: quando e como?

Como a economia quântica da consciência vai substituir o capitalismo? Quando? Você pode ter concluído que a economia da consciência parece ser uma coisa boa. Ela reúne valores espirituais e é melhor no capitalismo. Mas como será implementada? Pelo governo? Por uma revolução social, tal como na economia marxista? Por uma mudança de paradigma nas práticas acadêmicas da economia?

Como o capitalismo substituiu a economia feudal/mercantil? Por um lado, foi ideia original de Adam Smith, sem dúvida. E, realmente, ajudou o fato de os acadêmicos terem recebido bem a pesquisa de Smith, pois ela abriu um novo paradigma na academia, a própria economia. Contudo, a situação acadêmica atual é bem diferente daquela encontrada na época de Adam Smith. Há algum tempo, os economistas acadêmicos decidiram seguir não a economia do mundo real, mas a economia de certas condições ideais, de modo que modelos matemáticos pudessem ser usados para predições e controle da economia. Além disso, hoje, o mundo acadêmico todo acha que qualquer pesquisa científica deve ser feita nos parâmetros da "camisa de força do materialismo científico".

Para mencionar um exemplo, uma teoria econômica muito recente foi considerada revolucionária porque aplica uma inovação matemática da teoria dos jogos à economia. Antes, os economistas tinham dificuldade em aplicar a teoria dos jogos, pois deviam presumir a "racionalidade perfeita", ou seja, que todo *player* econômico pode descobrir a melhor combinação de estratégias usada pelos concorrentes para maximizar o dinheiro. Obviamente, porém, na prática é impossível encontrar a racionalidade perfeita, pois as possibilidades são muitas. O que temos é a "racionalidade limitada": decisões racionais feitas com base em informações incompletas sobre as estratégias dos concorrentes para maximizar o dinheiro. A nova teoria foi considerada revolucionária porque usa fórmulas da teoria da informação para determinar a composição aproximada de um conjunto de estratégias, mesmo com a premissa da racionalidade limitada. Mas ainda não é o mundo real. O materialismo centrado no prazer corroeu nossa busca pelo racionalismo; hoje estamos tão sujeitos a emoções negativas em nossas tomadas de decisão, somos tão bombardeados pelas campanhas da mídia que apelam para nossas emoções negativas, que qualquer teoria que ignore o componente emocional de uma decisão econômica do concorrente não será muito útil.

Li uma piada sobre a teoria dos jogos. Dois policiais travam uma profunda discussão sobre como capturar certo bandido. Um deles quer calcular a estratégia mista ideal para efetuar a prisão. Como se vê, ele é um teórico dos jogos. O outro policial é prático: "Enquanto calculamos, o bandido está escapando".

"Relaxe", diz o teórico dos jogos. "O bandido também precisa descobrir isso, não é?"

Na verdade, o capitalismo foi implementado não porque os acadêmicos receberam bem a ideia, mas porque atendeu aos propósitos de um povo moderno e aventureiro. Foi implementado em uma época em que as pessoas estavam explorando novas aventuras da mente e do significado, coisas para as quais o feudalismo não dispunha de mão de obra. A exploração de significados teve de ser aberta para as massas quando a ciência se libertou das autoridades religiosas. Quando a exploração de significados se viabilizou, foi preciso preparar um escopo para a implementação dos efeitos secundários dessa exploração, disponibilizando capital para que as pessoas inovadoras produzissem novas revoluções na tecnologia e as revelassem. Por isso, o capitalismo foi inevitável.

Agora, o modernismo cedeu lugar ao pós-modernismo e ao pós--materialismo. As antiquadas explorações e expansões no mundo material praticamente acabaram. A velha fronteira se foi. Por mais que você assista a reprises de *Jornada nas Estrelas*, o espaço sideral não vai emergir como a última fronteira da humanidade para concluir o episódio final do extinto materialismo.

Agora, a sociedade precisa lidar com os defeitos da economia materialista, e terá de fazê-lo com poucas oportunidades de expansão diante de recursos finitos e dos desafios da poluição ambiental. Além disso, a sociedade precisa curar as feridas que o materialismo lhe infligiu.

Infelizmente, os elitistas vão identificar aí um desafio ao seu poder e construirão obstáculos para a nova visão de mundo e para a nova economia ao longo do caminho. Creio que teremos mais chances de sucesso se disseminarmos rapidamente centros de ativismo quântico ao redor do mundo, tendo como meta criar exemplos positivos de vida e de sustento holísticos.

Na década de 1970, quando eu estava passando da velha para a nova física, li muitos livros de ficção científica; em um deles, havia uma frase que dizia só restarem duas fronteiras: abrir o céu ou abrir a mente. Os materialistas ainda estão tentando a primeira, mas a realidade vai nos deter nessa empreitada, mais cedo ou mais tarde. Creio que existe apenas uma nova fronteira. A nova fronteira pertence às dimensões sutis do ser humano, e precisamos de uma economia mais sutil a fim de explorá-la.

Portanto, a implementação da economia da consciência é inevitável porque nossa sociedade precisa dela. Quando nossa sociedade superar as necessidades de nosso ego competitivo, quando começarmos a explorar os benefícios da cooperação em massa, a antiga economia capitalista e competitiva terá de ceder lugar à nova economia, na qual a competição existe simultaneamente à cooperação, cada uma em sua própria esfera de influência.

Para entender isso, precisamos ver como se implementa, de fato, uma economia. Quais os elementos que a implementam? Naturalmente, esses elementos são os negócios. A forma de fazer negócios impele as mudanças na economia. E vice-versa. As mudanças na economia ajudam os negócios. Um é essencial para o outro.

Bem, e o que vai permitir que a economia da consciência substitua o atual capitalismo de influência materialista? Em última análise, é a necessidade do local de trabalho, das empresas. E lá, se você prestar atenção, já irá encontrar amplas evidências de que os negócios estão mudando seus rumos, tal como ilustram algumas das discussões deste capítulo.

Sim, vai continuar existindo concorrência, sem a qual não existe economia de mercado. Mas, como mostrei neste capítulo, tem surgido uma filosofia diferente e um aspecto diferente do ser humano no local de trabalho, no modo como os negócios são administrados. Em nossas empresas, descobrimos o valor do significado e da criatividade, do lazer, do amor, da cooperação e da felicidade. Com isso em mente, na Parte 3, capítulos 8, 9 e 10, vou explorar ideias que você pode acompanhar pessoalmente, como consumidor e como pessoa de negócios, para ajudar a inaugurar a nova era da economia quântica. Primeiro, porém, vamos admitir que o governo e os políticos poderiam ajudar bastante. Em uma democracia, a criação de diretrizes macroeconômicas sempre depende da política.

capítulo 7

Política e economia

A economia está atrelada à política. As pessoas elegem políticos esperando que eles ajudem em seu esforço para realizar o sonho americano. Hoje, porém, os políticos estão comprometidos com uma série de interesses velados, inclusive com a elite econômica, em razão da necessidade de financiamento de campanha, além do fato de que eles próprios podem pertencer a essa elite. Isso complica as coisas.

Mas, como deve ter ficado claro nas páginas anteriores, para provocar algumas das mudanças que podem salvar o capitalismo precisamos que o governo aja, o que, em uma democracia, significa muito mais do que uma atitude do poder executivo. Neste momento, o legislativo dos Estados Unidos está polarizado. Não podemos consertar a economia sem fazer um esforço similar para consertar a democracia. Os fundadores de nossa democracia não eram nem seguidores cegos de dogmas religiosos nem materialistas. Pode parecer espantoso, mas eles eram integracionistas; reconheciam o peso da mente e da matéria, e até da espiritualidade. Infelizmente, quando redigiram a Constituição, deixaram seus princípios espirituais implícitos, na melhor das hipóteses. Na atualidade, precisamos incluir explicitamente as dimensões sutis e espirituais na busca dos ideais democráticos, tal como estou propondo para a economia. Mas isso seria só o começo.

Hoje, a democracia está muito degradada em função de nossa desavergonhada tendência a abrigar emoções negativas e ao fato de escolhermos nossos líderes de tal maneira que não levamos em conta sua inteligência emocional. Isso precisa mudar, mas a abordagem quântica está bem talhada para tanto. Também precisamos levar pessoas de *sattva* para a arena política, mas o atual predomínio da mídia e do dinheiro nessa arena dificulta muito isso. Dinheiro de quem? Dinheiro das grandes corporações e de elitistas. Então, precisamos mudar a postura de alguns elitistas; uma tarefa difícil, mas não impossível. Além disso, temos de mudar a maneira como as grandes corporações são geridas, visando influenciar políticos para servir à sua ganância. Será que as corporações podem despertar para as energias do amor? Vamos discutir essa questão no Capítulo 9.

Podemos suprimir a lacuna da polarização política nos Estados Unidos e em outros lugares introduzindo a visão de mundo quântica e a ciência dentro da consciência. Haveria sinais de que a construção dessa ponte é viável?

A política da mudança na visão de mundo

Em muitos países, há uma grande polarização entre as pessoas com base em suas visões de mundo, a raiz da divisão política. Primeiro, a antiga visão dos valores religiosos e espirituais ainda vigora. Nos Estados Unidos, a visão de mundo religiosa é a perspectiva cristã popular. A maioria dos conservadores, como os republicanos, por exemplo, adere a ela, se não em ações, pelo menos em palavras. A visão de mundo que se opõe à religiosa é a do materialismo científico, proposta, sobretudo, pelos acadêmicos e difundida pela suposta mídia liberal, sendo o dogma extraoficial do Partido Democrata, com um pouco de humanismo na mistura. E nos Estados Unidos, naturalmente, nenhum político ousa admitir publicamente que "Deus está morto".

A visão de mundo cristã é extremamente simplista. O Deus do cristianismo popular ainda é um sujeito branco, barbudo, gordo e majestoso, sentado em um trono no céu com uma varinha mágica, julgando as pessoas no Dia do Juízo e mandando-as para o céu ou para o inferno conforme suas ações terrenas. Os acadêmicos ignoram essas ideias simplistas; infelizmente, porém, para quem é religioso, as ideias do materialismo científico são igualmente simplistas. Como pode este mundo complexo, com seres humanos vivos e determinados, ser apenas uma máquina movida por causas? Como surgiu um mundo assim, sem a criatividade de Deus? Todo ato criativo tem significado e propósito. Qual seria o sentido de uma vida humana se não servir aos valores e propósitos do ato da criação do poder superior que nos trouxe aqui? Como é possível não reconhecer que a excessiva indulgência em relação a certas atividades, como a sexualidade, afasta-nos de Deus e deve ser considerada pecado, enquanto outros atos de valor, como o amor, levam-nos ao divino e por isso devem ser considerados virtuosos?

Como os dois lados são dogmas exclusivos, nenhum deles vê validade alguma nas ideias do outro lado. O pragmatismo, que costumava ser uma virtude americana – e ainda é, até certo ponto –, exige outra postura. A ciência deu-nos não só sua visão de mundo, indesejável para muitos, mas confirmou experimentalmente teorias que são a base de tecnologias muito importantes, usadas por todos. Como podemos negar esse aspecto da ciência? Por outro lado, as tradições espirituais das quais as religiões são uma representação popular deram-nos os valores arquetípicos, sem os quais a civilização desaparece. E, como vimos argumentando neste livro, a economia fracassa.

Mas as pessoas de mentalidade científica temem que, se cederem um só centímetro, as religiões vão lhes tomar um quilômetro e levar-nos de volta à impensável era vitoriana da repressão sexual. Os seres humanos têm, de fato, circuitos cerebrais instintivos que, para a maioria das pessoas, clamam pela liberdade de satisfação. Como podemos chamar de "pecado" aquilo que vem naturalmente e negar seus impulsos, mesmo quando não temos a prontidão para sua negação adequada? Claro que não se pode confiar nas pessoas que não acreditam na evolução, e por isso os cientistas dão as costas para os religiosos.

E as religiões temem, igualmente, que, se cederem um centímetro, os ateus vão lhes tomar um quilômetro e levar-nos a Sodoma e Gomorra, e a civilização vai sofrer. Afinal, os cientistas parecem mesmo agir como o tolo da piada, que cortava o galho no qual estava sentado. A ciência é a busca da verdade, e suas metas só fazem sentido se existir uma verdade eterna e absoluta: as leis da ciência. Se a própria verdade é relativa, como podemos fazer ciência? Ademais, sob o materialismo científico, todos os arquétipos estão sujeitos ao ataque do relativismo.

Não dá para confiar em pessoas que não acreditam na verdade absoluta, resmungam os religiosos. Naturalmente, isso não os impede de usar, hipocritamente, a verdade relativa para criticar as descobertas científicas sobre o aquecimento global!

A boa notícia é que a polarização, pelo menos nos Estados Unidos, não é bem meio a meio, mas um terço, um terço e um terço. Este último terço reúne pessoas pragmáticas e relativamente livres de dogmas que veem valor na ciência, mas não concordam com a metafísica do materialismo científico. Elas também percebem o valor dos arquétipos, e por isso entendem o pragmatismo de se seguir um caminho intermediário entre o condicionamento dos circuitos cerebrais e a busca por valores. Entendem que as imagens simplistas de Deus tornaram-se relíquias e podem ser abandonadas, e percebem com a mesma facilidade que o dogma do materialismo científico retém, desnecessariamente, o potencial humano em uma camisa de força, limitando-o.

O sociólogo Paul Ray chamou este último segmento da população americana de "criativos culturais" (Ray; Anderson, 2001). Quando Ray escreveu seu livro, a proporção desses indivíduos em relação a todos os norte-americanos equivalia a cerca de 20%. Chamo essas pessoas de ativistas quânticos, pois, mesmo sem tentar conscientemente, já estão transformando a própria vida e a sociedade seguindo os princípios da física quântica. Segundo minha experiência, nos Estados Unidos, 70% delas são mulheres e cerca de 70% são de meia-idade, todas criativas e muito preocupadas com os significados e os valores em sua vida.

Do ponto de vista materialista, esse grupo de pessoas passou ao pós-materialismo, buscando paradigmas científicos pós-materialistas. Do lado religioso, essas pessoas sabem diferenciar religião de espiritualidade, tendo passado ao que chamo de pós-secularismo.

Esse grupo reconhece o valor da ciência, mas não endossa a filosofia do tudo-é-matéria; eles reconhecem o valor da transformação espiritual, mas não seguem os dogmas específicos de qualquer religião em particular. São multiculturais, veem valor em todas as religiões; não entendem por que as religiões deveriam ser antagônicas à ciência, desafiando o "fato" dos dados científicos e a utilidade das teorias científicas para compreender as coisas. Por outro lado, não aceitam o dogma do tudo-é-matéria como "fato". E não gostam do caráter excludente desse dogma.

Como disse, essas pessoas são ativistas quânticos *de facto*. Já usam a criatividade quântica para guiar sua vida, mas cegamente. O movimento do ativismo quântico destina-se a dar direção ao significado criativo e à busca de valor desse grupo aventureiro.

Sob a óptica econômica, esse conjunto de pessoas pode ser dividido da forma habitual: produtores nas empresas (gestores e trabalhadores) e consumidores. Os produtores da nova estirpe procuram um meio de vida que proporcione significado e satisfação à sua existência. Os consumidores buscam satisfazer suas necessidades superiores. Eles querem desfrutar da vitalidade para alimentar seu otimismo, querem explorar o significado além do mero entretenimento e da coleta de informações, e querem valores para inspiração; acima de tudo, querem transformações.

Será que até essa minoria de criativos culturais pode influenciar a política? Talvez a possibilidade de despertar políticos de ambos os partidos para os valores arquetípicos não esteja completamente descartada. Os democratas já estão abertos a valores humanos em palavras e, geralmente, em ações. Os republicanos pregam valores espirituais, pelo menos da boca para fora. O ponto é que alguns políticos das duas fileiras são inteligentes; estão dolorosamente conscientes de que as linhas seguidas por seus partidos têm pouquíssima validade. Todos estiveram esperando pela verdadeira história do universo e sua jornada no passado, no presente e no futuro. Todos esperam que suas crenças mais queridas sejam incluídas na grande história do universo. Como vimos no Capítulo 3, a física quântica está nos oferecendo uma história inclusiva, razão para seu poder de persuasão.

Portanto, se você é um dos políticos de mente aberta que quer que a política volte a se movimentar e que a economia prospere novamente, compreenda que dispõe de uma nova ciência para lhe dar cobertura enquanto convence seus colegas a retomar a discussão. Perceba simplesmente que você tem um enorme apoio latente entre a população. Espero que, sabendo disso, você possa apoiar a agenda quântica para a mudança da economia.

Quer uma verdadeira mudança econômica, sr. Político? Eis o manifesto quântico para a mudança econômica

Caro sr. Político,

Um de seus lemas de campanha sempre me atraiu: você é a favor da *mudança*. Recentemente, em 2008, Obama elevou esse lema ao estado da arte: *mudanças em que podemos acreditar*. Mas quase todos vocês falam de mudanças na época das eleições. O senador McCain, adversário de Obama, falou. No discurso durante a convenção, tentou assustar os lobistas com a conversa sobre mudanças. Mas os lobistas que tentam influenciar o governo em prol de seus clientes são apenas um sintoma de que o sistema político democrático não está funcionando. O governo não está fazendo o que deveria fazer. E os políticos que se opõem ao grande governo também não estão fazendo o que deveriam fazer. É por isso que nada funciona, é por isso que os políticos se tornaram irrelevantes e a democracia nos Estados Unidos acha-se numa encruzilhada.

Vê-se a mesma situação em toda parte. A crise econômica que nos deu a grande recessão é um sintoma de que existe alguma coisa muito errada na base; os modelos econômicos que estamos usando não estão funcionando. E a política (da maneira a que estamos habituados) também não está funcionando.

Talvez o modelo político que você está usando também esteja errado. Nos velhos tempos de Thomas Jefferson e Abe Lincoln, as pessoas buscavam o poder político para exercê-lo a fim de empoderar o povo. O objetivo da democracia é levar as pessoas a participar da busca pela "vida, pela liberdade e pela felicidade". Se você chama isso de "sonho americano", com certeza ele não se limita à compra de uma casa (os políticos tentam ajudar as pessoas com reduções nos impostos), de um carro (não há redução tributária aqui, mas os políticos ajudam as fábricas de automóveis em apuros para que a produção se mantenha firme, e já é alguma coisa!) ou à aquisição de uma bela família (não, obrigado; os americanos não precisam de sua ajuda nesse setor). Além disso, as pessoas precisam de prerrogativas e de poder para usar sua liberdade na busca da exploração criativa de significados e valores para elas. E as pessoas precisam de um bom ambiente interno para serem felizes e, eventualmente, atingirem a plenitude espiritual. Elas podem precisar de ajuda para se empoderarem. Em vez disso (claro que você é uma exceção), a maioria dos políticos usa seu poder para dominar os outros, já percebeu?

Sim, a economia e nossas empresas precisam oferecer empregos para as pessoas. Mas nós evoluímos desde os tempos de Adam Smith, quando o bem-estar da população significava apenas o bem-estar material. Hoje, as pessoas querem mais – querem significado e valor em suas vidas. A definição do sonho americano mudou e você não percebeu.

O que você tem feito ultimamente para ajudar as pessoas a explorar significados e valores? Se você é democrata, dirá que isso é tarefa da educação superior. Vai apontar orgulhosamente para o compromisso de seu partido com créditos universitários a fim de permitir que a educação superior atenda um bom número de estudantes, malgrado os custos exorbitantes. Mas você averigua se os estudantes estão recebendo pelo que pagam? Sim, são treinados para conseguir empregos, empregos que podem satisfazê-los durante alguns anos. Mas, e depois? As universidades não ensinam às pessoas princípios gerais de exploração de significados nem criam a compreensão dos arquétipos, que são o motivador de todas as ocupações humanas. Cegadas pelo materialismo científico, as instituições ensinam coisas de curto prazo, meios materiais e mecânicos de lidar com tecnologias materiais e seres humanos. Enquanto isso, estamos ficando sem meios de expandir a tecnologia no âmbito material; não dispomos de energia suficiente e os recursos materiais também são escassos.

Como democrata, sei no que você está pensando. Vamos criar uma comissão subsidiada pelo governo para estudar a questão. Mais cedo ou mais tarde, você (ou outro líder democrático) vai querer que o governo atue no negócio da educação superior.

Não, não se preocupe. Os republicanos vão se opor a você; é o que sabem fazer melhor.

Se você for republicano, sabe que seu grupo não aprova a "educação superior" ensinada hoje pelas faculdades e universidades. Logo, você vai menosprezar a educação de significados e, como desculpa esfarrapada, vai apontar para o programa de televisão de Glenn Beck* e dizer que é educação de valores. E talvez aponte até para as igrejas, mas provavelmente você sabe que essa é uma caixa de Pandora. Isso nunca vai pegar – sabe, o secularismo.

Veja! A solução está aqui, na economia quântica. Exatamente do jeito que você sempre quis, sr. Político Republicano. Deixe a educação se libertar das instituições de ensino superior, que abriram mão do significado e dos valores porque se venderam ao materialismo científico; e das instituições da religião organizada, porque aquilo que ensinam sobre valores nunca vai passar pelo teste do secularismo. Deixe as forças do livre mercado se incumbirem do resto. É o que diz a economia quântica.

Bem, as igrejas podem ficar zangadas, mas você é apegado aos dogmas? Pode se eleger sem uma coalizão com as igrejas? Sim, você pode, caso sua medida ousada solucione o problema da educação e o problema da economia em um único golpe de gênio.

O mesmo se aplica a você, sr. Político Democrata. Você é apegado ao dogma do materialismo científico? Você gosta da ciência. Mas podemos fazer ciência sem esse dogma! Se você der as mãos aos republicanos para criar educação de significados e de valores livre da dominação monopolística dos *establishments* de seus respectivos campos, e se deixar o livre mercado agir, as forças do mercado vão cuidar do resto.

Sei que você não gosta muito do tom deste discurso; é uma vinheta republicana. Você quer que o governo tenha seu papel. E há uma função bem importante para ele. Para dar início à economia quântica, o governo pode fazer algumas coisas. Falarei delas na seção seguinte.

---

* Apresentador de rádio e TV, escritor e empresário, entre outras atividades. Ferrenho defensor dos valores tradicionais americanos, é fortemente associado à direita política dos Estados Unidos. [N. de E.]

Há outro item bem importante que requer correção, que é o sistema de saúde. Nos Estados Unidos, o sistema de saúde não é universal como em outras economias avançadas. Ainda assim, os custos com a saúde vêm aumentando sem parar, a despeito dos ajustes do "Obamacare". Esse é um sintoma de que há algo fundamentalmente errado com a própria ciência da saúde. Não estamos falando da culpa dos hospitais, de médicos, nem mesmo das companhias de seguro ou da indústria farmacêutica. Só há um culpado: a AMA, Associação Médica Americana, instituição que determina como a medicina deve ser praticada. E ela se alinha exclusivamente com a medicina mecânica e material: a alopatia.

Sr. Político, durante algum tempo soubemos que, na maioria das situações, a medicina alopática convencional só nos livra dos sintomas, mas não nos cura, pois a doença é produzida no nível sutil pelo mau gerenciamento do sentimento vital ou do significado mental. Em particular, a alopatia não lida com doenças crônicas; na verdade, se for usada para aliviar sintomas pode até, em função dos efeitos colaterais, prejudicar o corpo. As pessoas mais velhas não têm muita imunidade! Quando a doença é causada no nível sutil, não é mais sensato lidarmos com ela no nível sutil? Já temos sistemas médicos alternativos; são legais e populares nos Estados Unidos graças à viagem do presidente Nixon à China e graças à criação da secretaria de medicina alternativa pelo presidente Clinton.

Agora, eis meu quebra-cabeça. Você tem tanto medo do lobby alopático, da AMA e de coisas do gênero, que está deixando de lado o fato de que a medicina alternativa é muito mais barata do que a convencional? De que a medicina alternativa enfatiza a prevenção, e assim as companhias de seguros não seriam tão pressionadas com processos onerosos como atualmente? Mais importante, o uso inteligente da medicina alternativa cura por períodos mais longos, evitando despesas recorrentes.

Sr. Político, há hoje um paradigma de medicina integrativa que estabelece os limites da medicina convencional e alternativa, e é econômico. A melhor parte da medicina alternativa é notável: fortalece o paciente para que se mantenha saudável e até se cure. Se todos usarem esse sistema integrativo, a gestão do sistema de saúde vai se tornar viável. Por que não usar seu poder político para levar a medicina integral ao sistema de saúde?

Se você é republicano, ajude a medicina alternativa a se alavancar permitindo que o livre mercado atue na área de cuidados médicos, na parte em que eles são opcionais. E dê as mãos aos democratas para permitir que a medicina compulsória, a medicina geral e os cuidados preventivos sejam entregues à medicina alternativa. No Capítulo 1, sugeri isso para o Medicare; na verdade, porém, a ideia pode ser estendida a toda população, com a ressalva de que, em emergências e algumas situações específicas, a preferência será pela alopatia. Esta é a solução para os custos médicos, e está ao nosso alcance.

Sr. Político, você reclama da polarização. Se você é republicano, reclama dos democratas que estão sempre querendo ampliar o papel do governo. Concordo com você, geralmente os burocratas nos ludibriam. Acorde! Sem a transformação ética, a elite rica e aristocrática também vai nos ludibriar. Para o capitalismo funcionar, para o governo encontrar o equilíbrio certo entre seu tamanho e seu escopo, precisamos que a elite se transforme, explorando os mesmos produtos sutis que vão transformar os outros 99% da população. Esta é a mensagem que você precisa ouvir, sr. Político, independentemente do partido a que pertence.

O materialismo científico tentou substituir a visão de mundo anterior, a do elitismo religioso, na qual uma elite, formada pelos ricos e poderosos e pela oligarquia religiosa, mandava na economia – a economia feudal. O capitalismo foi idealizado para romper com isso. Porém, movido pela cobiça provocada pelo materialismo científico, criou-se um novo elitismo, calcado nos ricos e famosos da religião e nos meritocratas da ciência. A maioria dos ganhos econômicos vai para a nova elite, e o abismo entre ricos e pobres torna-se cada vez maior. Você não consideraria isso um retrocesso do capitalismo para um novo feudalismo? Faz tempo que o otimismo da década de 1970 acabou. A classe média está encolhendo visivelmente. Os cínicos já estão dizendo que isso se deve a uma estratégia deliberada dos elitistas, que veem na classe média que busca significados uma ameaça. Se você conhece bem o funcionamento do capitalismo, sei que apoia a classe média. Mas será que consegue resistir ao poder político da nova elite? Você precisa de uma nova autoridade moral.

Sr. Político, é hora de identificar o materialismo científico pelo que ele é: outro sistema dogmático, como uma religião. Na verdade, às vezes me pergunto se o ensino do materialismo científico em nossas escolas e instituições de ensino superior viola a separação constitucional entre Igreja e Estado. Seria interessante saber o que os tribunais teriam a dizer sobre isso!

A era do modernismo nos deu os três pilares da civilização moderna: capitalismo, democracia e educação liberal. E estamos apenas começando a estabelecer um grande quarto pilar: instituições de saúde integral, com bem-estar físico e sutil. O materialismo científico, à medida que promove o elitismo por meio da economia, também tende a destruir a democracia realizando um ataque frontal contra sentimentos, significados e valores arquetípicos superiores. Em uma democracia, idealmente, o poder político deve ser usado para tornar o significado acessível a porções cada vez maiores da humanidade. Contudo, se o próprio significado é dúbio, por que buscá-lo ou promovê-lo? Por que não se dedicar ao prazer, que alimenta os circuitos cerebrais das emoções negativas que, por sua vez, são o que há de melhor, e não as ideias? E, pensando nisso, por que não se certificar de que os outros também irão cuidar de seu prazer? Use seu poder para dominar os outros, o poder em nome do poder! E a nova elite, os professores intelectualoides da academia de ensino superior irão ajudá-lo, desprezando todas as visões de mundo contrárias. Com Q.I. superior a 200, você pode contar com eles como especialistas em sofismas, com os quais a luz da verdade pode parecer sombria ou cinzenta o suficiente para confundir as pessoas.

Assim, é essa versão materialista do capitalismo que você precisa desenraizar. E substituí-la pelo espírito da versão original, modificado segundo os ditames das mais recentes descobertas da ciência. Isso significa devolver significado e valores, até mesmo sentimentos, à equação econômica. Como disse Maslow, temos toda uma hierarquia de necessidades, não só a necessidade material de sobrevivência. Se quiser se dar ao trabalho, pesquise no Google as palavras *consciência* ou *física quântica* e encontrará, na hora, um paradigma alternativo da ciência baseado na visão de mundo quântica.

Entre outras coisas, essa visão de mundo postula, irrefutavelmente, a consciência, e não a matéria, como a base de toda existência, e proporciona facilmente uma ciência que inclui todas as nossas experiências, tanto materiais quanto sutis – sentimentos, significados e valores arquetípicos. Já há muitos dados a apoiar a visão de mundo quântica e essa nova ciência. Se quiser mais elementos, destine um pouco de seu grande orçamento científico para isso.

Veja! Esse paradigma de base quântica valida nossas necessidades sutis (a necessidade de amor, de exploração de significado, de justiça e beleza e de bondade). Essas necessidades não provêm de nossos circuitos cerebrais ou de nossos genes. Provêm de mundos sutis, não materiais, e a consciência medeia sua interação com o mundo material. Portanto, ajude a torná-las parte da equação produção-consumo. Podemos fazer isso? Sim, podemos. Há uma consequência disso, e você vai gostar dela. A economia sutil, em contraste com a material e densa, não é um jogo de soma zero! Portanto, investir nela inteligentemente livra-nos dos ciclos viciosos dos negócios com pouca intervenção governamental (nada dispendiosa, garanto).

Todas as nossas instituições precisam de liderança. Sim, a democracia é importante, mas também é importante notar que *tamas* domina um grande número de pessoas que não são indivíduos de fato, mas seguidoras de outras pessoas que são realmente indivíduos. Quem é um verdadeiro indivíduo? Você precisa ser criativo, gerador de opiniões, ser uma pessoa original. Acredito (precisamos acreditar) que há muitos indivíduos desse tipo na política, e você é um deles. Dê um passo à frente e torne-se um líder com a meta declarada de se livrar da polarização e do elitismo.

Você não pode instituir uma mudança instantânea na visão de mundo. Você não tem apoio suficiente para isso. Mas a ciência econômica e a economia são assuntos pragmáticos. Se você demonstrar que o uso da tecnologia sutil pode criar empregos, melhorar o bem-estar das pessoas e até reduzir o número de dependentes em drogas e a população carcerária, é possível que consiga promover uma total ruptura. Tudo começa com pequenos passos. Uma verba de pesquisa aqui, uma verba de pesquisa ali, redução de impostos para essas empresas, ajustes no Medicare, pequenas alterações no Obamacare. Olhe, tenho uma lista completa para você.

O papel do governo: um resumo

Após a Grande Depressão, o governo interveio valendo-se da economia keynesiana. A economia não se recuperou, mas, desde então, a tática keynesiana de intervenção governamental foi usada algumas vezes para tirar a economia norte-americana de recessões brandas com certo sucesso. Após a deflação da economia na década de 1980 e o fracasso do remédio keynesiano, o governo dos Estados Unidos tentou o salvamento com a política econômica do lado da oferta. Não deu certo, e o governo precisou aumentar novamente os impostos. Quando George W. Bush tentou isso, foi um verdadeiro desastre, pois a maior parte da redução de impostos dos ricos foi parar no setor financeiro da economia, e não no setor de produção e consumo. Como você se recorda, o gênio dos investimentos especulativos financeiros havia se livrado da garrafa do controle governamental alguns anos antes, em 1999.

É isso que nossos economistas tradicionais relutam em admitir. O capitalismo precisa, crucialmente, da consciência e da criatividade para sair da recessão. A demanda dos consumidores tem de ser ativada com inovações criativas, e, ultimamente, elas não têm aparecido muito.

Precisamos encarar o fato de que a era material de nossa civilização (que os indianos orientais chamam de *kali yuga*) terminou. Estamos entrando agora na era da energia vital e sutil (*dwapar yuga*), segundo alguns pensadores (Chandra Roy, 2012). Esse pensamento antigo é sábio, como este livro demonstra amplamente.

Se a resposta à grande recessão de 2007-2009 tivesse vindo na forma de intervenção governamental para trazer ao cenário a economia sutil e o emprego rápido da tecnologia da energia vital, boa parte dos problemas econômicos que enfrentamos hoje poderia ter sido evitada.

É bom que se diga que o governo Obama tomou algumas medidas preliminares que levarão à era vindoura da energia sutil e à economia da consciência, na qual "o negócio é ser pequeno". O governo estimulou o uso de energia solar e de outras formas de energia renovável. Introduziu medidas para reduzir o consumo de energia. Este é o lado negativo: reduzir (os excessos de consumo material). O lado positivo é que está faltando.

Durante a campanha eleitoral de 2012, o presidente Obama tomou uma bela iniciativa para a economia da consciência. Ele enfatizou a energia sutil da esperança na equação econômica. Mas os passos seguintes para uma economia sutil exigem muito mais ousadia. Eis o que o governo pode fazer no curto prazo:

1. O governo deve conceder verbas para pesquisas, benefícios fiscais e outros incentivos a qualquer empresa que explore a produção de energia sutil nas maneiras mencionadas num capítulo anterior: yoga, tai chi, artes marciais, massagem, acupuntura e coisas do gênero.

2. Ainda é grande o desemprego, se considerarmos as pessoas que pararam de procurar trabalho. E vamos encarar os fatos. Na ausência de inovação no setor material, as empresas vão continuar sentadas sobre trilhões de dólares ou vão brincar com esse dinheiro no setor financeiro. Mas, por conta de sua situação, os desempregados devem receber benefícios sempre que não houver vagas suficientes, independentemente do tempo que fiquem parados. Eles podem, então, passar esse tempo em empreendimentos de energia sutil, educando-se para se abrir às suas necessidades de energia sutil. Isso vai criar a demanda de consumo para os produtores antes mencionados.

3. O governo pode criar um laboratório nacional para pesquisar o sutil, confirmar algumas das descobertas já feitas e fazer novas descobertas, levando a novas tecnologias de energia vital. Em particular, as pesquisas patrocinadas pelo governo seriam a maneira mais rápida de se estabelecerem rigorosos aparatos de quantificação para a medição de energias sutis.
4. O programa Medicare para os idosos deveria invocar a medicina integrativa quântica, na qual a medicina alternativa tem o papel principal de reduzir custos e de salvar esse programa da falência. O programa Medicare deveria abrir mão de seus onerosos benefícios dirigidos à prescrição de medicamentos para pessoas que estão morrendo; em vez disso, deveria dar início a programas de "morte com dignidade", que, valendo-se dos mais recentes avanços da ciência dentro da consciência no campo da gerontologia, permitem grandes economias.
5. O programa Medicaid para os pobres deveria, do mesmo modo, incluir programas de "dignidade". A adoção da medicina integrativa holística fará isso.
6. O governo deveria iniciar, sem perda de tempo, pesquisas sobre o aspecto da energia vital de produtos agrícolas modificados geneticamente (como o arroz da Monsanto) e tomar as medidas apropriadas, dependendo das descobertas proporcionadas pelas novas pesquisas.
7. Por último, mas não menos importante, o governo pode começar imediatamente a vitalizar seus diversos locais de trabalho. Com certeza, isso iria melhorar a eficiência.

Tudo isso é realizável no nível federal. No nível local, as cidades, em vez de programas insanos e controvertidos de fluoração da água, deveriam criar programas de revitalização da água, especialmente em grandes áreas urbanas.

PARTE 3

A IMPLEMENTAÇÃO: ATIVISMO QUÂNTICO

capítulo 8

Preparando a mentalidade para a nova economia

Finalmente, vamos ao que interessa: Qual o plano de ação para introduzir a nova mentalidade econômica, primeiro para consumidores e depois para investidores e profissionais – os produtores? Quando o campo está pronto, os jogadores aparecem. Agora, presenciamos o início de um novo paradigma; também contamos com algumas pessoas dotadas na arena sutil, remanescentes das antigas tradições espirituais e religiosas. Além disso, temos um bom número de consumidores. Segundo algumas pesquisas, dos 7 bilhões de habitantes da Terra, 700 milhões são praticantes de yoga – um percentual significativo, mas, obviamente, não o bastante para atrair o investimento de capital do empreendedor com vista a apoiar financeiramente as pessoas dotadas, a fim de que possamos dar início a uma economia sutil que faça a diferença.

O primeiro desafio para você, leitor, é despertar para a importância de seu bem-estar sutil, de sua saúde sutil, na verdade, seja como consumidor ou como produtor. Você tem sido enganado pelas instituições de saúde alopática, pelas instituições de ensino superior e até pelas instituições religiosas, que dizem que seu bem-estar não é um direito fundamental protegido pela Constituição, que seu bem--estar não é um problema econômico. É hora de pagar para ver.

Consumidores e empresários: mudando a mentalidade para uma visão de mundo quântica e integrativa

Em 1995, dois anos após o lançamento de meu primeiro livro sobre o novo paradigma (*O universo autoconsciente*), eu já tinha entrado no circuito de conferências sobre a mudança na visão de mundo. Enquanto dava uma palestra, alguém na plateia fez um comentário que me deixou intrigado. "Você fala muito como Stephen Hawking", disse essa senhora idosa.

"Mas, minha cara senhora", objetei, "Stephen Hawking é o maior materialista que conheço. E meu trabalho demole a filosofia do materialismo científico adotada por ele. Talvez eu não tenha feito um bom trabalho ao explicar minha obra", lamentei.

"Mas vocês dois falam da mente de Deus", explicou a senhora.

Os materialistas científicos sabem vender muito bem a sua filosofia; e precisa ser assim. Afinal, conseguiram convencer toda uma geração de cientistas, filósofos e humanistas – entre os quais pessoas com Q.I. acima de 150 – de que eles, apesar de sua grande inteligência (geralmente acompanhada de uma boa dose de criatividade), são computadores ambulantes (na verdade, zumbis). E mais. De que o cérebro nada mais é do que uma rede neural; e que todos, inclusive eles, são pessoas inteiramente condicionadas e sem qualquer outra criatividade afora a do computador, sendo esta apenas uma propensão condicionada especial para inspecionar as cavernas profundas da rede neural que não estão acessíveis às pessoas comuns. E mais. De que sua consciência e livre-arbítrio são acessórios operacionais da rede neural surgidos, provavelmente, da evolução darwiniana e do esforço do gene para sobreviver, e assim por diante. Mas os materialistas científicos adotam ideias como a "mente de Deus" para denotar as misteriosas leis da cosmologia ou o comportamento de partículas elementares que esses cientistas estão decifrando, dando com isso a impressão de que sua obra implica uma espiritualidade profunda, quando, na verdade, não aceitam sequer a ideia da mente que apresenta significados. Igualam a mente ao cérebro; assim, quando Hawking fala da mente de Deus, será que está atribuindo um cérebro a Deus?

Certo, estou sendo um pouco irônico, mas é verdade o que digo, e é esta uma razão pela qual é tão difícil questionar o materialismo científico. A maioria das pessoas, até com formação superior, raramente sabe do que trata o materialismo científico. Nos Estados Unidos, já existe uma tradição contra os intelectualoides e os acadêmicos em torre de marfim que discutem livre-arbítrio e coisas do gênero. Pessoas instruídas fazem perguntas incessantes sobre o significado de sua vida e os valores segundo os quais tentam viver (e pelos quais querem que os outros vivam, também), mas não sabem que o materialismo científico não tem espaço para significados e valores.

O materialismo científico, como a visão de mundo cristã que ele tenta substituir, denigre tudo aquilo que não consegue acomodar. Incluem-se aqui, além da mente e do significado, sentimentos e intuições. Naturalmente, sendo bons cientistas experimentais, essas pessoas não negam que tenhamos circuitos cerebrais instintivos, e isso está certo, pois só as conexões cerebrais nos permitem assumir um comportamento; e por que não explorar esse comportamento? Só não peça para eles explicarem de onde vêm esses instintos, pois, se o fizer, satisfaça-se com vagas arengas sobre evolução darwiniana e necessidade de sobrevivência.

A manipulação comportamental de suas emoções instintivas negativas dá às empresas parte do poder de persuasão para vender qualquer coisa graças a técnicas de marketing, tornando o comportamento do consumidor matematicamente previsível. Agora, o desafio para empresas e consumidores do sutil é desenvolver a capacidade de se elevar – pelo menos quando a ocasião assim o exige – até sentimentos, intuições e significados positivos que ainda não estejam configurados no cérebro.

O desafio imediato para os consumidores nesta era de celulares e de mensagens digitais será, primeiro, passar da informação para o significado, e, segundo, passar da tirania dos circuitos cerebrais instintivos da emoção para a experiência visceral dos sentimentos (em outras palavras, incorporá-los). O romancista James Joyce escreveu sobre um de seus personagens: "O sr. Duffy vive a uma pequena distância de seu corpo". Hoje, todos têm a tendência de viver longe do corpo. Já percebeu como se sente cansado depois de responder a e-mails no laptop durante algumas horas, sem nenhum esforço físico? Você se sente cansado porque, nesse momento, toda a sua energia vital está associada a seu cérebro; confira e sinta o sangue fluindo por ali. O restante de seus órgãos vitais se desconecta do corpo vital e falta vitalidade – energia vital, aquilo que nos dá sentimentos, aquilo mesmo que você tem evitado nesta cultura mecânica.

Os circuitos cerebrais estão presentes, é claro, e por isso seus sentimentos básicos voltam correndo quando se defrontam com estímulos apropriados. O que falta, porém, é a capacidade de experimentar sentimentos superiores, como amor, exultação, clareza e satisfação – os sentimentos dos chakras superiores, que não estão no hardware do cérebro e que, portanto, não surgem facilmente, sem esforço.

Felizmente, as mulheres têm salvaguardas internas contra esse isolamento total dos sentimentos superiores, mal que aflige os homens de nossa sociedade. Primeiro, as mulheres não são tão condicionadas contra os sentimentos em sua educação; afinal, serão mães no futuro. Segundo, o amor materno é um dos circuitos instintivos no cérebro feminino, e é uma emoção positiva. Assim, as mulheres têm acesso a no mínimo uma emoção nobre. Logo, elas têm o potencial para conduzir-nos à terra prometida da economia sutil, e a boa notícia é que, até certo ponto, já estão fazendo isso.

Agora, a má notícia. O movimento de liberação feminina da década de 1960 começou com a elevada promessa de finalmente conduzir a humanidade a uma era de reconhecimento dos valores da mulher, como a importância das emoções nobres. Contudo, o materialismo científico corrompeu e cooptou o movimento feminino para o jogo de poder masculino.

Despertando para emoções superiores

Assim, permanece o desafio não só para o consumidor como para o empreendedor que ouse se aventurar na nova terra e começar um negócio. Você precisa conhecer seu produto. O que pode fazer para enfrentar o desafio? Bem, a boa notícia é que bastam algumas práticas simples para você despertar para suas emoções superiores. Eis uma amostra.

1. O pré-requisito é tornar-se visceralmente sensível a seus sentimentos, e o primeiro problema que você precisa superar é o fato de que sempre vivenciará sentimentos misturados a pensamentos – emoções –, a menos que desenvolva a sensibilidade. Por isso, comece treinando a conscientização corporal.
2. Recrie um cenário agradável, algum acontecimento que despertou em você o sentimento do amor. Se precisar voltar até a infância para relembrar o evento, que seja. Recrie-o com o olho da mente. Carl Jung chamava isso de imaginação ativa – é bem eficiente para esse tipo de coisa. Preste atenção nos

detalhes. Ao fazê-lo, fique atento ao chakra cardíaco. Você vai sentir certa vitalidade ali, talvez formigamentos, ou, no mínimo, calor ou expansão. Bem, é a energia do chakra cardíaco. Quando não estava tão entretido com as geringonças mecânicas de sua juventude, você sentia isso regularmente. Devore esse sentimento agora. Repita o exercício ao menos uma vez por dia, ou quantas vezes puder tolerar.
3. Este é para o chuveiro, pois, graças à reverberação dos azulejos, qualquer um pode cantar lá. Cante uma música de amor (basta uma estrofe), como "All we need is love". Cante com vontade! Sinta primeiro a energia no chakra laríngeo; ao prosseguir, perceba que a energia está se espalhando para o chakra cardíaco e, depois, ao coronário, dando-lhe grande satisfação. Nada mal, não é?
4. Focalize sua atenção no chakra do terceiro olho, entre as sobrancelhas, e tente compreender o que acabou de acontecer. É bastante significativo. Você tem a capacidade de invocar emoções superiores, embora não tenha os circuitos cerebrais da rememoração automática. Quando essa lucidez vir à tona, você vai sentir um calor nesse chakra frontal.
5. Esfregue as palmas das mãos e depois separe-as levemente, tal como o gesto que os indianos fazem ao cumprimentar as pessoas, o "namastê". Você deve sentir um formigamento – energia vital. Essa energia se transfere facilmente para outras partes do corpo ao se levar a palma ativada na direção dessas áreas, tocando-as (contato manual) ou não (mãos a distância).

Você está indo bem. Continue assim. Na arena dos bens de consumo vitalizados, você precisa julgar o sentimento que está experimentando; como pode julgá-lo sem desenvolver a sensibilidade? Do mesmo modo, como você, empreendedor, pode produzir bens vitalizados sem desenvolver alguma sensibilidade à energia vital? É verdade que também temos de desenvolver instrumentos objetivos, e essa instrumentação está chegando, mas nada melhor do que a experiência direta.

Quando você se tornar sensível à energia, terá como medir a energia dos outros e poderá saber se a pessoa está mesmo sentindo alguma coisa ou simplesmente fingindo. Isso é muito útil em uma transação de negócios, independentemente do papel desempenhado por você – comprador ou vendedor.

Despertando para a intuição

Em última análise, sentimentos superiores são representações dos arquétipos no campo do sentimento. Por isso, o maior desafio para o desenvolvimento de matizes sutis é despertar para a intuição. Se os materialistas científicos convenceram você de que não existem intuições, reconsidere a sua descrença.

Como é possível distinguir entre um pensamento comum e um intuitivo, que, na verdade, é a representação instantânea de algo mais profundo chamado intuição? Uma vez que a intuição é a experiência direta de um arquétipo supramental, ela contém sempre uma dose de verdade, e por isso se manifesta com um sentimento de certeza. Porém, como esse encontro é fugaz, e também o é a certeza, a convicção resultante é superficial, insuficiente para se sobrepor a um sistema de crenças já presente. Assim, o que se segue é a descrença, e é isso que lhe estou pedindo para reconsiderar toda vez que acontecer.

Como a intuição conecta-nos ao supramental, que não pode ser representado diretamente no corpo físico, não existe lembrança direta dela que cause qualquer condicionamento. Logo, não há ego nessa experiência; ela é um encontro direto com seu *self* quântico. Portanto, ela vem naturalmente seguida do sentimento cósmico de unidade com tudo, mas o sentimento desaparece rapidamente. Então, não demore em apreciá-lo.

Acostume-se a esperar essa visita inesperada de seu *self* quântico. Quanto mais você estiver pronto para receber seu convidado imprevisto, mais ele virá até você, chamando-o para a investigação deste ou daquele arquétipo. Ouça o que disse o psicólogo James Hillman: Não é você que persegue o arquétipo; o arquétipo é que persegue você.

Se cada um de nós decidir percorrer um caminho na vida de mais confiança nas nossas intuições, embora não possamos confirmar plenamente sua sabedoria em termos intelectuais, creio que o processo de trabalho colaborativo com os arquétipos e com o movimento evolutivo da consciência vai florescer, tornando-se uma nova maneira holística de viver.

Evolução do conceito de interesse pessoal

Há muita inércia associada com a situação humana, razão pela qual a negatividade e a materialidade tendem a dominar, e a "pequena voz interior" dos apelos intuitivos em prol da satisfação de necessidades superiores acaba se perdendo. Precisamos de um empurrão sociocultural para superar a inércia e passar para a ampliação daquilo que chamamos de interesse pessoal. Vou explicar melhor.

"A ganância é boa" é considerado o mantra do capitalismo atual. Até o respeitado jornalista Fareed Zakaria usou a frase em 2009, em um artigo da revista *Newsweek* que supostamente seria um manifesto do capitalismo. Ele deveria ter deixado claro que é o manifesto capitalista sob o encantamento do materialismo científico. Na formulação original de Adam Smith, influenciada pela filosofia do modernismo, e não do materialismo, o pensador escocês deixou bem claro que distinguia interesse pessoal de cobiça.

Tudo depende de sua visão de mundo. No modernismo, a mente, o significado e a ética são valorizados. E não dá para praticar ética sem se relacionar com os outros. Logo, seu interesse pessoal abrange seu ambiente social local, no mínimo.

Sob a influência do materialismo, seu *self* tende a se tornar apenas você, seu corpo físico e aquilo que foi condicionado em seu cérebro pelos genes e pelo ambiente. Vamos encarar os fatos: você se torna narcisista. Como o cérebro é uma espécie de computador e o pensamento racional é computável, esse *self* narcisista deveria representar seu lado racional, mas, veja só: o materialismo e o racionalismo não conseguem mudar sua natureza, que é orientada, em boa parte, por seus circuitos cerebrais instintivos de emoção negativa, dos quais o circuito da ganância é um dos principais. Portanto, não surpreende que você se identifique com o interesse pessoal e com a cobiça sempre que isso lhe convém. Por exemplo, como CEO de uma grande corporação, seu comportamento "normal" pode ser o de exigir e conseguir um aumento substancial de salário independentemente dos interesses dos acionistas ou do desempenho de sua companhia. Nesse momento, você reprime suas necessidades superiores, até seu pensamento racional, em nome da ganância.

Mais uma vez, é diferente crescer sob uma visão de mundo baseada na consciência. Seu interesse pessoal mais amplo percebe facilmente suas necessidades superiores. Isso leva você a tentar equilibrar as emoções negativas com as positivas. E se a norma social exige que você seja ético, não considere um "sacrifício" abrir mão de sua cobiça com mais frequência e comportar-se de maneira ética.

Há outras diferenças marcantes. O *"self"* do materialismo é totalmente operacional e comportamental. Logo, não surpreende que, sob a égide materialista, empresas e CEOs de corporações costumem construir impérios não mediante inovação, mas aquisições. Em uma visão de mundo baseada na consciência, sabe-se que o *self* caracteriza-se pela não localidade e pela criatividade. Portanto, dá-se a expansão não local do *self* para a inclusão de outros, e a criatividade, tal como na era de Adam Smith sob o modernismo, pode prosperar novamente nas empresas.

Sintonizando-se com o movimento da consciência

A nova ciência diz que a consciência está sempre evoluindo no sentido de tornar acessível o processamento de significados para um número crescente de pessoas (Goswami, 2011). À medida que seu negócio foca na criação de um produto ou serviço significativo para sua sociedade e meio ambiente, ele entra em sintonia com o movimento evolutivo da consciência. Quando tal coisa acontece, sua intenção (de um negócio criativo e bem-sucedido) é apoiada por toda a energia da causação descendente da consciência quântica não local. Isso não criará maiores perspectivas de sucesso em sua atividade? Pense.

Assim, lembre-se de que, em termos de consciência, além da motivação do lucro, há dois propósitos adicionais para o seu negócio, seja qual for o conteúdo: espalhar emoções positivas e propagar o processamento de significados para as pessoas. Quando esses propósitos ficarem claros em suas atividades empresariais, estas não terão como dar errado. As mãos invisíveis do livre mercado, o movimento da própria consciência não local, virá em seu auxílio.

Como você pode sintonizar seu negócio e a si mesmo aos sentimentos e significados positivos dos outros? Você precisa se dedicar aos negócios com a ideia de explorar o arquétipo da abundância, e não com o propósito exclusivo de ganhar dinheiro. Lembre-se, a abundância não diz respeito apenas à riqueza material; inclui também o significado mental, a satisfação vital e a felicidade espiritual. Não é possível seguir o arquétipo da abundância com o coração fechado; o arquétipo não permite isso.

Produtores de negócios, alerta! Perguntem-se: escolhi minha profissão porque vejo mais significado em ganhar dinheiro do que em qualquer outra coisa? E depois vá mais fundo. Estou nos negócios só para ganhar dinheiro, ou estou interessado nas questões mais amplas do arquétipo da abundância, que incluem tanto o bem-estar material quanto o sutil? Esse modo de ganhar a vida é um veículo adequado para minha exploração criativa da abundância? Torna a minha vida mais significativa?

Os cofundadores da New Dimensions Radio, Michael e Justine Toms, colocam a questão da seguinte forma: "Na língua tailandesa, há uma palavra, *sanuk*, que significa: você deve ter satisfação em qualquer coisa que fizer" (Toms; Toms, 1999). Processar velhos significados é algo computacional, mecânico; na melhor das hipóteses, neutro, e geralmente tedioso. Como a alegria entra no processamento de significados? Quando o novo significado é processado, quando nossa capacidade intuitiva é ativada, então as energias vitais do chakra do terceiro olho e do chakra coronário (da clareza e da satisfação) também são ativadas. Quando você processa novos significados de que gosta, adicionalmente aciona o chakra cardíaco, sua consciência torna-se mais expansiva e você vivencia a alegria espiritual, a bem-aventurança.

A próxima pergunta a se fazer é a seguinte: As práticas de meu negócio e os produtos que ajudo a criar servem ao propósito da evolução? Caso não sirvam, você está disposto a mudar os caminhos de seu negócio? Se a resposta for sim, você já terá dado outro salto quântico para que seu negócio conduza à economia da consciência.

Em nossa atual cultura materialista, a realização material é tudo. Quando alguém age visando a realização material, qualquer ação, mesmo aquela aparentemente altruísta, tende a fortalecer o narcisismo centrado no ego – a pessoa almeja ser o número um em um jogo de soma zero, precisa competir e controlar. Quando paramos de medir nossa realização em termos materiais e aprendemos a desfrutar de nossas realizações sutis, não precisamos mais ser o número um, não precisamos mais do poder para dominar os outros, mesmo que sejam nossos empregados; só então é que conseguimos buscar significados sem violar nossos valores. Não nos levamos mais excessivamente a sério.

Em uma das edições da tirinha em quadrinhos *Mutts: Os vira-latas*, um dos personagens caninos pergunta a outro enquanto observam pássaros voando: "Por que os pássaros conseguem voar?".

"Porque eles não se levam a sério", respondeu o outro cão.*

Reconectando significado e dinheiro

Quando recompensamos com dinheiro pessoas ligadas à produção e que têm dons na arena sutil, mudamos a "cor" do dinheiro nesse processo; imbuímos de significado o dinheiro. Vou explicar.

---

* No original, *they take themselves lightly*. A piada faz sentido em inglês, pois a expressão tanto significa "não se levam a sério" como "eles se veem leves". [N. de T.]

Durante a maior parte da minha vida adulta, fui professor de física em uma universidade, e por isso a educação superior é uma área que conheço pessoalmente. Ouvi meus colegas mais velhos falarem de como eram as coisas antes da revolução do "Sputnik". Nem os cientistas recebiam verbas do governo nessa época; e os cientistas acadêmicos mais talentosos aceitavam uma remuneração bem baixa em relação aos colegas da indústria, em um claro reconhecimento do fato de que estavam "pagando o preço" pela liberdade de buscarem significado em suas pesquisas, da maneira que queriam. Na década de 1960, quando fiz parte da revolução do Sputnik, isso já estava mudando. Os cientistas estavam recebendo verbas para pesquisa (principalmente do governo) e exigindo salários mais altos do que os de seus colegas de ciências humanas, que não dispunham desse incentivo. Nos cinquenta anos seguintes, com a transformação do modernismo em materialismo e a gradual substituição do capitalismo de Adam Smith pela economia materialista, o dinheiro foi rapidamente dissociado do significado. Quando o significado se apartou do dinheiro, os acadêmicos reclamaram e conseguiram salários comparáveis aos de pessoas com qualificações similares, e, naturalmente, criou-se um sistema estelar. Este é um dos fatores pelos quais vemos o custo da educação superior aumentar tanto nos Estados Unidos, a uma taxa bem superior à da inflação. Novamente, a ganância.

A economia da consciência pode reconectar o dinheiro ao significado? Pode apostar. E isso traz implicações positivas e muito sérias para os negócios e para a indústria.

Originalmente, o dinheiro foi criado para facilitar transações econômicas significativas. O dinheiro agia como um catalisador. Bem, se você se lembra da química que aprendeu no colégio, sabe que os catalisadores não são agentes acumuladores. O materialismo não consegue distinguir entre necessidade e cobiça, levando ao acúmulo do dinheiro a serviço da ganância e do poder de dominar os outros. Até certo ponto, a acumulação de dinheiro, se raciocinarmos sensatamente, leva a investimentos na produção econômica e atende ao capitalismo básico. Porém, uma vez que não há inovação criativa, a produção se vê limitada pela equação da demanda e da oferta, e, em pouco tempo, o acúmulo serve apenas como meio de aquisição – e não só para a obtenção de bens e serviços desnecessários, que podem ser relativamente benignos, mas de outras empresas e, particularmente, para alcançar o poder.

Os gregos compreendiam muito bem isso, como explica o biólogo Brian Goodwin:

A confusão entre o dinheiro como facilitador de transações comerciais e como algo com valor intrínseco provém da incapacidade de distinguir entre *oikos*, a raiz grega de economia, e *krema*, a palavra grega para riqueza individual, que trata puramente da aquisição [...] o acúmulo "krematístico" de dinheiro nas mãos dos indivíduos foi condenado por Aristóteles como o destruidor da riqueza da comunidade e da saúde intrínseca do comércio resiliente e dos sistemas de troca. (Goodwin, 2007)

Anteriormente, argumentamos que a desconexão entre significado e dinheiro foi desastrosa; contribuiu, por exemplo, para a atual crise econômica. Goodwin concorda: "Foi o desenvolvimento de uma cultura econômica baseada na pura geração e aquisição de dinheiro que moldou nossos sistemas monetário e econômico... e por isso são intrinsecamente instáveis e destrutivos". Acredito que isso se deva ao uso do dinheiro como poder influenciador de políticas que aceleram a aquisição de mais dinheiro por parte de uns poucos, e muito poucos tinham condições de impedir a avalanche de caos que resultou disso.

Vamos voltar à pergunta: A economia da consciência pode nos salvar do acúmulo aquisitivo de dinheiro? A economia da consciência comporta a ideia da produção de energias sutis transformadoras de emoções positivas. Além disso, contém em si a comprovação científica de princípios éticos. Juntas, a longo prazo, essas diretrizes devem conseguir equilibrar a ganância, e as transações econômicas voltarão a ter significado. A curto prazo, durante a transição entre paradigmas, pode ser preciso recorrer à tributação para atingir essa meta. Outra necessidade é uma mídia criativa e expressiva.

Transformando a energia do dinheiro

Desde seu advento, o dinheiro sempre foi considerado uma representação, um símbolo de alguma coisa com significado e valor. Mas, quando significado e valor foram conspurcados, muitos economistas começaram a tratar o dinheiro como se tivesse um valor intrínseco por si próprio. Assim nasceu a economia monetária.

Hoje em dia, uma organização semigovernamental regula a oferta de dinheiro, controlando as taxas de juros cobradas pelos bancos para empréstimos. Nos Estados Unidos, o Federal Reserve (Fed) atua como agência desse controle. A ideia é evitar a recessão. Se a economia mostra sinais de desaquecimento, o Fed pode aumentar a oferta de dinheiro reduzindo as taxas de juros. Do mesmo modo, quando a economia se aquece e mostra sinais de inflação, com grande oferta de dinheiro e poucos bens de consumo à disposição, o Fed pode elevar as taxas de juros para esfriar as coisas. Essa manipulação consegue impedir as recessões? Como argumentei antes neste livro, isso é muito discutível.

O comércio entre nações suscita a questão da taxa de câmbio entre diversas moedas locais. Anteriormente, sempre contávamos com um lembrete de que o dinheiro é a representação de alguma coisa de valor; o lembrete era o padrão-ouro. Outro sinal da influência do materialismo é a abolição do padrão-ouro em nome do padrão dólar, com o que a taxa de câmbio tornou-se um conceito flutuante.

Uma influência importante da atitude materialista do dinheiro com valor intrínseco foi a criação de transações econômicas completamente desprovidas das transações econômicas normais, de produção e consumo. Isso trouxe uma consequência potencialmente desastrosa: a maioria das transações monetárias no atual mercado de câmbio é desprovida de qualquer conexão com a economia de bens e serviços; em vez disso, é especulativa, parecendo um jogo em um cassino global. Veja o que comenta o economista monetário Bernard Lietaer (2001):

> O valor do seu dinheiro é determinado por um cassino global de proporções sem precedentes: 2 trilhões de dólares são negociados diariamente nos mercados de câmbio internacionais, cem vezes mais do que o volume de negócios de todas as bolsas de valores do mundo juntas. Só 2% dessas transações relacionam-se com a economia "real", refletindo movimentos dos verdadeiros bens e serviços do mundo, e 98% são puramente especulativas. Esse cassino global está fomentando as crises de câmbio no exterior, como as que abalaram o México em 1994-1995, a Ásia em 1997 e a Rússia em 1998. [...] A menos que se tomem medidas imediatas, há uma chance de 50%, no mínimo, de que os próximos cinco a dez anos vejam uma crise monetária mundial, o caminho plausível para uma depressão global.

Como mostrou a grande recessão de 2007-2009, Lietaer teve razão em sua predição. Se ninguém monitorar os procedimentos desse cassino global, alguns indivíduos ricos podem jogar seus jogos. Como disse antes, essa filosofia de transação-monetária-sem-significado, combinada com o excesso de confiança na predição e no controle da matemática, somada ainda à atitude descuidada para com a ética no materialismo, levou à grande crise econômica de 2007-2009. Finalmente, a economia materialista perdeu a credibilidade. Um colunista de finanças da prestigiosa publicação *Financial Times*, Martin Wolf, declarou diretamente: "Outro deus ideológico fracassou". O "deus fracassado" original da economia, evidentemente, é o marxismo.

Logo, a questão é: O dinheiro é maligno? Como podemos mudar a energia do dinheiro? Devemos buscar alternativas ao dinheiro? Muitos economistas bem-intencionados acham que deveríamos abrir mão do uso do dinheiro para voltar a algo como o antigo sistema de escambo. Mas, como disse desde o início, isso não é prático e nunca vai acontecer na escala global de transações econômicas que existe hoje.

Temos de mudar a energia do dinheiro. Um dos modos de fazê-lo é repensar a questão de ganhar dinheiro com dinheiro. Um dos males da maneira como conduzimos os negócios hoje é a ascensão de instituições financeiras que lidam puramente com o dinheiro e com nenhum outro produto. Empresas que ganham dinheiro especulando com dinheiro não têm escopo para a criatividade fundamental; e como não há o envolvimento de valores intrínsecos, não há criatividade nem mesmo inovação situacional. O resultado é a esperteza, a ganância e a convergência dos piores instintos humanos. Por isso, lembre-se do seguinte quando levar em conta alguma mudança na energia do dinheiro: mantenha-se distante de negócios que envolvam o dinheiro pelo dinheiro. Segundo seu novo ponto de vista, negócios que só lidem com dinheiro são negócios suspeitos! Esses negócios vão deixar você tonto pulando daqui para lá, mas não vão deixá-lo voar.

E quando você entrar na economia sutil e se aventurar nos negócios sutis, mas usando ainda dinheiro em suas transações, vai perceber que a energia do dinheiro não parece mais incompatível com as energias do amor. Em vez disso, vai perceber o dinheiro como uma energia criativa, ajudando-o a criar novos significados e valores. De modo análogo, quando o dinheiro aproximar você da integridade mediante investimentos em felicidade, ele vai adquirir energia sagrada.

E o mesmo se aplica quando consumimos mais energia sutil. Você vai perceber que pode usar sua revitalização para adquirir o nível de abundância que desejar.

Oito novas maneiras de consumir

Os humanos são criaturas de hábitos facilmente condicionáveis, e têm circuitos emocionais cerebrais negativos como ônus adicional. Como nossos velhos costumes estão arraigados, temos de praticar, conscientemente, o desenvolvimento de novos hábitos de consumo.

Por sorte, nem todos os produtos de energia sutil cujo consumo você precisa considerar a fim de impulsionar a economia sutil são totalmente novos. Além disso, no caso de alguns desses produtos, a recompensa vem bem depressa. Outros produtos exigem nossa desaceleração, e seu consumo nos ajuda a desenvolver a tão desejada qualidade da serenidade. Eis uma lista.

1. Aprenda a consumir alimentos cultivados organicamente; são ricos em energia vital. Eles estão disponíveis há algum tempo e você pode encontrá-los facilmente. Mas não são tão populares como deveriam porque o consumidor mediano é preguiçoso demais para se dar ao trabalho de procurá-los, ou tentar apreciá-los para substituir os alimentos mais refinados. E se você pensa – acertadamente – que são mais caros, compense essa "desvantagem" com o fato de que vai precisar consumi-los em menor quantidade. Além disso, o aumento maciço do consumo certamente vai reduzir seu custo.

   Faça um pequeno experimento. Saboreie um legume fresco e firme, como uma ervilha, e depois um similar comprado no supermercado; perceba a diferença. Você vai entender o que quero dizer. O mesmo se aplica ao arroz orgânico, integral, em relação ao arroz branco regular.

2. Geralmente, as doenças crônicas se instalam de forma gradual; podemos sentir sua presença no estágio inicial se ficarmos atentos a elas à medida que nos aproximamos da meia-idade. Aprenda a agir nos primeiros estágios e trate-as não com a medicina alopática, mas com a medicina alternativa. Você vai precisar abandonar o vício atual da solução rápida prometida pela medicina alopática e acostumar-se com a Medicina Tradicional Chinesa, a medicina ayurvédica, a naturopática e a homeopática. Você vai se surpreender com a eficácia de seu poder de cura.

   Aviso: Disse antes que são mais baratas. Podem não se apresentar assim, mas deveriam, por motivos óbvios. Também neste caso a produção em massa vai reduzir seu custo.

3. As duas primeiras alternativas de consumo são fáceis, e, na verdade, nem são ideias novas. A próxima – a prática da energia vital – também não é nova. Mas o novo fator-chave é sua motivação em face daquilo que você está tentando desenvolver em si mesmo – a desaceleração no lugar da pressa –,

porque você quer o quântico e o sutil, a transformação e não a informação.

A yoga, exercícios orientais de alongamento, é bem popular hoje; infelizmente, a maioria de suas formas populares adaptou-se à "cultura rápida". Logo, você precisa se esforçar para encontrar uma yoga lenta. As práticas de origem chinesa (e japonesa) – tai chi, chi kung e artes marciais – são lentas. A técnica de respiração pranayama, do leste da Índia, também é lenta.

Além dessas práticas tradicionais, há outros exercícios simples de massagem e limpeza dos chakras que você pode fazer com um pequeno esforço. Pode até aprendê-los por meio de instruções escritas, de tão simples que são. E eles vão crescer com você, e assim seu estilo de vida vai mudar. Leia meu livro *O médico quântico* para conhecer uma introdução a uma prática bastante eficaz de limpeza dos chakras.

4. Um modo muito eficiente de despertar o interesse pelos significados é a análise de sonhos (Goswami, 2008a). Os sonhos são experiências puramente mentais e transmitem-nos um relatório contínuo de nossa vida de significados. Objetos e personagens de sonhos têm, na maior parte das vezes, um significado pessoal; em alguns casos, aqueles que Jung chamou de "grandes" sonhos, transmitem o significado coletivo desde o inconsciente "coletivo".

5. Mude seus hábitos sexuais quando for adolescente, mas é possível fazê-lo em qualquer idade – e antes tarde do que nunca. Para os adolescentes, provavelmente, isso vai exigir a ajuda de professores e pais habilidosos. O andamento rápido da vida levou-nos ao aumento enorme da promiscuidade: o sexo pela conquista. Sem dúvida, é gratificante conquistar. Mas dê uma chance ao romance, espere até aparecer um parceiro com reais sentimentos em seu horizonte antes de fazer sexo, e se surpreenderá com a diferença entre os dois tipos de relação. Como saber se é o romance? Prestando atenção aos movimentos de energia vital no seu chakra cardíaco (palpitações, formigamentos, expansão e coisas assim). Um novo *self* entrou no seu campo de percepção, o *self* do coração. Depois falo mais sobre isso.

O que você estava recebendo antes era prazer, os circuitos cerebrais estavam ativos e havia envolvimento do *self* neocortical, o *self* que raciocina. Quando você pratica o sexo romântico, porém, está fazendo amor, e vai se surpreender ao perceber que essas palavras se aplicam de forma muito clara. Além disso, ao fazer amor de maneira romântica, a desaceleração virá de forma natural, enquanto o sexo da conquista é sempre rápido.

Com essa mudança, obviamente você vai apreciar novos produtos de energia vital que melhorarão sua atração romântica. Talvez você queira uma loção pós-barba ou um perfume vitalizado com energias românticas. Não, ainda não temos essas coisas no mercado, mas, se você criar a demanda, a oferta aparecerá. Não duvide dessa lei da economia. Não se preocupe, o *know-how* tecnológico já está aqui (veja o Capítulo 10).

6. Após aprender o sexo lento e a fazer amor, você pode passar a explorar outros arquétipos, como bondade, beleza, justiça e abundância. Chame isso de exploração da energia da alma. Lembre-se de explorar esses arquétipos tanto na dimensão do significado quanto na do sentimento. Por exemplo, observe o movimento ao longo da espinha enquanto você pratica a bondade e faça algo de bom por um amigo, ou descubra a beleza do rosto ou da conduta geral de uma pessoa do sexo oposto, em vez de se deixar envolver pela excitação que as protuberâncias alheias possam lhe causar.

7. A exploração da abundância é muito importante em sua luta por tornar-se um consumidor de energia anímica. Quando você sente as energias do arquétipo da abundância em sua plenitude, todos os seus chakras superiores (o cardíaco, o laríngeo, o terceiro olho, o coronário) ficarão ativos com formigamentos e expansividade, e você vai querer cantar assim (parafraseando o poeta Rabindranath Tagore):

Olhei
E ouvi
Explorei a energia da alma
Neste mundo manifestado
Procurando os arquétipos.
E cantei em voz alta, espantado.*

---

* No original: *I have looked / And listened / I have explored soul energy / In this manifest world / Looking for the archetypes. / And I sing out loud in amazement.* [N. de T.]

Não hesite em dar vazão à sua tendência recém-descoberta de cantar. É para isso que servem chuveiros com azulejos. Agora, você está pronto para apoiar muitos negócios anímicos, antigos e novos, que vão surgir. Os antigos são livros, discos e vídeos de arte pelos quais você vai pagar com satisfação em vez de procurar baixá-los de graça; você vai querer apoiar os artistas da alma. E sabe por quê? Você vai descobrir que, quando baixa as gravações, elas não têm a energia anímica que você está procurando. Os *downloads* são para pessoas que buscam informação, não para pessoas que desejam transformação. Os novos negócios sublimes serão novos produtos criados por pessoas que ajudarão você a recuperar a alma, o que significa usar quaisquer dispositivos que elas possam criar e apresentar.

8. A última prática é a da integridade. Quando as energias de sua alma estão ativas, você começa a cantar e a dançar mesmo que nunca tenha sido bom nisso. Observe seu nível de satisfação. Perceba como o sorriso não sai de sua boca e de seus olhos. E, evidentemente, a depressão não o afeta mais. Você vai precisar da ajuda de uma dessas pessoas do capital humano sobre as quais venho falando ao longo deste livro. Se você e outros indivíduos criarem a demanda, as empresas começarão a criar condições para o surgimento dessas pessoas "iluminadas" cuja presença pode induzir a integridade em nós. Do contrário, teremos de depender das comunidades espirituais; isso também vai incentivar novos negócios.

Sete novos canais de produção

- O campo mais proeminente para o investimento de novo capital de risco é a energia vital; e entre todos os empreendimentos de energia vital, já existe tecnologia para aquilo que chamo de revitalização: devolver a energia vital que é retirada no processo de fabricação de muitos produtos de origem orgânica que consumimos hoje.
- Medicina integrativa: serviços de tratamento de saúde que enfatizam tanto a medicina alternativa quanto a convencional, conforme a necessidade.
- Gerenciamento da energia vital de locais de trabalho.

- Produção de capital humano na área da energia vital. Certo, já temos algumas pessoas qualificadas como capital humano de energia vital, como os mestres chi kung e outros. No entanto, o uso do processo de criatividade quântica para elevar a "kundalini" (nome sânscrito do potencial criativo da energia vital) é novidade, e, usado em massa, vai gerar uma explosão na produção de capital humano nesse campo.
- Outro antigo ramo de atividade da Roma Clássica que será rejuvenescido com a nova compreensão quântica é o aconselhamento filosófico.
- O mesmo se aplica à ideia de produção de capital humano para valores supramentais. Agora, dispomos do conhecimento para fazê-lo em escala maciça. Percebe como isso vai mudar atividades como a psicoterapia e o ensino da psicologia?
- Finalmente, a produção de pessoas iluminadas – capital humano na forma de pessoas com integridade incorporada.

Se isso parece uma introdução muito sucinta, não se preocupe. Forneço detalhes adequados no Capítulo 10.

capítulo 9

Liderança nos negócios à maneira quântica

O que há de errado na Figura 12? Nada, é claro. É uma ótima foto de Mitt Romney, o bilionário que se candidatou à presidência dos Estados Unidos pelo Partido Republicano nas eleições de 2012. Estou sendo jocoso? Na verdade, não. O erro aqui é que a cultura norte-americana mudou tanto nos últimos anos que esse homem se tornou modelo para, aproximadamente, 50% da população em 2012. E sua principal qualificação, ou, na verdade, a maior realização de sua vida, foi ter acumulado bilhões como diretor de uma companhia de fundos privados (que inclui aquisições e desmantelamento de empresas visando o lucro) chamada Bain Capital. Ele ganhou parte de sua fortuna adquirindo empresas que desmontou sistematicamente, seja despedindo parte de seus funcionários, seja vendendo partes lucrativas ou aproveitando-se da legislação tributária. E, ainda por cima, terceirizou o dinheiro ganho, levando-o para a Suíça e para as Ilhas Cayman. Na década de 1990, um filme chamado *Uma Linda Mulher* tornou-se um sucesso fazendo uma caricatura de um empresário semelhante. No roteiro, uma prostituta o ajuda a sair da camisa de força da mediocridade nos negócios. E, em questão de duas décadas, quase 50% dos americanos acreditaram que o sr. Romney poderia tirar os Estados Unidos da grande recessão!

Figura 12. Mitt Romney.

Volte a um conceito desenvolvido no Capítulo 3. Na psicologia yogue do leste da Índia (que inclui a reencarnação), o conceito dos atributos chamados gunas é importante: os gunas nos falam sobre a aptidão e o tipo de profissão que as pessoas deveriam exercer. Os gunas são apenas três maneiras de processar significados. Podemos processar significados lidando com a criatividade fundamental, que consiste na descoberta de novos significados em um novo contexto. Quando lidamos com a criatividade fundamental estamos usando o guna *sattva*. Também podemos processar significados lidando com a criatividade situacional, na qual tentamos inventar um novo significado, mas apenas dentro de contextos conhecidos. Esse atributo da mente é chamado de *raja*, em sânscrito. Finalmente, também podemos processar significados dentro daquilo que conhecemos, dentro de nossa memória condicionada, sem buscar novos significados. Este é o guna de *tamas*, a propensão para agir conforme o condicionamento.

A criatividade fundamental, sendo a descoberta de novo significado em um novo contexto, é a mais difícil de todas; seu processamento exige tanto ser como fazer. Desse modo, as pessoas de *sattva* lidam muito com *tamas* ao procurarem ser. Naturalmente, também aceitam as pessoas de *tamas*. Logo, *sattva* é necessário para saber lidar com as pessoas.

Raja, a propensão para a criatividade situacional, o movimento horizontal do significado equivalente à invenção em contextos já conhecidos, por sua vez, exige o fazer em nome do próprio fazer; é necessária para a construção de impérios.

Tamas é simplesmente a tendência a ficar onde você já está; é inerente a tudo e necessário para o funcionamento adequado de *sattva*, mas não tão necessário para *raja*; na verdade, geralmente é considerado um obstáculo para a busca de *raja*. Logo, as pessoas de *raja* não toleram *tamas* em si e geralmente são intolerantes com indivíduos de *tamas*.

Nas sociedades tradicionais, pessoas que ganham a vida em empregos na área de serviços costumam exercer a qualidade condicionada de *tamas*, pois seu repertório condicionado é tudo de que precisam e são estimuladas a usá-lo. Trabalhos braçais são executados, predominantemente, por indivíduos de *tamas*. Algumas das pessoas que ganham a vida com negócios e comércio são motivadas, tradicionalmente, pela emoção condicionada e instintiva da cobiça, visando aumentar seus bens materiais (em outras palavras, pelo amor ao dinheiro). Hoje, muitas outras são, no mínimo, motivadas por *raja*, a tendência a expandir. Assim, as pessoas de negócios são dominadas por *tamas* com uma pitada de *raja*; têm criatividade situacional para ganhar dinheiro e construir conglomerados por meio de aquisições, mas usam sua criatividade a serviço dos circuitos cerebrais condicionados ao prazer. No passado, os negociantes sempre tiveram problemas com a cobiça desenfreada; nas sociedades mais antigas, sua cobiça tinha de ser contida por pessoas de *raja* (aristocratas) e de *sattva* (líderes espirituais), o que acabou sendo útil.

Os políticos, por sua vez, são tradicional e especialmente motivados pelo atributo de *raja*, usando-o para construir seus impérios. No passado, essas pessoas também tinham um pouco de *sattva*. Com isso, punham seu poder a serviço das pessoas, que podiam processar significados e valores. Mas, quando *raja* se deixa influenciar por *tamas*, seu poder visa a dominação sobre os outros, a serviço do egoísmo.

Pessoas que têm predomínio de *sattva* dedicam-se a ensinar o conhecimento do mundo e do espírito, o ofício da cura (excluindo a cura cosmética) e, naturalmente, profissões que exigem explicitamente a criatividade fundamental: artes, ciência, literatura e matemática.

Mencionei Mitt Romney para lembrar que hoje a diferença entre líderes empresariais e líderes políticos está se diluindo. Tanto uns quanto outros abriram mão do *sattva* – a criatividade fundamental –, provavelmente porque ficaram confusos diante do materialismo científico. Ou talvez tenham se perdido enquanto buscavam significado e valores. O efeito final é que a cobiça tornou-se corriqueira; é vista como qualidade até por aqueles que ainda servem a *sattva*, como os cientistas, por exemplo.

Em outra época, um tipo diferente de homem de negócios cativava a imaginação da cultura. No filme *Um Homem e Dez Destinos*, o herói trava uma batalha (e vence) contra o empresário do tipo Romney, sem imaginação, correndo riscos com ousadia e criatividade. Esse é o modelo – negócios honrados – de que precisamos hoje para mudar nossos caminhos materialistas. O que é a honra? É a prerrogativa de defender seu *dharma* pessoal, que, para um líder empresarial, consiste em produzir com criatividade, usando pessoas dotadas para satisfazer as necessidades dos consumidores. Precisamos de empresários do porte de Thomas Edison, Henry Ford, Steve Jobs e outros para nos conduzir pelos próximos séculos, quando a economia sutil será nossa fronteira. Ademais, os líderes espirituais não são mais influentes, nem a democracia lhes dá muita voz para manterem a cobiça sob controle; os líderes empresariais têm de fazer isso por conta própria.

Em outras palavras, a liderança na qual o CEO faz tudo o que é preciso para seguir o lema de Martin Friedman – que diz que as corporações existem "puramente para lucrar" – não entrará na nova economia. A cobiça, se irrestrita, nunca funciona a longo prazo. A busca por dividendos na administração tradicional funciona bem para a arena material, mas, quando sua procura pela abundância também lida com o sutil, os seres humanos entram em cena. Os relacionamentos humanos tornam-se importantes, e não são mecânicos nem aritméticos. Não restam dúvidas disso. Os líderes empresariais de hoje precisam desenvolver *sattva*, e precisam lidar pessoalmente com a criatividade fundamental (no mínimo, para desenvolver o apreço por *sattva*) para que possam usar sua criatividade predominantemente situacional a serviço de *sattva*. Só então poderão se conscientizar do potencial criativo de seus colegas, podendo até apoiá-los e orientá-los.

Lee Iacocca, a quem se atribui o mérito de ter salvado a Chrysler Motors na década de 1980, afirmou: "Houve época em que os líderes nos motivavam e nos levavam a querer fazer melhor". Iacocca tinha uma receita de nove passos para essa liderança motivadora, os nove "Cs". Vale a pena relacioná-los:

> *Curiosidade*: a capacidade de buscar novas opiniões e novos caminhos, ou mesmo novos contextos para fazer as coisas.
> *Coragem*: para explorar novas ideias.
> *Convicção*: para seguir em meio aos altos e baixos que a exploração do desconhecido costuma causar.
> *Criatividade*: a capacidade de pensar "fora da caixa".
> *Critério*: nada de extravagâncias; sabedoria pragmática.
> *Competência*: ego sólido, ego forte com muita experiência comprovada de fazer as coisas acontecerem.

Caráter: padrões de hábitos do ego e comportamento adquirido, a capacidade de discriminar entre o certo e o errado, por exemplo, e ter força para fazer o que você pensa que é o certo.
Carisma: para inspirar as pessoas a quererem seguir você e suas ideias.
Comunicação: a capacidade de transmitir objetivamente alguma coisa para as pessoas que confiam em você.

Essa é uma boa lista, e algumas dessas qualidades sugerem *sattva*; porém, nesta era quântica, você precisa lidar explicitamente com os "princípios quânticos" da liderança. Quais serão eles?

Os princípios quânticos da liderança nos negócios

Lembra-se dos princípios quânticos básicos: causação descendente que vem com a não localidade, descontinuidade e hierarquia entrelaçada? Um líder quântico nos negócios deve usar esses princípios e inspirar seus sócios e seguidores a fazerem o mesmo. O líder quântico nos negócios sabe como são importantes a intenção e a ciência da manifestação. O líder quântico nos negócios conhece o processo criativo da criatividade quântica – a importância de fazer e de ser, *fazer--ser-fazer-ser-fazer*.* Você precisa ter a convicção que lhe permite desafiar o mundo; a convicção que só surge com um salto quântico até a terra supramental da verdade. O líder quântico nos negócios sempre se lembra do valor do exemplo para fazer com que os outros o sigam. O líder quântico nos negócios leva não apenas o senso comum a qualquer situação, mas também o "senso incomum", graças ao fato de prestar atenção nos sentimentos, nos significados e na intuição. Finalmente, o líder quântico nos negócios presta atenção nas contingências e oportunidades que cria; sempre busca as sincronicidades. Vamos nos aprofundar nesses aspectos da liderança.

---

* Menção à música "Strangers in the Night", imortalizada por Frank Sinatra, em que há um *scat* com essas palavras, que para Amit Goswami é a base da criatividade quântica: *do* (fazer) e *be* (ser). A respeito, ler, do mesmo autor e publicado pela Editora Aleph, *Criatividade para o século 21*. [N. de T.]

Os negócios sob o novo paradigma: um ato de equilíbrio

Muitas empresas começam pela criatividade, a ideia inovadora que alguém teve para um produto ou serviço. E, como todos sabem, nenhuma inovação é eterna como motivo central na gestão de empresas. Novas ideias substituem velhas ideias; inovações provocam novas tendências. As mudanças de paradigma na ciência, na tecnologia e em nossas sociedades mudam a visão de mundo – e as empresas precisam refletir essas mudanças. Tudo isso exige criatividade contínua nos negócios.

Organizações – e as empresas não são exceção – exigem estruturas e hierarquias, bem como uma base nas experiências anteriores, para evitar o caos. Isso também exige muito de movimentos condicionados por parte pessoal de gestão.

Criatividade e condicionamento: as empresas necessitam de ambos, sempre em equilíbrio. Como o equilíbrio entre yang e yin na medicina chinesa. Compreender a natureza da criatividade e do condicionamento é essencial para se atingir um equilíbrio adequado. Mas agora há muito mais coisas envolvidas. Descobrir como invocar o potencial de *sattva* em cada um de nós exige certa disposição, apoiada por um novo estilo de vida baseado no pensamento do novo paradigma.

As empresas estão percebendo a necessidade de um novo paradigma. Não faz muito, empresas e indústrias consideravam a poluição ambiental como algo líquido e certo, um mal necessário para a exigência econômica da criação de empregos. E as empresas estavam satisfeitas com a premissa dos recursos infinitos na qual o atual paradigma econômico materialista está baseado. O que levou as empresas a procurarem alternativas foi a chegada de duas emergências inegáveis: a mudança climática global (como efeito direto da poluição ambiental) e a alta no preço do petróleo, que provocou um aumento no custo de produção de quase todas as indústrias. Agora, um número crescente de empresas fala em ecoempatia e sustentabilidade, mas é preciso ver que a sustentabilidade não é possível enquanto nos mantivermos dentro da arena materialista densa. As empresas precisam ampliar o balancete da criatividade para abranger a arena sutil da experiência humana. Do mesmo modo, nossa economia precisa ser estendida para lidar não só com o denso, mas com o sutil.

Equilibrando os atributos ou gunas

Disse antes que as pessoas de negócios são dominadas por *raja*. Elas têm uma ideia criativa para fundar uma empresa, contratam algumas pessoas de *sattva* para aumentar a inovação, outras tantas com um pouco de *raja* – mas, principalmente, com *tamas* – para posições gerenciais e, finalmente, muita gente de *tamas* para a mão de obra produtiva. Sempre foi essa a tradição. Contudo, como pessoa de negócios do novo paradigma, será interessante você começar a desenvolver um pouco de *sattva* e praticar o equilíbrio de seus três gunas – *sattva*, *raja* e *tamas* – assim que possível. Também será bom prover o pessoal criativo e gerencial de liderança.

Para desenvolver *sattva* em uma pessoa com *raja* predominante, o essencial é aprender a relaxar, abrindo mão do estilo fazer-fazer-fazer típico de *raja* e praticar o fazer-ser-fazer-ser-fazer-ser como se fosse um mantra de vida. Só então a criatividade fundamental abrir-se-á para você, a porta para os sentimentos e as intuições se escancarará e a luz da evolução consciente ficará claramente visível.

Para os ingênuos, negócios significam atividade,[*] fazer negócios significa estar sempre em ação. Supõe-se que as pessoas de negócios devem estar sempre agitadas, tendo como principal modo de operação o fazer-fazer-fazer. Pessoas de negócios transmitem a imagem de que precisam manter o controle o tempo todo; imagina-se que não acolham o que é novo (nem mesmo como possibilidade) com medo de perder o controle. Esses são os estereótipos da percepção popular, e não se aplicam universalmente. As pessoas de negócios criativas são as exceções desses estereótipos.

Veja a questão sob outro ângulo. O objetivo principal das empresas é ganhar dinheiro, ter lucro. O medo de perder dinheiro mexe com seu estômago, já percebeu isso? Logo, a tendência é analisar incessantemente suas ações passadas ou projetar o futuro para não repetir seus erros. Em outras palavras, lidar com negócios parece ser sinônimo de ansiedade. Mas fazer alguma coisa não é o melhor modo de lidar com a ansiedade? Se você não faz nada, abre-se para os pensamentos, e os pensamentos geram ansiedade. Não é assim?

Na verdade, não. Uma das maiores descobertas da nova era é que existe um antídoto para a mente ansiosa: a resposta do relaxamento. Aprender a relaxar é a melhor forma de lidar com a ansiedade.

---

[*] Há um jogo de palavras em inglês que perde o sentido na tradução: "business", negócio, como "busy-ness", atividade, ocupação. [N. de T.]

Aprender a relaxar é aprender a ser – estar na sua própria companhia sem julgamentos, sem criar, incessantemente, o passado ou o futuro. De certo modo, a pessoa de negócios criativa é especialista na vida zen – estar no presente. Dois professores de Stanford, Michael Ray e Rochelle Myers (1986), escreveram um livro, *Criatividade nos negócios*, para defender seu ponto de vista; nele, mencionam um empresário, Robert Marcus, da Alumax, famoso na década de 1980 pelo sucesso nos negócios:

> Somos uma companhia eficiente em termos de pessoas por dólar. Embora nossa empresa fature dois bilhões de dólares, temos apenas oitenta e quatro pessoas na sede. Não é muita gente. Fazemos a mesma coisa que a Alcoa ou a Alcan, mas não somos tão grandes quanto elas. Temos um terço de seu tamanho, mas um décimo dos empregados trabalhando em nossa sede. Parece que tem funcionado muito bem, e por isso vamos nos manter assim [...]. Vou contar algumas coisas que fazemos. Não somos de muitas reuniões. Não escrevemos montes de relatórios. Tomamos decisões rapidamente. Se você demora para tomar decisões, se faz muitas reuniões e escreve um monte de relatórios, acaba precisando de muitos funcionários. Comunicamo-nos muito rapidamente. Fazemos tudo verbalmente. Não escrevo cartas. Não faço relatórios. Na verdade, não sei o que fazemos... Jogamos squash com frequência [...]. Não deixo que cada parte importante da minha vida interfira nas demais. Restrinjo o tempo que dedico aos negócios, mais ou menos das nove às cinco... Saio para jogar [squash] três vezes por semana. E não me sinto pressionado pelos negócios. (Citado em Ray; Myers, 1986, p. 144-145)

Esse empresário (criativo) aprendeu a relaxar; desenvolveu uma espécie de equanimidade com relação ao tempo. Aprendeu a complementar a mentalidade convencional do empresário – fazer-fazer-fazer – com uma postura ser-ser-ser. O ser complementa o fazer com o processamento inconsciente de diversas possibilidades ao mesmo tempo. E este é o segredo da criatividade.

Por isso, fazer negócios não significa estar sempre em ação; significa saber ocupar-se quando é necessário e relaxar em outros momentos, combinando uma sequência de atividade (ocupar-se) com o simples ato de ser (relaxar).

Entretanto, abrir mão da ênfase em realizações exteriores vai contra a essência da cultura empresarial; por isso, o materialismo criou raízes nela tão rapidamente. A única razão para as empresas pensarem em mudar agora é o fato de o jogo de soma zero ter acabado, os limites do crescimento material estão diante de nós e a mudança de paradigma veio para ficar. Contudo, você, um aficionado quântico, precisa liderar o restante da cultura nesse sentido, e precisa mudar os sistemas sociais para que as realizações sutis sejam valorizadas.

Um dos aspectos mais importantes para o desenvolvimento de *sattva* é a alimentação. Como sabe, as proteínas do corpo são nossos impulsores de ação. Desse modo, uma dieta rica em proteínas promove *raja*, a qualidade de quem constrói impérios e busca o poder visando dominar os outros. Não é à toa que, há muitos anos, a dieta rica em proteínas mexeu com os norte-americanos, pois muitos buscavam *raja* e cultivavam esse guna para ter poder. Para as pessoas de negócios que querem equilibrar os gunas, é bom manter uma dieta com consumo moderado de proteínas. Em outras palavras, fique longe não só das gorduras (que desenvolvem *tamas*) como do excesso de proteínas, e desenvolva uma dieta rica em carboidratos complexos, frutas e verduras. O consumo moderado de proteínas dá espaço para *sattva* e permite a você canalizar sua energia para usos positivos como habilitar não apenas a si mesmo, mas também outras pessoas a se engajar no processamento de significados.

Finalmente, a pergunta que não quer calar. O ser humano realmente pode mudar de um estado (predomínio de *tamas*) para outro (digamos, *tamas* acrescido de *raja*) e ainda para um terceiro estado (equilibrando *tamas*, *raja* e *sattva*) de condicionamento? Bem, vou lhe contar uma história inspiradora, verídica, que foi transformada em filme para que todos a pudessem conhecer. É a história de Christopher Paul Gardner.

Nascido em uma família pobre, Gardner recebeu muito pouca educação na infância. Já adulto, sua esposa o abandonou; mais tarde, viveu como indigente, com o agravante de ter um filho pequeno para complicar um pouco mais as coisas. Que drama! Chegou a passar a noite no banheiro de uma estação do metrô de São Francisco com seu filho. Sem dúvida, foi um homem com predomínio de *tamas*.

Mas as sincronicidades acontecem para pessoas que estão prontas para mudar. A vida de Gardner mudou quando um corretor da bolsa chamado Bob Bridges entrou em sua vida, um homem literalmente surgido de uma Ferrari vermelha. Paul tornou-se estagiário em uma corretora de valores, fez muita gente ficar rica e até passou no exame para se tornar empregado contratado da firma para a qual trabalhava. Chegara a um segundo estágio da vida, equilibrando *tamas* e *raja*.

Finalmente, Paul fundou sua própria corretora e administrou-a com sucesso. Se isso não serviu de prova suficiente de seu *sattva* crescente, há outras. Mais tarde, tornou-se filantropo, doando milhões de dólares para melhorar a vida de moradores de rua.

Por falar nisso, o filme (*À Procura da Felicidade*) é bom, e Will Smith faz o papel de Paul Gardner.

Do pensamento de curto prazo ao pensamento de longo prazo

No *Bhagavad Gita*, Arjuna, herói da história épica indiana do Mahabharata, recebe a tarefa de ensinar karma yoga – a yoga da ação adequada. Krishna, o professor, disse que o mistério consiste em aprender a exercer o direito de agir sem acreditar implicitamente que temos direito ao fruto da ação. Podemos perceber a relevância desse ensinamento para a nova economia sutil. Os problemas (como as crises econômicas) que pretendemos abordar com a economia não são só de curto prazo, como também de longo prazo. Desse modo, as soluções exigem ações que não trarão necessariamente frutos imediatos, e por isso os políticos relutam em buscar as soluções.

Você pode se perguntar se o conselho de Krishna é o meio mais fácil de participar do ativismo econômico necessário para enfrentar os problemas atuais. Por que desenvolver *sattva* – a capacidade para a criatividade quântica que não surge facilmente? Precisamos mesmo do ativismo quântico – a criatividade quântica para mudar a prática econômica e empresarial – quando temos à disposição a simples receita de abrir mão do direito ao fruto da ação? Mas precisamos de *sattva*. Quando enfrentamos problemas com *raja* predominante, cuja motivação é a construção de impérios, não podemos abrir mão de ganhos de curto prazo ou dos frutos de nossas ações. Experimente e verá. Mas, com a purificação espiritual, quando *raja* dá lugar a *sattva*, em parte, podemos nos dedicar a projetos de longo prazo, mesmo que não tenhamos à vista o fruto de nossas ações. Não é segredo que nossos maiores cientistas e artistas agem assim quando visam a grande ciência e a grande arte. Em seus últimos trinta anos de vida, Einstein procurou uma teoria que unificasse todas as forças materiais. Ele não se preocupou com o fato de sua obra não render frutos durante sua vida (ou seja, o desapontamento não o desviou de sua meta). Com efeito, o fruto só se revelou após sua morte.

Uma leitura atenta do *Bhagavad Gita* mostra que Krishna estava ciente desse tipo de consideração. O *Bhagavad Gita* começa com o que parece ser uma receita simples: agir sem a garantia do fruto da ação. Porém, quase no final do livro, quando já conhecemos o ensinamento todo, Krishna diz que, para realizar a simples meta da ação sem frutos, é preciso cultivar *sattva* e equilibrar todos os gunas (*sattva, raja* e *tamas*). Em outras palavras, é preciso combinar a simples atividade ("busy-ness") com a criatividade, fazer-ser-fazer-ser-fazer-ser.

A rigidez de ajuste entre o guna da pessoa e a profissão à qual ela se dedica resiste muito a mudanças. Mas, à medida que o ativismo quântico se tornar mais presente na sociedade, as pessoas vão balancear cada vez mais seus gunas, e vão exercer suas profissões com os três atributos. Apenas dessa forma poderemos superar os estereótipos dos gunas relacionados a esses meios de sustento. Só então os ventos da mudança conseguirão envolver as arenas de nosso ganha-pão (nosso local de trabalho) e a evolução mental poderá acontecer em massa.

Pensando fora da caixa: o problema dos nove pontos

Ouvi uma piada sobre os títulos acadêmicos que nossas universidades – a maioria delas orientada por sistemas de conhecimento convencionais e condicionados – conferem aos estudantes. Estou falando de BS* (dá para adivinhar do que se trata). É preciso acumular aquela coisa toda durante quatro anos para se obter o B.S.; cursam-se mais dois anos para amontoar *mais da mesma coisa* e alcançar o M.S. Finalmente, passam-se mais cinco anos acumulando aquilo; agora a pilha da coisa está *bem alta e funda*, e você recebe o título de PhD.

Para entender melhor o que estou dizendo, pense no seguinte problema, chamado de problema dos nove pontos: Qual o menor número possível de linhas retas que podem ligar os nove pontos de uma matriz retangular de 3 × 3 (Figura 13a) sem tirar o lápis do papel?

---

* O autor faz um trocadilho entre BS – abreviatura da expressão inglesa *bull shit*, "merda" ou "conversa mole" – e B.S., abreviatura de *Bachelor in Science*, bacharel; mais adiante, ele se refere a M.S., *Master in Science* (mestrado), e está falando em "more of the same" (mais da mesma coisa); e depois menciona PhD, *Doctor of Philosophy* (doutorado), dizendo que "the pile is high and deep" (a pilha – de merda – está alta e profunda). [N. de T.]

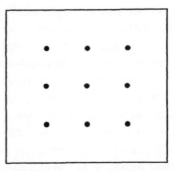

Figura 13a. O problema dos nove pontos – Conecte os pontos com o mínimo de linhas que puder sem levantar o lápis do papel.

A impressão é de que você vai precisar de cinco linhas (Figura 13b), certo? Não, é muito. Dá para perceber que um número menor de linhas retas resolve o problema? Talvez não. Talvez, como muita gente, você esteja apegado à ideia de que precisa unir os pontos mantendo-se dentro da caixa definida pelos pontos externos da matriz retangular. Sendo assim, você definiu um contexto desnecessário para a solução do problema: você está pensando dentro da caixa, e esta não é a caixa correta.

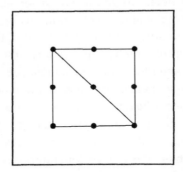

Figura 13b. O problema dos nove pontos – A solução que primeiramente ocorre a muitas pessoas. Elas pensam "dentro da caixa".

Portanto, você precisa sair da caixa para encontrar um novo contexto no qual um número menor de linhas retas resolve a questão (Figura 13c). Este é um exemplo simples de descoberta de novos contextos. A ideia de estender a caixa para além dos contextos existentes – ou seja, de pensar fora da caixa – é crucialmente importante na criatividade. Pessoas criativas, atenção! Quando o contexto implícito para seu problema não funcionar, talvez vocês tenham de descobrir um novo contexto.

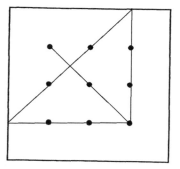

Figura 13c. Melhor solução do problema dos nove pontos. Amplie seu contexto. Pense "fora da caixa".

Esta é uma história que circula na Escola de Economia Wharton. Uma pessoa está andando pelo campo e encontra um pastor com um rebanho de ovelhas. "Aposto cem dólares contra uma de suas ovelhas que consigo estimar o tamanho exato de seu rebanho."

O rebanho é grande, e por isso o pastor não titubeia: "Estou dentro".
O sujeito afirma: "973".
"Espantoso!", diz o pastor. "Tudo bem, pegue um de meus animais."
O sujeito faz isso e vai saindo.
"Espere aí", grita o pastor. "Dê-me uma chance de recuperar meu animal. Aposto o dobro ou nada como consigo adivinhar sua profissão."
O homem pensa; são tantas profissões, ele nunca vai adivinhar.
"Está certo", concorda.
"Você é economista", diz o pastor.
Agora é o economista que diz: "Espantoso!". E acrescenta: "Mas conte-me, como você descobriu?".
O pastor diz: "Devolva meu cachorro que eu lhe conto".

Felizmente, há pessoas criativas na área de negócios, e elas estão muito à frente desse pensamento econômico estereotipado. Pense no caso dos adesivos *post-it*, uma invenção de dois sujeitos criativos chamados Spencer Silver e Arthur Fry. Silver era um químico sênior da 3M Company onde, em 1968, inventou um adesivo de baixa aderência e alta qualidade. Segundo percebeu, o adesivo era bom para grudar temporariamente as coisas e podia ser removido sem deixar marcas;

mas qual seria a utilidade dele? Fry, por sua vez, estava cansado dos pedacinhos de papel que caíam de seu hinário no coral. O novo contexto para o uso: aplique adesivos *post-it* como marcadores temporários de uma página que você vai consultar depois, tal como fazemos hoje nos documentos de escritório. O resto é história.

Abrindo-se para o arquétipo da abundância

Naturalmente, para os humanos, resolver o problema dos nove pontos não é criatividade de fato; não envolve arquétipo algum. Após libertarmos a economia da camisa de força do materialismo científico, o próximo desafio consiste em introduzir a ideia de economia como busca do arquétipo da abundância, que inclui tanto a riqueza material quanto a sutil.

Anteriormente, falamos de abrir a capacidade intuitiva. A intuição é o vislumbre de um arquétipo. O processo criativo é aquilo que acaba levando à exploração criativa desse arquétipo e, em última análise (se você seguir o processo), à descoberta de um novo contexto de pensamento envolvendo esse arquétipo.

Os estágios do processo criativo

O processo criativo vem sendo estudado há quase cem anos, e a maioria dos teóricos, seguindo uma sugestão original de Graham Wallas, em 1926 (Wallas, 2014), aceita que ele tem quatro estágios: preparação, processamento inconsciente, *insight* repentino e profundo, e manifestação. A física quântica apoia essa classificação com alguns ajustes finos, confirmados por minha experiência pessoal.

Estágio 0. *Intuição*. A criatividade começa pela intuição, uma espécie de invocação do *self* quântico para lhe dizer que um arquétipo (ou arquétipos) está (estão) exigindo sua atenção. Para pessoas de negócios, geralmente um dos arquétipos é o da abundância. Os outros variam, dependendo daquilo que você quer manifestar especificamente no momento.

Estágio 1. *Preparação*. Você lê sobre aquilo que já se conhece, o que outras pessoas têm a lhe dizer. Retém todas as ideias, mas sempre com uma atitude, *isto não, aquilo não*. Finalmente, sua mente se abre para alguma coisa nova; o antigo não serve mais! Agora, trabalhe e intensifique sua questão até ela se tornar candente.

Estágio 2. *Processamento inconsciente*. Relaxe, seja. Você já fez muito. Deixe seu inconsciente assumir o processo. Não se preocupe. Como são ondas, as possibilidades quânticas de significado vão se expandir, tornando-se possibilidades cada vez maiores para sua escolha. De vez em quando, esse conjunto pode conter o novo. Quem sabe?

Estágio 2a. *Fazer-ser-fazer-ser-fazer* (*do-be-do-be-do*). Alterne fazer e ser. É difícil manter a intensidade se você relaxa demais. Uma estratégia pragmática é alternar entre fazer e ser – intensidade relaxada.

Estágio 3. *Insight repentino*. Esta é a cobiçada experiência criativa do salto quântico descontínuo, cuja natureza repentina revela-se como uma surpresa: ah-ha!

Dessa vez, você consegue olhar para o arquétipo por mais do que um breve momento. O *insight* vem com convicção – eu *sei*. Agora, ninguém pode convencê-lo do contrário. Você se tornou você mesmo – o original. Se você é empreendedor e vai dar início a um negócio, acabou de descobrir o que estava procurando, o seu empreendimento. Vá atrás dele.

Quando Thomas Edison foi em frente com a ideia de usar o filamento de carbono para a lâmpada, enfrentou muita oposição. Mas, visto que a ideia lhe ocorreu como fruto de um salto quântico, ele não desistiu e abriu o caminho para o futuro. Por outro lado, o apoio que deu à rede de transmissão de eletricidade por corrente contínua foi um exemplo de teimosia, e mostrou-se um erro.

Estágio 4. *Manifestação*. Manifeste seu *insight* em um negócio plenamente funcional.

Estágio 4a. *Fazer-ser-fazer-ser-fazer e outros mini-insights*. Geralmente, o estágio de manifestação exige outros mini-*insights* para os quais você terá de invocar o estado de fazer-ser-fazer-ser-fazer. Se você deseja ser uma pessoa de negócios criativa, torne o fazer-ser-fazer-ser-fazer seu *modus operandi*.

Quando o fazer-ser-fazer-ser-fazer se incorpora ao *modus operandi* da pessoa de negócios, chega um momento em que a lacuna entre fazer e ser fica tão pequena que a passagem mal é percebida. E se o estado de ser se manifesta com uma sensação de capitulação, em que o fazedor se recusa a solucionar os conflitos habituais do trabalho com mero pensamento gradual lógico, e quando a pessoa de negócios evita de fato os três piores inimigos das pequenas empresas (pensar grande demais, pensar pequeno demais, pensar demais), acontece algo especial. Desaparece a noção de um fazedor, e o fazer parece acontecer sozinho.

Esse modo de ação (criativa) fácil e sem esforço, naturalmente, é a experiência do fluxo. Quando a pessoa atinge esse estilo de trabalho criativo, os negócios tornam-se prazerosos. Ouça o que diz Paul Cook:

> Estou me divertindo como nunca. Não mudaria isso por nada. Faço o que sempre quis fazer, e é tão excitante quanto achei que seria quando quis fazê-lo. É uma experiência empolgante, fazer coisas novas e liderar a nova tecnologia, criando novos produtos para a sociedade. Não desejo nada além disso. (Citado em Ray; Myers, 1986, p. 113)

Naturalmente, a criatividade vai envolver alguns riscos. Vou lhe contar o caso de Jamsetji Tata, fundador da dinastia empresarial Tata, na Índia. Jamsetji foi bem-sucedido na Índia colonial, malgrado as diversas limitações impostas aos empresários nativos, determinando o que podiam e o que não podiam fazer. Mesmo assim, Jamsetji teve sucesso e montou um empreendimento atrás do outro, nos ramos têxtil, de administração de bens, de siderurgia e até de energia hidrelétrica. Quando o empresário entrou nestas duas últimas áreas, diziam que as leis britânicas nunca abririam as portas para a Tata. Jamsetji correu o risco. Foi criativo e teve sucesso.

Hoje, do mesmo modo, enfrentamos a oposição não de uma, mas de duas visões de mundo do passado. Os negócios sutis terão de correr riscos, sem dúvida. Mas sua criatividade vai superar todas as barreiras.

Empoderando o ego

Espero que você tenha percebido que, embora a criatividade seja um presente da consciência quântica da qual estamos inconscientes, os destinatários formam a dupla dinâmica *self* quântico e ego. A criatividade é um encontro entre o *self* quântico e o ego. Não se preocupe com o *self* quântico; basta manter-se aberto para ele. Mas para estar aberto e receber as ideias do *self* quântico, dando forma a essas ideias, você precisa ter um ego forte, mas maleável. Isso é empoderamento.

O segredo é abertura e intensidade. Abdicar do controle do inconsciente é uma prerrogativa reservada apenas ao ego forte. Renuncie ao controle para que o novo possa vir. Às vezes, o novo vem na forma de uma pessoa dinâmica para a qual você, o líder, deve abrir espaço. Só o ego forte consegue fazer isso.

Veja o caso de Henry Ford II e de Lee Iacocca, que mencionei antes. Iacocca foi o engenheiro de criação por trás do Mustang, um carro de grande sucesso produzido pela Ford. Mas o ego fraco de Ford II não conseguiu lidar com o sucesso de Iacocca; deixou-o ir embora. Essa é a história dos negócios nos Estados Unidos, pois, para a Ford, a perda de Iacocca representou o ganho de sua rival, a Chrysler. Para a Chrysler, Iacocca produziu uma minivan muito criativa, bem recebida em sua época, entre muitas outras realizações.

O ego é excluído do processamento do novo. Você é forte o suficiente para aceitar a exclusão? Há algum tempo, participava de um workshop no qual o professor era excelente e estava propiciando o ah-ha! criativo para muitos participantes, mas eu não estava conseguindo. Quando reclamei, o professor disse: "Só posso abrir a porta, Amit. Você consegue se aproximar da porta e entrar? Confia em mim?".

Eu disse: "Mas quero estar lá quando isso acontecer!".

Todos riram, e só então compreendi o meu erro.

Como você empodera o ego? Aprenda a correr riscos, a errar. Torne aceitáveis as falhas. O grande físico Richard Feynman costumava dizer: "Enganei-me antes; e vou errar novamente". De que adianta fazer um estardalhaço sobre seus erros se você não consegue transformá-los em sucessos?

Ouça o conselho do poeta Robert Frost e siga o caminho menos trilhado. As sincronicidades irão guiá-lo. A sensação geral de satisfação vai conduzi-lo quando for o momento certo. Como dizia o mitólogo Joseph Campbell: "Siga a sua felicidade".

Como montar um empreendimento criativo

Anteriormente, disse que as empresas começam com um produto. Essa declaração não é lá muito precisa e deve ser modificada. A frase correta é: "as empresas dão certo quando têm um produto criativo".

Na verdade, as empresas começam com uma ideia que leva à convicção de que terão produtos criativos.

Há um ótimo filme sobre o jogo de beisebol – um dos prediletos dos norte-americanos – chamado *Campo dos Sonhos*, no qual há uma frase excelente (modifiquei-a um pouco): quando o campo estiver pronto, as pessoas aparecerão. Isso também se aplica às empresas. Basta ter fé nas possibilidades, nas possibilidades quânticas de seu canal interior – sua psique – e em sua capacidade de controlá-las.

Os cofundadores da Apple Computers, Steve Jobs e Steve Wozniak, conversaram com advogados, investidores e todos com quem podiam falar para montar seu negócio, sem saber exatamente o que iriam criar. Pode parecer estranho, mas essa abertura mental foi crucial para o que realizariam. Nesse mesmo sentido, Paul Cook, fundador da Raychem Corporation, disse: "Quando começamos, não tínhamos ideia do que iríamos fazer. Não sabíamos que produtos iríamos fabricar".

Nesse aspecto, a criatividade empresarial não é diferente das outras expressões da criatividade, pois todas começam com perguntas e não com respostas prontas. Uma pergunta importante, por exemplo, é: Posso contribuir com o significado criando esta empresa para mim, para meus empregados e para as pessoas que usarão meu produto (ou serviço)? Ao contrário do que diz o senso comum, as empresas criativas começam com a semente de uma ideia – uma intuição, um campo de possibilidades abertas para o novo.

Para concluir a transição

O que é preciso para concluir a transição do capitalismo para a economia da consciência? Ainda temos alguns caminhos a percorrer. E creio que as empresas podem – e vão – liderar o trajeto para essa transição.

A meta da economia da consciência é maximizar os lucros, não só na produção material como na produção de energia vital, de significado mental, e na produção supramental, que inclui a ética. Mesmo com a criatividade, a ecologia e a ética inclusas no local de trabalho, das maneiras como mencionei antes, teremos feito apenas uma pequena mossa nas possibilidades.

No próximo estágio, podemos estimular a criatividade não só para o pessoal administrativo ou de pesquisa, mas para todos. É verdade que só um profissional pode dar saltos quânticos de criatividade que produzirão frutos na arena exterior, mas qualquer um pode ser criativo na arena interior. Chamo essa criatividade de "criatividade interior". Suponha, como já sugeri, que todas as corporações de porte suficiente abram uma divisão de produção de energia sutil. Se a corporação estimula a criatividade interior (da qual um dos principais componentes é a transformação de emoções negativas em positivas) de todos os seus empregados e permite que todos eles abram a alma sob a orientação do departamento de energia sutil, o que vai acontecer? O ambiente da corporação ficará feliz, repleto de vitalidade e significado. Isso é valioso? Claro. Contribui diretamente para a produção nas dimensões sutis. E sabe-se que pessoas felizes fazem produtos melhores. E mais. A criatividade interior pode aumentar a criatividade exterior de pessoas que já são criativas exteriormente e que constituem a espinha dorsal de uma corporação inovadora. Em última análise, a prática vai melhorar ainda mais a produtividade material e os lucros.

De várias maneiras, algumas das companhias high-tech do Vale do Silício já participam desse cenário. Veja o Google, por exemplo, que inventou o motor de busca na internet. O Google oferece aos funcionários refeições gratuitas, nutritivas e deliciosas, piscinas, massagens, mesas de sinuca, tudo para que tenham acesso fácil à energia vital, e mesmo alguns brinquedos excêntricos para exercitarem a mente. Os empregados podem até levar seus cãezinhos ao escritório, que fornecem instantaneamente a energia do amor.

No próximo estágio de desenvolvimento consciente, traremos o conceito de relacionamento hierárquico entrelaçado entre a gerência e os empregados de uma corporação ou negócio, no qual o "self" da organização vai emergir e todos podem se identificar com ele. Dá para imaginar o poder criativo dessa organização?

Partindo da sustentabilidade ecológica, a etapa seguinte é a percepção-consciente do movimento evolutivo da consciência. Não só exigimos sustentabilidade ecológica como perguntamos: Meu negócio está contribuindo positivamente para o movimento evolutivo da consciência, ou, no mínimo, não o está prejudicando? É aqui que prestamos atenção explícita, e não implícita, para tornar tangível a produção nos setores de energia vital, significado mental e valor supramental da economia humana. Isso já está implícito em parte da nova onda de negócios, especialmente no desenvolvimento de propriedades.

Naturalmente, muita coisa precisa acontecer antes de as empresas darem esses passos restantes. A mudança de paradigma da primazia da matéria para a primazia da consciência precisa ganhar raízes na academia e na sociedade. Nossa política precisa passar de uma política de poder para uma política de significado. Isso já está acontecendo, mas as elites estão protegendo seu território, como no caso da sabotagem do Obamacare sofrida pelo presidente Obama. Nossas instituições educacionais precisam parar de se preocupar com formação e treinamento profissional e rever o significado e a alma nas salas de aula. Nossas religiões precisam parar de dizer às pessoas como votar e influenciar os políticos, e voltar a buscar a divindade, ensinando-a às pessoas. E assim por diante. Creio que tudo isso vai acontecer em breve, e já se vislumbram alguns inícios. Essas mudanças serão combatidas por aqueles cujos empregos forem ameaçados por elas.

O capitalismo de Adam Smith teve um papel crucial em nossa posição atual (até a economia materialista assumir o poder), e, como o próprio Smith vislumbrou, as pequenas empresas são a espinha dorsal do capitalismo e do livre mercado. Do mesmo modo, o caminho para a economia da consciência também será pavimentado pelas pequenas empresas. Logo, não devemos perder a esperança pelo fato de as grandes multinacionais de hoje serem corruptas e estarem longe de praticar o que discuti. Não é diferente da corrupção da economia mercantil da época de Adam Smith. Mas a economia mercantil corrupta se desintegrou quando se fez clara uma forma melhor de se fazer negócios, atendendo às necessidades das pessoas. Agora, o mesmo vai acontecer com a economia materialista, que vai se desintegrar diante de nossos olhos, abrindo espaço para a economia da consciência. Há pressões evolutivas, as verdadeiras "mãos invisíveis", guiando essa mudança.

Criatividade nas grandes empresas sob a economia da consciência

Em um documentário recente intitulado *The Corporation*, os cineastas demonstram que todas as corporações modernas apresentam o sintoma da psicopatia. Portanto, a grande pergunta é a seguinte: Como a normalidade, mesmo a criatividade, podem ser restauradas nas grandes corporações? A resposta sucinta é: permitindo que se expandam para o setor sutil. A resposta é crucial.

A conversão para a economia da consciência implica uma mudança de ênfase na maneira como os negócios são conduzidos. A empresa não é mais uma organização com um único objetivo – o lucro material. Agora, pode ser admitido explicitamente que:

1. A postura positiva na criação de produtos sutis também tem valor. O interesse corporativo no valor aumenta a retenção de empregados (Barret, 1998).
2. Os funcionários podem ser pagos tanto em termos de remuneração material densa como em termos sutis; por exemplo, ganhando mais tempo para o lazer, intervalos para meditação durante o horário de trabalho, acompanhamento de mestres espirituais e assim por diante. (A boa notícia é que o Google já está oferecendo muitos desses benefícios a seus empregados.)
3. Com as despesas com empregados sob controle, a terceirização pode ser reduzida consideravelmente e os empregos significativos podem ser restaurados nos países economicamente avançados.
4. Também é possível criar empregos significativos nos setores sutis da economia com os quais as próprias corporações podem contribuir, direta ou indiretamente. Se a corporação lida com produtos orgânicos, os componentes vitais de tais produtos, ignorados durante muito tempo, terão de ser restaurados; este é um exemplo da contribuição direta para a economia da energia vital. Contratar consultores para aumentar a saúde mental positiva dos empregados (o que comprovadamente aumenta a produção e retém empregados) é um exemplo de contribuição indireta.
5. A etapa 4 restaura o processamento de significados na vida dos habitantes de países economicamente avançados, abrindo-os para a criatividade. Isso vai contribuir bastante para a retenção de empregados.
6. As grandes corporações podem tirar proveito ainda maior de sua mão de obra criativa ao incluir a força de trabalho na produção de qualidade, em pesquisas e em outras atividades criativas, na medida do possível. Desse modo, a própria corporação torna-se criativa. Isso vai exigir certa reeducação da administração.

Quando as grandes empresas se tornam produtoras de energias sutis positivas, mesmo que indiretamente, graças ao aumento da satisfação dos empregados com seu trabalho, toda a sociedade recebe um aumento de criatividade.

É possível perguntar: Esse desdobramento não vai afetar negativamente os países em desenvolvimento? Não necessariamente. Não se esqueça de que esses países também precisam se converter imediatamente à economia da consciência. Ademais, eles precisam de capital e de participação de mercado para suas exportações. Portanto, desde que se cuide desses aspectos, as economias em desenvolvimento estarão em melhor situação se ficarem livres dos trabalhos praticamente sem significado que a atual forma de terceirização propicia.

Será possível humanizar as corporações?

O candidato republicano à presidência em 2012, Mitt Romney, ficou famoso por dizer que "as corporações são pessoas". Muita gente nos Estados Unidos questionaria esse tipo de afirmação tendo em vista a maneira como as corporações são atualmente conduzidas; mas é bom perguntar: As corporações podem ser humanizadas, dotadas de qualidades humanas para que esse tipo de comentário não seja meramente pretensioso, mas reflita alguma verdade?

O economista Milton Friedman disse (por outro lado) que as corporações existem "puramente para dar lucro". Se é assim, é difícil ver as corporações como pessoas. Se as pessoas existissem puramente para obter lucro, não haveria relacionamentos entre elas, nem mesmo o reconhecimento ou aceitação do lado sutil de cada um. Portanto, enquanto as corporações ficarem presas à motivação do lucro na arena material, serão escassas as chances de humanização. Mas, e se os seus interesses incluírem o sutil?

Se as corporações "libertarem sua alma corporativa" e alinharem sua visão de mundo com a de seus empregados, a retenção destes deverá aumentar (Barret, 1998). Já há dados experimentais (Jaz, 2012) demonstrando que, se o bem-estar do empregado for alvo da atenção das corporações mediante a vitalização do ambiente de trabalho, a sua produtividade aumenta. Creio que deverão acontecer benefícios similares em termos de produtividade caso as corporações entrem ativamente no negócio de produção de energia sutil, tal como estou sugerindo. E, não menos importante, isso certamente levaria as corporações a se tornarem mais humanas.

A diretoria de uma corporação capitalista à moda antiga sempre supervisiona seus negócios para se assegurar do ganho egoísta nos lucros materiais dos acionistas da empresa. A diretoria de algumas corporações capitalistas da nova onda não só aumenta o lucro material para seus acionistas como contribui literalmente para a energia vital e proporciona ganhos em significado para todos. Já é um bom começo para a nova era da economia quântica, a economia da consciência e do bem-estar.

Há outras tendências que merecem ser mencionadas. A primeira delas é a de que as corporações começaram a perceber que os empregados têm melhor desempenho se sua estrutura de valores não conflitar com a estrutura de valores da empresa, conforme exemplificam seus produtos e práticas. Isso significa que as empresas estão reconhecendo o valor dos valores (a dimensão supramental da humanidade). A segunda tendência vai além disso. Tendo em vista tantos escândalos recentes relacionados com o mercado, muitas empresas estão perguntando em voz alta se não é mais lucrativo (mesmo que pensando apenas na imagem pública) seguir práticas éticas nos negócios. E não estão pensando na ética do maior bem-estar para maiores lucros, mas na ética real, na ética definida pelas tradições espirituais.

Ainda assim, a divisão continua. Há um número muito grande de CEOs totalmente voltados para a crueldade no mundo corporativo, embora sejam seres humanos decentes e altamente *sattvicos* na vida privada. Você conhece a história do grande John D. Rockefeller e seu filho, John D. Rockefeller Jr., e de como esmagaram impiedosamente a greve na Standard Oil, o que levou ao incidente Ludlow, de triste fama, no qual morreram 24 trabalhadores. Mas esses Rockefellers também eram grandes filantropos. O biógrafo de John D. disse: "Sua bondade era tão boa quanto seu lado mau era malvado". Hoje, temos o caso de Bill Gates, igualmente implacável enquanto resolvia processos antitruste como CEO da Microsoft e que depois se tornou um dos maiores filantropos vivos da atualidade. Como seria bom se o *sattva* latente nessas pessoas encontrasse expressão enquanto eram CEOs, no modo como lidaram com os negócios de suas empresas. Podemos levar as corporações a abrir mão da impiedade desnecessária, adotando o amor necessário? Creio que essa medida de humanização da corporação vai exigir um ponto de vista feminino e uma liderança feminina.

Valores femininos nos negócios: uma jornada rumo ao coração

A física quântica está entre nós há quase cem anos. Porém, apesar de muita coisa ter sido escrita sobre as revolucionárias implicações dessa "nova" física para a filosofia e para a visão de mundo, a verdade é que a maioria dos intelectuais do planeta, especialmente aqueles ligados à esfera acadêmica, ainda se apega à visão de mundo da "velha" física newtoniana.

Nas últimas três décadas, tenho estado envolvido com a divulgação da visão de mundo quântica, especialmente da principal ideia oferecida pela mudança de paradigma, qual seja, é a consciência, não a matéria, a base de toda existência. Embora promissor, o resultado do meu envolvimento tem sido lento. Portanto, em desespero (quem pode me culpar por querer ver a visão de mundo mudar enquanto ainda estou vivo!), há alguns anos, com a ajuda de duas amigas – as cineastas Ri Stuart e Renee Slade – fundei o movimento do ativismo quântico. O manifesto declarado do ativismo quântico é divulgar as implicações da visão de mundo quântica; em termos mais claros, inspirar as pessoas a usarem princípios quânticos para transformar a sociedade e a si mesmas.

Bem, só para você saber, tenho sido ativista quântico ao longo das três últimas décadas. Escrevi livros, participei de muitas conferências, fiz inúmeras palestras e workshops sobre a física quântica e a primazia da consciência, e, em minha vida privada, tentei fazer o que digo, e muito a sério. Duas coisas se destacam em minha experiência, uma pessoal, outra pública.

Primeiro, a pública. A grande maioria dos participantes de conferências e workshops da nova ciência tende a ser de mulheres, principalmente de meia-idade. Bem, no que concerne às minhas próprias palestras e workshops, isso é um pouco surpreendente. Por quê? Bem, a imagem convencional das mulheres de meia-idade que não são cientistas deveria ser a de pessoas que se assustam com a física quântica. Mesmo assim, 78% do meu público é formado por mulheres!

A descoberta pessoal é a seguinte. Apesar de todas as minhas boas intenções e de muitos esforços intelectuais e meditativos, viver segundo os princípios transformadores da visão de mundo quântica não tem sido fácil para mim. Digo com sinceridade que aprender a amar incondicionalmente – no ativismo quântico, dizemos "hierarquicamente entrelaçados"; como você sabe, hierarquia entrelaçada significa um relacionamento bidirecional de causalidade circular entre duas pessoas – tem sido a experiência que mais consome tempo em minha vida.

E agora, as explicações. As mulheres que não são cientistas podem ter um pouco de medo da física, mas seu medo é superado assim que descobrem que a visão de mundo quântica legitima a consciência, os sentimentos e até as "energias" do amor. Por quê? Porque, segundo creio, as mulheres possuem alguma representação intrínseca do arquétipo do amor.

À primeira vista, isso pode parecer um pouco batido. Mas veja o que tenho a dizer. No meu livro *Evolução criativa das espécies* (Goswami, 2008b), afirmei que a evolução (lamarckiana) fornece-nos instintos na forma de circuitos cerebrais. Geralmente, esses circuitos cerebrais estão ligados a emoções negativas: luxúria, raiva, ciúme, competitividade etc., e tanto homens quanto mulheres têm essas emoções. Infelizmente, os circuitos cerebrais emocionais positivos são relativamente raros. Há alguns: um deles é o circuito do altruísmo, que muita gente (homens e mulheres) possui; outro é aquele que, recentemente, foi chamado de Deus no cérebro, um circuito no mesencéfalo que, quando ativado, proporciona uma experiência espiritual, por assim dizer (às vezes, chamo esse ponto do cérebro de novo ponto G).*

Agora, ao cerne da questão. Mulheres, e só as mulheres, têm um terceiro circuito cerebral emocional positivo. É o circuito do instinto maternal que mencionei antes. Certo, ele não é muito ativado enquanto a mulher não se torna mãe. Mas a maternidade vem com muito amor incondicional pelo filho, não? Até os homens sabem disso; eles também foram nutridos pelas energias do amor de suas mães enquanto cresciam.

Bem, você dirá, mas o amor materno é hierarquicamente entrelaçado? As mães não são aquelas que impõem a disciplina, o que é impossível sem uma hierarquia simples – uma parte domina a outra? Na Índia, há o mito de Yoshoda, a mãe adotiva do pequeno Krishna. Yoshoda precisa "trocar fraldas" e disciplinar seu filho, mas Krishna é Deus encarnado! E sabendo disso (vendo os milagres realizados rotineiramente pelo bebê Krishna), como pode Yoshoda não prestar reverência a Krishna e submeter-se a ele ocasionalmente? O mito está tentando dizer às mães como devem tornar hierarquicamente entrelaçado o relacionamento entre mães e filhos: perceba que seu filho é Deus. De fato, na Índia antiga, crianças de até 5 anos eram consideradas como Deus; eram tratadas com respeito.

Creio que, com ou sem o conhecimento do mito, todas as mães fazem isso, até certo ponto; ou seja, tratam seus filhos com respeito. Como poderiam fazer diferente, já que, quando seguram a criança, sabem que têm acesso imediato às energias do amor, ao chakra cardíaco?

Assim, penso que, como mães em potencial, todas as mulheres começam uma jornada que pode ser chamada de jornada para o coração. A meta consiste em se identificar mais com o coração (amor) do que com o cérebro (pensamento e processamento de significados!).

---

* Alusão à letra G da palavra *God* – Deus, em inglês (N. do E.)

Se você leu qualquer dos meus livros, vai dizer, *objeção!* O cérebro não nos confere autoidentidade porque tem uma hierarquia entrelaçada embutida? Onde está a hierarquia entrelaçada do coração, que é um simples músculo?

Tem razão. Não é o coração em si. Minha pesquisa mais recente mostrou que o sistema imunológico, na forma de um componente chamado de glândula timo – um órgão do chakra cardíaco –, junto com dois órgãos do chakra umbilical (plexo solar), são a chave da questão. E a hierarquia entrelaçada situa-se não nesses órgãos físicos, mas em meio às matrizes vitais dos órgãos (que Rupert Sheldrake chama de campos morfogenéticos, veja o Capítulo 3). Com efeito, há dados que mostram que, juntos, o sistema imunológico e seus associados gastrintestinais podem ter alguma autonomia causal, a assinatura de uma hierarquia entrelaçada (Goswami; Pagliaro, *no prelo*).

Portanto, as mulheres têm facilidade natural para explorar a hierarquia entrelaçada e o ativismo quântico, concorda? Na década de 1960, no começo do movimento de liberação feminina, falava-se muito de levar os valores femininos para a sociedade, e foi dito que isso só poderia acontecer se as mulheres conquistassem posições de poder na sociedade, como CEOs empresariais. Em poucas décadas, as mulheres realmente se tornaram CEOs em algumas empresas, mas sabe o que aconteceu? Alguma coisa mudou nessa escalada feminina até as posições mais altas; as mulheres descobriram que teriam de adotar valores masculinos para poder subir rapidamente até o poder. Então fizeram isso da maneira mais fácil. Seja como for, não havia garantias de que os valores femininos funcionariam bem nos negócios. Agora, porém, armadas com as ideias da visão de mundo quântica, as mulheres que trabalham podem lutar de fato pelos valores femininos em suas profissões. E isso inclui os negócios.

E os homens? Será que conseguirão desenvolver uma relação hierárquica entrelaçada uns com os outros? Minha experiência pessoal diz que sim, podem, mas leva tempo. Por quê? Porque, em nossa cultura, os homens tendem naturalmente a reprimir o coração.

Mas, espere! As mulheres também não têm muitas facilidades. Eu disse antes que os campos morfogenéticos de dois órgãos do chakra umbilical (plexo solar) estão envolvidos com a hierarquia entrelaçada no coração. A esse chakra corresponde o ponto do ego no corpo, e é forte nos homens; é isso que os impele ao poder e à hierarquia simples. E, culturalmente, as mulheres aprendem a reprimir as tendências do chakra umbilical.

É isso! As mulheres têm acesso ao amor do chakra cardíaco que lhes confere um interesse curioso pela hierarquia entrelaçada; mas sofrem da falta de ênfase na hierarquia simples do ego no chakra umbilical. Os homens sofrem de um desapreço pela hierarquia entrelaçada dos órgãos gastrointestinais e imunológicos no nível vital, mas têm acesso pleno à hierarquia simples do ego corporal no chakra umbilical.

Precisamos de ambos. Carl Jung tinha razão (Jung, 1971). Temos de equilibrar tanto o ego-corpo (autorrespeito) quanto o amor (que começa pelo respeito para com o próximo) em nosso comportamento – *animus* e *anima*. E tanto homens quanto mulheres são capazes de integrar os dois, embora leve algum tempo.

Criatividade com amor: da ecoempatia à ecoempatia profunda nas empresas

Mencionei que muitas empresas estão percebendo que políticas empresariais "verdes" não levam necessariamente a linhas "vermelhas" ou prejuízos em seus balancetes. Quando as empresas adotam a economia da consciência, as políticas empresariais verdes surgem automaticamente.

Um grande ponto positivo da economia da consciência sobre a atual economia materialista é que as pessoas não precisam mais depender do consumismo para movimentar a economia. Isso significa que o esgotamento de recursos não renováveis diminui muito. Com isso, reduz-se também a poluição ambiental (inclusive o aquecimento global) e as mudanças climáticas globais, de forma importante.

A economia da consciência permite que nossas sociedades assumam um estilo de vida menos frenético, muito favorável à criatividade. Com a ecoempatia, a criatividade aumenta ainda mais, pois vem acompanhada do amor pelo meio ambiente. Com a ecoempatia profunda, as empresas se dedicam a empreendimentos que ajudam as pessoas a limpar seu ambiente interno e a amarem-no também. Com a criatividade e o amor proporcionando uma qualidade de vida sem precedentes, diminui a dependência das pessoas em relação aos prazeres materiais como substitutos da felicidade (pois, com eles, o sofrimento na dimensão sutil da vida é varrido para debaixo do tapete, por assim dizer). Desse modo, pode chegar o dia em que não precisaremos mais dos padrões materiais de vida altamente insustentáveis que estão em voga atualmente. Podemos até esperar que a redução dos padrões materiais seja proporcionada por fontes renováveis de energia (como a solar) à nossa disposição.

Será que líderes empresariais, mesmo do sexo masculino, podem pleitear o amor? Li uma palestra de Rinaldo Brutoco na qual ele dá vários exemplos (Brutoco, 2006). Deepak Jain, reitor da Kellogg School of Management, encerrou uma palestra com um slide que dizia "amor". Era a única palavra no slide. Ele quis que sua plateia acreditasse que Kellogg significava amor. É uma mudança abissal na mentalidade corporativa. Brutoco também citou o fundador da IBM, Thomas Watson: "Para ter sucesso, ponha seu coração nos negócios e tenha seus negócios no coração". Não dá para você pôr o coração nos negócios sem abrir seu centro cardíaco, não é?

Será que os empresários estão pondo o coração em seus negócios? Sim. Bill Herren não tinha casa, morou em um banco de praça durante sete anos. E criou uma empresa, a American Vision Windows, que tem centenas de empregados e milhares de clientes para quem está criando uma cultura de amor, pois tem amor no seu coração.

Quando o coração se abre para pessoas criativas nos negócios, as possibilidades tornam-se ilimitadas. Nesse plano de nosso futuro, para atingirmos a meta criativa com o amor que imaginamos, também precisamos usar a criatividade sendo o amor o seu principal veículo. Será possível ser criativo com o coração nos negócios? É uma obrigação. Será preciso muito amor e muita criatividade na prática dos negócios para implementar a mudança de paradigma econômico que está nascendo. Enquanto isso, podemos aguardar o resultado:

> Estamos naquele momento da história em que uma era de quatrocentos anos está morrendo e outra está se esforçando para nascer, trazendo uma mudança na cultura, na ciência, na sociedade e nas instituições imensamente maior do que qualquer outra que o mundo já tenha visto. À nossa frente, há uma possibilidade de regeneração da individualidade, [da criatividade], da liberdade, da comunidade e da ética como o mundo nunca conheceu, e uma harmonia com a natureza, com os outros e com a inteligência divina como o mundo nunca sonhou. (Citado em Smitha, 2011, p. 90)

capítulo 10

Expansão da economia na arena sutil: o início

Hoje, muitos acreditam que existe um requisito inicial para a imaginação científica. O grande físico Richard Feynman admitiu abertamente a sua crença: "A imaginação científica é a imaginação dentro de uma camisa de força [do materialismo científico]". Bem, a julgar pelos resultados, Feynman nunca usou camisa de força. Mas é verdade que muitos cientistas de hoje (e de ontem, em menor escala) foram enganados por tais crenças.

Agora, tiramos a camisa de força do materialismo científico! Haverá um período de transição, que vai passar. Se você tem inclinação para a ciência, é hora de pensar em explorá-la em uma nova direção.

Não é coincidência o fato de a nova ciência ter aberto a arena do sutil para a exploração científica e tecnológica. É a tecnologia sutil, com a qual os ventos da mudança estão viabilizando o reconhecimento social e a eventual aceitação generalizada do novo paradigma.

A ideia de tecnologia sutil não é totalmente nova. Na forma daquilo que hoje chamamos de "medicina alternativa", a tecnologia sutil tem estado presente há um bom tempo, parte dela há milênios; por exemplo, a Medicina Tradicional Chinesa (que inclui a acupuntura), a medicina indiana da Ayurveda, a homeopatia e assim por diante. São exemplos de tecnologias de energia vital (Goswami, 2011).

O custo da moderna medicina alopática tem aumentado em toda parte, e a passos largos. Em comparação com a medicina alopática, a medicina alternativa é barata. Além disso, a medicina alternativa não tem efeitos colaterais. Comparada à medicina alopática, distribuída pela indústria farmacêutica a custos espantosos, ela é uma grande dádiva. A medicina alternativa funciona melhor com doenças crônicas, males que afetam a maioria das pessoas à medida que envelhecem. Imagine como é bom usar remédios para uma doença na velhice sem ter de se preocupar com efeitos colaterais! A medicina alternativa é preventiva; esse aspecto também pode produzir grande economia.

Já temos o começo de uma ciência de medição da energia vital na forma da fotografia Kirlian, que usa a correlação não local das energias vitais com os campos eletrofisiológicos mensuráveis para medir essas energias na pele. Novos aparelhos de medição, usando o fenômeno da emissão de biofótons, já estão a caminho (Pagliaro; Salvini, 2007). Os órgãos do nosso corpo físico emitem fótons; essa emissão de biofótons é sensível à saúde do órgão. Esta é outra grande arena para a criatividade.

Não é preciso ser um gênio para nos dizer que a tecnologia da energia vital será a nova fronteira tecnológica no século 21. Seu escopo é enorme: tudo o que se relaciona conosco ou com qualquer elemento vivo. Produtos que contribuem para nossa nutrição e saúde, produtos de origem orgânica, todos têm um componente de energia vital que até agora vem sendo ignorado. Até materiais inorgânicos acabam se correlacionando com a energia vital mediante longas associações.

Parte dessa nova tecnologia vai se concentrar na restauração. Cometemos erros grosseiros no passado recente cultivando grãos geneticamente modificados e usando produtos químicos pesados para tratar o solo. Certamente, essas duas coisas afetam as conexões vitais e físicas, que precisam ser restauradas.

As tecnologias de energia vital mais importantes do futuro virão como surpresas; isso é da natureza da criatividade. Só por diversão, vou compartilhar com você dois cenários futurísticos.

No primeiro, um casal está discutindo muito. De repente, a mulher diz: "Preciso de um tempo". Ela vai até o quarto e borrifa sobre o corpo um perfume adequadamente vitalizado com energia do coração. Quando volta, a discussão recomeça, mas, estranhamente, o marido assume uma postura mais conciliadora, disposto a ouvir o lado dela.

Pouco depois, ele percebe o perfume e pergunta: "Você está com algum perfume novo?".

A mulher diz: "Gostou? É um perfume vitalizado".

Mais tarde, o marido fica se perguntando: "O que tem naquele perfume?".

O outro cenário que passa pela minha cabeça envolve um rapaz que declara seu amor pela namorada. A jovem sorri e diz: "Que bom! Mas você se importa se eu der uma conferida em você?". Sem esperar pela resposta, a garota tira uma pequena máquina de tomografia biofotônica manual e segura-a diante do chakra cardíaco do rapaz.

    A inclusão das energias vitais em nossos negócios sugere um reexame urgente das indústrias alimentícias, hidrominerais, farmacêuticas, perfumistas e cosméticas. E estava na hora, pois esses setores já são controlados, em boa parte, por empresas e corporações com agendas contrárias ao bem social. Quando extraímos um produto – um perfume, um cosmético ou um remédio alopático – de uma planta ou erva natural, inadvertidamente jogamos fora a maior parte da energia vital (se não toda) contida na forma orgânica original. Na nova ciência, determinamos a veracidade da sabedoria antiga: é a energia vital que proporciona a força vital essencial dos seres vivos, a sensação de bem-estar que é crucial para a nossa felicidade. Portanto, a eficácia de quaisquer produtos para o bem-estar depende crucialmente da revitalização desses produtos.

Energias vitais e organismos vivos

    Vou recapitular. A antiga conceitualização filosófica do corpo vital e da energia vital – uma filosofia chamada "vitalismo" – era muito carente de detalhes. A nova ciência tem não apenas o remédio para o dualismo, como novas provisões para os detalhes. A respeito, é crucial o trabalho do biólogo Rupert Sheldrake (2009), que já mencionei. Sheldrake viu a não localidade essencial no processo de diferenciação celular que leva à morfogênese (criação de formas biológicas). Como uma célula sabe em que parte do corpo está para poder se diferenciar adequadamente, ou seja, para ativar os genes "certos" a fim de criar as proteínas "certas" para o funcionamento adequado das células? A resposta de Sheldrake: pelo conhecimento contido nos campos morfogenéticos não locais (e, portanto, não físicos). Entretanto, a teoria original de Sheldrake é dualista. Quando incorporamos a ideia básica de Sheldrake à ciência da primazia da consciência, percebemos que aquilo que chamamos de corpo vital é o reservatório desses campos morfogenéticos; eles devem ser considerados matrizes usadas pela consciência não local para construir formas biológicas. Esses campos morfogenéticos são as possibilidades quânticas do mundo vital. Quando a consciência manifesta formas biológicas – um órgão como a pele –, ela também manifesta o campo morfogenético correlacionado, a matriz que usa para criar essa forma. O movimento resultante do campo morfogenético é o que vivenciamos como sentimentos.

Essa teoria ganha credibilidade após percebermos que ela fornece uma explicação para a existência dos sete centros principais de sentimento que, na psicologia yogue oriental, são chamados de "chakras". Um exame detalhado revela prontamente que cada um dos chakras está localizado junto a um ou mais órgãos importantes. Além disso, é fácil constatar que o sentimento que experimentamos em um chakra está diretamente correlacionado ao órgão que ali funciona.

Veja, por exemplo, o chakra cardíaco, que fica no local da glândula timo (do sistema imunológico), cuja função é distinguir entre o "eu" e o "não eu". Quando os sistemas imunológicos de duas pessoas e os campos morfogenéticos correlacionados chegam a um acordo para perderem a distinção "eu"/"não eu", o que vivenciamos? O sentimento do amor romântico no chakra do coração (formigamentos, calor, até pulsões).

O desafio da pesquisa

Quando extraímos a essência material de uma planta ou erva tendo em mente certa função sensorial – como a cura (no caso de um remédio), o sabor (para um alimento), o sentido olfativo (num perfume), o toque, a aparência ou até uma cura física (no caso de cosméticos) –, jogamos fora a energia vital correlacionada, porque a energia está correlacionada na planta ou na erva de forma holística.

Para preservar a energia vital, precisamos trabalhar com a substância ativa – a flor, a planta ou a erva – em grandes quantidades antes que a redução material se inicie, e correlacionar a energia vital com alguma outra substância adequada. A ideia é semelhante, em espírito, a fazer uma imagem, mas muito diferente nos detalhes (veja a seguir).

Há muitas evidências acumuladas sobre a importância de se reter a essência vital das substâncias usadas em suplementos nutricionais. Veja, por exemplo, o caso do tratamento do resfriado comum com vitaminas múltiplas. O famoso Linus Pauling defendeu esse procedimento e, durante algum tempo, muita gente usou o tratamento com consequências duvidosas. Finalmente, diversos estudos clínicos demonstraram a ineficácia causal das megavitaminas como remédio para resfriados, ou mesmo como suplementos alimentares, embora esteja claro que, quando ingerimos as frutas ou plantas *in natura*, há eficácia causal e cura. Por que a eficácia causal se vai com a redução à essência material? A resposta é: existe uma nutrição adicional na forma de energia vital correlacionada com a fruta original, íntegra, que se perde na extração e na redução.

Outro caso é o de alimentos dietéticos, pois, em nome de eliminarmos gorduras, açúcar e calorias, também jogamos fora a necessária energia vital.

O desafio para a pesquisa é duplo: 1) como fazer uma réplica correlacionada da energia vital original sem tanto volume físico; 2) como medir a energia vital transferida e assegurar-se de que isso se deu. O teste definitivo, obviamente, terá de ser feito por meio de estudos clínicos de eficácia causal.

Como extrair essência vital

A extração do correlato de energia vital do material orgânico bruto pode não ser muito difícil, pois já temos um modelo muito bem-sucedido, ou seja, a elaboração de medicamentos homeopáticos. Em termos sucintos, o método consiste na diluição sucessiva – em mistura de álcool e água (a água para obter a correlação com a essência vital e o álcool para solubilidade) – e na sucussão, que é a agitação vigorosa. Sacudir com que força? "A força que um braço humano pode empregar ao segurar com uma mão o frasco contendo a mistura de água e álcool da planta ou erva e golpeá-lo contra uma superfície firme, como um livro encadernado em couro." É a sucussão que correlaciona a mistura de água e álcool com a energia vital correlacionada com a substância ativa original.

Às vezes, na homeopatia, são empregadas máquinas para fazer a sucussão em nome da eficiência. Contudo, como demonstrou William Tiller, pesquisador de Stanford, a intenção humana é importante nesses processos. Logo, seria mais sábio mantermo-nos no esforço humano. Para cada estágio de diluição, fazem-se cem sucussões.

Para a finalidade presente (cosméticos, por exemplo), podemos usar uma das diluições padronizadas da homeopatia: 24 vezes, o que significa que a substância é diluída numa mistura de água e álcool na proporção de 1:9, 24 vezes. Isso vai envolver 24 × 100 = 2.400 sucussões, que devem ser suficientes para correlacionar a mistura de água e álcool com a energia vital associada com a substância ativa. Segundo uma lei da química conhecida como lei de Avogadro, é provável que essa mistura não contenha uma molécula sequer da substância ativa. Na homeopatia, são usadas potências maiores, e há certa controvérsia em torno disso. Do ponto de vista teórico, se todas as moléculas da substância ativa se foram, parece não haver propósito em realizar mais sucussões.

Se a substância material ativa em um produto exige a extração de mais de uma forma orgânica de uma mistura, temos de extrair a energia vital de cada forma orgânica separadamente. É só pouco antes da venda do produto que devemos embeber o extrato material com todas as misturas água-álcool armazenadas individualmente em álcool.

Questões relacionadas à medição

A outra etapa crucial na tecnologia de vitalização de produtos consiste em encontrar maneiras simples de assegurar que estão sendo obtidas as potências apropriadas de energia vital pelo processo que usamos. Naturalmente, isso pode ser aferido fazendo-se com que as pessoas usem os produtos e comente-os experimentalmente, usando-se depois a estatística como prova da potência vital adquirida. É como se faz na homeopatia; aqui, porém, a cura de um mal costuma ser um resultado muito espetacular, nítido para as pessoas avaliarem. Na ausência dessa demonstração espetacular da eficácia da vitalização, seria bom ter maneiras mais objetivas de medir a energia vital.

Para fins qualitativos internos, o método de se usar um ser humano munido de uma forquilha de radiestesia para direcioná-lo até o produto vitalizado (e não para um produto neutro) pode ser suficiente.

Para propósitos mais quantitativos, como, por exemplo, para demonstrar a eficácia do produto vitalizado em um cliente durante uma conferência de imprensa ou demonstração de vendas, algo como uma foto Kirlian seria mais apropriado. Como disse antes, a foto Kirlian mede campos eletromagnéticos superficiais ou da pele correlacionados com a energia vital de órgãos internos, uma medição suficiente para se dizer se existe um aumento geral de bem-estar vital (como as células da pele são relativamente indiferenciadas, esse órgão não tem uma energia vital correlacionada própria, que possa gerar confusão).

Esperamos, em algum momento futuro, ter à disposição técnicas de medição biofotônicas que possam ser usadas para medir as infusões de energia vital de um produto em cada um dos chakras. Isso seria muito útil para nossos propósitos.

Aplicações

Vou recapitular aqui mais três projetos de grande interesse comercial. Um é o caso dos suplementos nutricionais; está claro que a energia vital é um aspecto crucial da nutrição, mas todos os produtos atuais a ignoram. Os suplementos são produzidos de tal forma que, com quase toda a certeza, perdem a maioria (se não toda) da energia vital correlacionada com a substância ativa original.

A outra aplicação comercial importante para a vitalização está nos alimentos dietéticos. O fato de se retirarem as calorias na forma de gordura afeta, com quase toda a certeza, a energia vital correlacionada com o alimento original. A energia vital pode ser extraída da mesma maneira "homeopática" e pode ser reposta, levando a uma melhoria nutricional demonstrável. Isso vai solucionar um problema específico de todos que fazem dieta: a ansiedade.

O terceiro projeto importante é a revitalização de águas poluídas, quimicamente ou por outros meios, cuja energia vital pode ter sido parcialmente perdida.

Acredito que vão surgir muitas outras aplicações à medida que ganharmos experiência com a tecnologia da energia vital. Quando alguém mora em uma casa, o edifício adquire sua energia vital por meio de correlação não local. Se a energia vital da pessoa é "positiva", outras pessoas que entrarem nesse local vão se sentir positivas. Essa linha de pensamento pode abrir caminho para muitas tecnologias de energia vital aplicadas à indústria da construção e ao setor imobiliário. Também vai atrair charlatães, infelizmente, mas as coisas são assim.

Em sua totalidade, a comunicação envolve a ativação da energia vital no chakra laríngeo. Contudo, a indústria atual das comunicações é quase totalmente mecanizada. E depois nos perguntamos por que nem sempre ela produz os efeitos desejados. A razão? A energia vital, que obviamente falta quando pessoas com chakra laríngeo ativo não estão envolvidas nas comunicações. Percebe a implicação? Em sua forma atual, a educação on-line a distância não substitui plenamente a educação presencial.

Esta é a ideia: qualquer campo de interação humana tem espaço para a tecnologia da energia vital. Vamos seguir em frente e discutir novos negócios que envolvem significado mental e valores supramentais e que podem ser criados gerando competição com base na visão de mundo quântica para os monopólios da educação superior e os das religiões.

Criando nova competição quântica para os monopólios newtonianos da educação superior

As democracias usam a educação liberal para difundir o processamento de significados pelas pessoas. Por outro lado, a instituição do capitalismo precisa que a educação liberal transforme as pessoas em força de trabalho para os negócios e a indústria. Perceba que as primeiras ideias de educação liberal enfatizavam o processamento de significados como sua prioridade, e a preparação para o mercado de trabalho como algo secundário. Em nossos dias, isso é diferente: a educação está bastante centrada na formação de mão de obra; hoje, a preparação para o mercado de trabalho tornou-se a meta primeira da educação, e o processamento de significados foi relegado a um papel secundário, se tanto.

No epitáfio que Thomas Jefferson escreveu para si mesmo, não há menção à sua eleição para a presidência dos Estados Unidos, mas sim que ele fundou a Universidade de Virgínia. Isso pode surpreender se você não perceber que Thomas Jefferson, um dos arquitetos da democracia moderna, compreendeu perfeitamente o motivo evolutivo da democracia: ela não serve para compartilhar o poder em si, mas para fazer com que o poder sirva ao povo, a fim de que pessoas, em todas as esferas da vida, possam se dedicar ao processamento de significados com a ajuda da educação liberal.

Em outras palavras, os fundadores dos Estados Unidos deixaram muito claro que a essência da educação é atender ao aperfeiçoamento evolutivo do processamento de significados e valores.

O capitalismo atende melhor à difusão do processamento de significados em uma democracia e em um sistema geral (em oposição ao especializado) de educação (tal como o proporcionado pela educação liberal tradicional) que atue para formar a força de trabalho. A democracia progride mais quando o capitalismo guia a economia e a educação liberal educa o eleitorado. E a educação liberal com ênfase no significado só é possível quando há uma classe média numerosa (para o que o capitalismo é necessário) e quando a classe média tem a liberdade de processar significados (para o que a democracia é necessária).

Desse modo, o capitalismo, a democracia e a educação liberal estão ligados na base, com a meta comum da disseminação do processamento de significados entre as pessoas a fim de que a humanidade possa fazer sua consciência evoluir. Hoje, perdemos de vista essa elevada meta evolutiva. A educação perdeu o significado e os valores como forças motrizes, tornando-se, principalmente, um treinamento para o trabalho em negócios que envolvem diversas tecnologias produzidas regularmente pela ciência materialista. Cada vez mais, os líderes democráticos optam pelo uso negativo do poder, que predomina sobre o uso positivo (a disseminação do processamento de significados pelas pessoas). E, mais uma vez, o capitalismo está rumando para a concentração de riquezas em poucas mãos, esquecendo-se do compartilhamento de capital e da ideia de uma classe média que processa significados.

Quando nos dedicamos ao ativismo econômico, fica claro que temos de trazer de volta o processamento de significados como elemento central das instituições sociais e culturais da humanidade, pois a evolução assim o exige. E mais. Como finalmente estamos prestando atenção nos valores femininos, temos de fazer nossas instituições evoluírem para que mais pessoas – homens e mulheres – possam lidar com a energia vital de seus sentimentos. Precisamos atentar para dois centros do *self* e integrá-los: aquele dito da cabeça e o do coração. Naturalmente, a criatividade no processamento de significados e de sentimentos exige que prestemos atenção nos arquétipos. Como fazemos tudo isso? O meio mais eficaz é a economia, que é a mensagem deste livro. Fazemo-lo estendendo o capitalismo de Adam Smith (que reconhece apenas nossas necessidades materiais) para a economia quântica da consciência, que inclui também nossas necessidades sutis e espirituais.

Um dos grandes problemas da educação superior atual é seu custo. Nos Estados Unidos, a maioria dos estudantes não conseguiria pagar a faculdade sem o apoio governamental na forma de bolsas de estudo e crédito estudantil. Os políticos do Partido Republicano costumam reclamar, dizendo que, sempre que o governo interfere, piora as coisas. No caso da educação superior, é exatamente o que tem acontecido.

Antes da década de 1950, a educação superior era mais acessível, principalmente porque os salários envolvidos eram baixos. As pessoas que trabalhavam com educação não se importavam em ter salários menores do que aqueles pagos em outras áreas. Implicitamente, reconheciam que, em troca, faziam aquilo que queriam, ou seja, processavam significados e valores pessoais. Na década de 1950, porém, os soviéticos lançaram o Sputnik ao espaço e tudo mudou da noite para o dia. As faculdades de ciências e de engenharia começaram a receber verbas para pesquisa do governo federal. Logo depois, elas passaram a exigir (e receberam) salários mais altos; e, como o que é justo é justo, em pouco tempo o salário de todos melhorou e acabou chegando às alturas quando o sistema de elite se enraizou na educação superior.

E não foi só isso. Incentivos como bons planos de aposentadoria foram usados para atrair professores, com benefícios para todos os empregados (mais uma vez, o que é justo é justo!). Atualmente, salários e pacotes de benefícios (para aposentados) ficaram tão altos que o custo da educação superior está aumentando à mesma razão alarmante que os custos dos planos de saúde.

Mas a educação superior não é assistência médica, e aí está a solução. Se os republicanos ouvissem sua própria mensagem e convencessem os democratas a retirar o apoio de verbas para os professores universitários, os salários acadêmicos iriam voltar a níveis aceitáveis, bem como os pacotes de benefícios. Mas os democratas apoiam a ciência! Por que deveriam aceitar a possibilidade de degradação da pesquisa científica? Isso não prejudicaria o crescimento tecnológico?

Se você está preocupado com o apoio governamental à pesquisa científica, relaxe. A época de ouro da pesquisa científica terminou. Sim, terminou. Recentemente, a descoberta do bóson de Higgs ganhou manchetes no mundo todo. De certo modo, essa descoberta assinala o fim simbólico da dispendiosa era das extravagâncias científicas.

Mas o que há de tão especial no bóson de Higgs? Você vai gostar da seguinte piada.

Depois de ter sido descoberto, o bóson de Higgs aparece em uma igreja católica.

"O que você está fazendo aqui?", pergunta o padre, bastante surpreso.

"Sem mim não há massa",* respondeu o bóson de Higgs.

É verdade. Sem o Higgs, as partículas elementares, os tijolos do universo material, não possuiriam massa, e o modelo popularmente aceito que considera tudo material (chamado de modelo padrão) teria sempre uma validade duvidosa. Naturalmente, os físicos de alta energia sentir-se-iam compelidos a pedir mais verbas polpudas para pesquisas, e talvez até encontrassem um tolo.

Certo, estou sendo um pouco ingênuo. Sempre houve tolos porque a física de alta energia era muito promissora para seu cobiçado programa de armas, ou eles assim imaginavam. Contudo, com a queda do império soviético e o desvanecimento da Guerra Fria, quem precisa de armas de destruição em massa de alta energia ou de defesas contra elas? A civilização humana progrediu muito, apesar de Vladimir Putin, na Rússia.

---

* A piada faz sentido em inglês, uma vez que *mass* significa tanto "massa" quanto "missa". [N. de T.]

Por isso, hoje em dia, essa loucura pode parar. Os biólogos já fizeram sua pesquisa maluca sobre a estrutura do genoma humano, com muito estardalhaço mas pouca utilidade. E agora que o modelo padrão da dinâmica das partículas elementares foi comprovado, podemos dar fim ao sonho de que a descoberta das sutilezas dos objetos mais básicos da ciência reducionista poderia explicar tudo o que tem valor na escala macroscópica. A verdade é que você pode conhecer tudo o que existe no nível básico sobre a matéria e, mesmo assim, não vai entender muito bem a consciência e como ela funciona para fazer representações de si mesma e de seus mundos sutis na matéria. E é aí que estão os mais prementes problemas e crises! Inclusive as novas arenas da tecnologia.

Se as verbas governamentais da grande ciência cessassem, bem como o influxo de imensas quantias de dinheiro para pesquisas – recursos provenientes dos contribuintes diretamente para os cofres da academia –, os grandes aumentos das anuidades nas universidades e dos salários do corpo docente teriam de parar imediatamente. Os pacotes de benefícios também teriam de ser cortados, e em pouco tempo as coisas voltariam para um nível sustentável.

Isso não significa que essas instituições neoliberais de educação superior retomariam seu liberalismo jeffersoniano tradicional e abandonariam, ou mesmo combateriam, os dogmas, inclusive o materialismo científico. A inércia é forte demais. Por isso, o ativismo quântico seria necessário. Vamos ver de que maneiras.

1. Os estudantes não se apegam tanto ao antigo paradigma quanto os professores (estes passaram pelo expurgo da desconstrução) e exigem mudanças. Quando o antigo corpo docente for substituído por uma nova geração, a mudança virá em resposta à demanda dos estudantes. Como dizia o filósofo Thomas Kuhn (que criou a ideia de mudança de paradigma), os velhos defensores de um paradigma nunca mudam de ideia, mas acabam morrendo. É como se darão as mudanças mais duradouras na academia da educação superior.
2. No curto prazo, a redução rápida do custo da educação superior vai exigir ações políticas que rompam o monopólio dessas instituições como árbitros do significado. Antes de tudo, devem ser revogados seus benefícios fiscais. Elas precisam ser reconhecidas como negócios lucrativos, assim como os demais negócios, e o capitalismo de livre mercado deve poder participar do cenário. Isso reduziria consideravelmente o custo da educação superior.

3. Tirando proveito da internet, instituições de ensino superior alternativas, favoráveis ao novo paradigma, deveriam entrar em cena e proporcionar uma mescla saudável de educação a distância com educação presencial conforme o necessário em todas as áreas, com possível exceção à ciência de laboratório e à engenharia. Essas instituições teriam suas próprias comissões de avaliação e aprovação para que possam gerar rapidamente pesquisa e educação baseadas na visão de mundo quântica, enfatizando a abertura mental da verdadeira educação liberal e tornando a abrir as portas para a criatividade em larga escala.

Formação dos professores do ensino superior

Atualmente, não existe uma formação para professores de ensino superior. Por quê? A resposta superficial é que os professores do ensino superior passam seu tempo, principalmente, fazendo pesquisas e pós-graduação, e só secundariamente ensinando os estudantes; assim, por que precisariam se formar para ser professores? Eles vão aprender as nuances do ensino enquanto trabalham. Mas a razão é mais profunda.

A educação superior é totalmente centralizada na cabeça; sentimentos e o centro cardíaco do *self* são ignorados por completo. Sem dúvida, essa tradição desenvolveu-se graças ao predomínio masculino no ensino superior. Esse predomínio acabou, mas os valores femininos ainda não entraram em cena por causa do advento da visão de mundo do materialismo científico, centrada na cabeça e baseada na razão.

O que vai acontecer quando cessar o domínio do materialismo científico sobre a academia do ensino superior? E mais, um magistério integrado a valores femininos, como a ênfase nos sentimentos; a valores humanísticos, como a criatividade; e a valores espirituais, como a transformação? O que vai acontecer é que, de uma hora para a outra, vamos precisar de muitos professores para ensinar os professores de cursos superiores. E onde iremos encontrá-los?

Espero que você perceba o desafio representado por essa questão. Até agora, o ensino centrado na cabeça tem sido o território da educação superior. A educação emocional era entregue às mulheres em papéis sociais como o de mãe, irmã, namorada e esposa (que desempenhavam gratuitamente), orientadas pelo instinto, por alguma intuição e, principalmente, pela tentativa de aprendê-lo na prática. Não havia uma compreensão real da criatividade, e por isso não faria muito sentido ensinar a criatividade. O ensino de valores espirituais foi entregue às religiões. Agora, de uma hora para a outra, vamos precisar de professores que possam transmitir os três ensinamentos de forma integrada!

Em relação à medicina integral, escrevi em outros textos sobre a necessidade de uma nova empresa de administração da saúde (Goswami, 2011; veja também em obras posteriores). Para a formação de educadores, precisamos de uma abordagem similar, um empreendimento parecido para fazer a bola rolar. As apostas são altas, mas o escopo desse tipo de negócio está completamente em aberto, e é imenso. Empreendedores, prestem atenção!

Pós-secularismo e a ruptura do monopólio das religiões nos negócios espirituais

O caso das religiões é similar ao caso das instituições de ensino superior, exceto pelo fato óbvio de que gozam do monopólio no negócio do processamento da espiritualidade; elas seguem o antigo paradigma dualista religioso.

Como já disse muitas vezes ao longo deste livro, a polarização de visões de mundo causou muitos danos em termos de ambiguidade de valores. O fato é que todos, exceto o inflexível fundamentalista religioso das gerações mais remotas, sabem que as antigas imagens de Deus mandando as pessoas para o inferno após a morte (se você não foi "bonzinho" em vida) são simplistas demais para ser verdadeiras. Nesse ponto, a ciência já avançou. Mas é claro que as pessoas que não têm um interesse profissional pelo materialismo científico, que não são hedonistas por natureza, que ainda ouvem a vozinha interior da consciência ou que são criativas, também não conseguem engolir o materialismo científico. Essas pessoas gostariam de preservar o significado e os valores em suas vidas, até mesmo a espiritualidade. Mas, como não se sentem confortáveis negando totalmente a mensagem da ciência, tornam-se cínicas. Daí vem a polarização nos Estados Unidos: os fundamentalistas acreditam fielmente nos valores religiosos; os materialistas são desafiadores; e os do terceiro grupo são cínicos quanto aos valores.

O novo paradigma da ciência baseada na consciência é uma boa notícia para todos, exceto para aqueles com interesse profissional no materialismo científico ou na religião. As mudanças nos hábitos sociais podem se dar rapidamente porque os formadores de opinião são, em sua maioria, jornalistas e políticos; e nos Estados Unidos, pelo menos, esses profissionais costumam ser pragmáticos. Politicamente, os democratas são mais pragmáticos do que os republicanos. No caso dos jornalistas, os liberais são mais pragmáticos. Minha esperança é de que recursos financeiros sejam uma consideração pragmática o suficiente para esses dois partidos políticos.

Você conhece o secularismo, a ideia da separação entre Igreja e Estado. Esse princípio deixou de ser útil em vista do novo paradigma, que estabelece claramente que certos aspectos da religião, que podemos chamar de "espiritualidade", são científicos e universais e, por isso, devem ser aplicados universalmente. Portanto, precisamos redefinir a Igreja como sistemas específicos de exploração da espiritualidade destinados a pessoas de sistemas de crenças particulares. Essas igrejas terão dogmas e precisam ser separadas do Estado. Mas a instrução na espiritualidade científica e universal não precisa ser excluída do apoio estatal. Isso é o pós-secularismo.

Evidentemente, no início as religiões não vão ver as coisas dessa maneira, e por isso vamos precisar do ativismo. Enumeremos os meios para isso:

1. Os paroquianos da nova geração vão querer que as igrejas deem algum espaço para a nova ciência, uma vez que ela está confirmando como científicos alguns dos conceitos básicos das religiões, tais como Deus e a causação descendente, os mundos sutis e os valores. Com o desaparecimento dos adeptos do antigo paradigma, a nova geração vai prevalecer.
2. Vamos deixar a ação política acabar com a isenção de impostos das igrejas. Isso vai colocar os negócios ligados a valores e à espiritualidade (como a educação de valores) sob a supervisão do capitalismo de livre mercado. Desobrigadas dos métodos tradicionais de "dízimo" e contribuições semelhantes à igreja, as pessoas podem pagar exatamente por aquilo de que precisam, como outros consumidores de produtos comerciais.
3. A internet vai facilitar bastante a criação de universidades espirituais on-line, que vão competir com as igrejas tradicionais por clientes que desejarem inserir valores e espiritualidade em sua vida. Essas instituições da nova era vão ensinar criatividade desde o primeiro contato; essa será sua vantagem. Os tradicionalistas terão o benefício da educação presencial em relação à educação a distância. Ao contrário da exploração de significados, no que se refere a valores e espiritualidade, o aprendizado pela observação dos passos do professor é importante.

Por isso, após algum tempo, estará em voga uma combinação de ensino a distância e educação presencial, tanto para organizações da nova era quanto para as tradicionais.
4. Com o tempo, e à medida que as universidades se adaptarem ao novo paradigma, elas também vão começar a ensinar valores e espiritualidade. Isso vai estabelecer, definitivamente, a era pós-secular.

Psicologia quântica: uma ciência integral para o desenvolvimento do capital humano

O uso da ciência psicológica – a ecologia de nosso íntimo – tem dois propósitos. Um é o tratamento de anormalidades – psicoses e neuroses clínicas. Por convenção, são consideradas questões médicas. A premissa é que a anormalidade se deve a um distúrbio físico, como uma anomalia genética; naturalmente, a formação para seu tratamento incumbe às instituições de ensino de medicina, e seu ensinamento produz os profissionais da psiquiatria. Entretanto, o conceito da psicologia freudiana acerca do inconsciente também teve um grande impacto sobre a psiquiatria.

Os departamentos acadêmicos de psicologia tiveram a tarefa de compreender a mente normal. Desde o princípio, os materialistas científicos foram influentes, e o paradigma inicial baseou-se mais no behaviorismo – a ciência do condicionamento – do que na psicanálise idealizada por Freud. Depois, a neurofisiologia e a ciência cognitiva foram adicionadas ao behaviorismo, dando início ao paradigma cognitivo-behaviorista. Em pouco tempo, esse paradigma passou a influenciar também o tratamento de anomalias da saúde mental e a formação psiquiátrica.

Porém, no início da década de 1960, alguns psicólogos levaram a psicologia mais para a análise da saúde mental positiva (Maslow, 1968). Primeiro, isso gerou a disciplina da psicologia humanística, com ênfase em valores humanos como criatividade e realização do potencial humano. Depois, deu-nos a disciplina da psicologia transpessoal, que, em pouco tempo, se adaptou aos ensinamentos da filosofia perene desenvolvida há milênios, principalmente no Oriente. Finalmente, surgiu a psicologia positiva, com ênfase na saúde mental positiva (Ciarrocchi, 2012).

Logo, hoje a psicologia tem quatro ou cinco paradigmas, todos usando premissas básicas diferentes sobre a natureza da realidade e a natureza do ser humano. O materialismo científico domina os behavoristas-cognitivos; psicanalistas e psicólogos profundos acreditam na realidade em dois níveis do inconsciente e do consciente; os humanistas acreditam nos valores do organismo humano, como a criatividade e a mudança; e os psicólogos transpessoais e os positivos acreditam na primazia da consciência e da espiritualidade.

A psicologia quântica – a psicologia da consciência que apresentei no Capítulo 3 (e que é a base de nosso novo paradigma de negócios) – integra essas abordagens díspares dentro de um único paradigma coerente baseado em um conjunto de premissas metafísicas fundamentais: a visão de mundo quântica e a ciência dentro da consciência. O que acontecerá agora será quase uma revolução na maneira como tratamos a saúde mental – anormal, normal e positiva –, na maneira como praticamos a psicologia na academia e em como praticamos a religião.

Mencionei antes a produção de capital humano. Para as empresas, esse assunto tem imensa importância. Na última seção, descobrimos a necessidade adicional de capital humano: proporcionar uma instrução integrada aos professores nas instituições de ensino superior a fim de que eles possam formar alunos capazes de enfrentar o desafio das empresas que respondem à economia quântica e a incorporam.

Até agora, a produção daquilo que chamamos de capital humano tem sido acidental, sem nenhuma orientação real disponível, malgrado termos há milênios a atividade dos gurus. Os antigos não investigaram muito a psicologia; mesmo o conceito do inconsciente não estava muito presente em seu repertório. Por isso, os métodos dos antigos não nos deram pessoas psicologicamente maduras (capital humano), daquelas que resultam da exploração criativa e explicitamente quântica dos arquétipos e da personificação deles.

Vamos falar do poder do capital humano produzido dessa maneira. Imagina-se que os norte-americanos sejam indivíduos determinados vigorosos; na verdade, porém, você sempre encontra os indivíduos supostamente determinados repetindo as ideias alheias, defendendo as crenças alheias e vivendo o *dharma* alheio (agenda de aprendizado). Como você se torna um indivíduo com ideias próprias, vivenciando seu próprio *dharma*? Bem, o psicólogo Carl Rogers, humanista, teve a ideia correta. Para se tornar um indivíduo, a pessoa precisa descobrir criativamente suas próprias crenças e opiniões. A psicologia quântica vai um passo além. Para se tornar um indivíduo, você segue criativamente o seu *dharma*, alinhado ao aprendizado deste ou daquele arquétipo.

Ao cabo dessa exploração, você terá incorporado o arquétipo ao seu próprio caminho e ter-se-á tornado um indivíduo.

Deve ficar óbvio que qualquer ser humano que incorpore um único arquétipo e se torne um indivíduo já é, de forma limitada, um capital humano. Essa pessoa está manifestando nada menos do que um arquétipo em seu ser. Mas essa condição será limitada, a menos que esse indivíduo domine o arquétipo do amor, que proporciona a inteligência emocional. A partir de então, ele tem todas as qualidades de um novo professor quântico, com as três inteligências necessárias: mental, emocional e supramental. Se esse indivíduo liderar um grupo de pessoas dedicadas a uma profissão baseada principalmente em seu arquétipo, em pouco tempo o grupo estará treinado nessa profissão. Resolvemos o problema de quem seriam os professores das novas instituições de ensino. Mas, por que se limitar? Se você explorar os arquétipos, um a um, e incorporá-los a seu repertório (o que pode levar muitas encarnações), chegará o dia em que terá incorporado todos os arquétipos importantes. O psicólogo Carl Jung, cujas ideias fizeram dele um precursor da psicologia quântica, chamava esse tipo de incorporação de "individuação". Creio que já é hora de admitir que essa é uma expressão daquilo que as tradições espirituais chamam de "iluminação". A última etapa dessa exploração é a investigação da natureza do arquétipo do *self* (que leva à descoberta da verdadeira natureza não local da própria consciência). Se você desenvolver a capacidade de vivenciar esse autoconhecimento, "sairá do jogo" (Goswami, 2014). Mas suponha que isso não aconteça.

Vamos falar do potencial para negócios das pessoas individuadas que fizeram toda essa exploração e decidiram ficar no mundo. Elas possuem as três formas de inteligência que são importantes para nós: mental, emocional e supramental/espiritual. Adicionalmente, elas dominam todos os arquétipos, exceto o *self*. Se forem colocadas ao leme de organizações interdisciplinares – coisa que as corporações de negócios costumam ser –, elas seriam as pessoas ideais para orientar as demais. Não acho que CEO seja o título adequado para líderes com essa característica. Ser CEO implica uma hierarquia simples que é encabeçada por esse profissional. Os seres iluminados mantêm relacionamentos hierarquicamente entrelaçados com as outras pessoas.

A segunda grande qualidade da iluminação é uma presença com a qual todos podem se identificar: o fenômeno da indução, já mencionado neste livro. Mas, para a indução, não precisamos usar a iluminação espiritual de alcance um tanto árduo, como a que acabei de citar. Os indianos orientais descobriram um modo simples e rápido de atingir um segundo tipo de iluminação, que promove a presença e a indução. Trata-se da produção de capital humano de integridade espiritual, que discuti anteriormente. O uso disseminado de comunicação local para encontrar pessoas qualificadas para esse caminho rápido até a iluminação, combinado com a compreensão do processo quântico de iluminação, vai transformar essa empreitada em algo relativamente fácil.

Quem se qualifica? Pessoas inteligentes, mas com baixo impulso sexual; e criativas, mas com quase nenhuma inclinação para realizações práticas, exceto uma: atingir a integridade, a unidade. Essas pessoas vão expressar esse tipo de iluminação como uma vontade de ser uma só unidade com Deus durante a vida atual. Bem, então vamos encontrar essas pessoas, isolá-las de estímulos comportamentais que tenham qualquer coisa a ver com os circuitos emocionais negativos do cérebro, como os relacionamentos subjetivos (tradicionalmente, isso é chamado de renúncia, mas é um pouco complicado), e conduzi-las por meio do processo criativo da autorrealização, incluindo o estágio de manifestação. Quando essas pessoas estiverem autorrealizadas, iluminadas, terão uma presença com indução. Contudo, elas podem não estar psicologicamente maduras. Mas por que você, empreendedor, deve considerar isso um obstáculo? Basta tomar o cuidado de isolar essas pessoas de estímulos problemáticos.

Agora, vejamos algumas das possíveis aplicações empresariais para pessoas com presença e indução. Isso vai deixá-lo alucinado. Em síntese:

- Na presença de pessoas iluminadas, as demais sentirão a expansão da consciência. Essa ideia pode ser confirmada experimentalmente. (Dean Radin, cadê você?) Imagine que levamos uma pessoa dessas a um presídio e colocamos prisioneiros em sua presença. Geralmente, os criminosos mais aguerridos são psicopatas e sociopatas. A mente deles é muito ativa, eles não conseguem meditar, não aceitam psicoterapia etc. Mas, quando confrontados com a presença, saem de sua consciência limitada ao eu e passam para a consciência expandida do nós, na qual podem reduzir seu ritmo interior a ponto de conseguir meditar, receber a psicoterapia etc. Isso criaria um canal que poderia reduzir a população carcerária em pouco tempo.
- De modo similar, pacientes psicóticos sérios, segundo os psiquiatras, precisam ser tranquilizados com drogas para manter uma vida razoavelmente normal. Naturalmente, porém, com

essas drogas, essas pessoas não estarão "normais", com seu *self* natural, por mais que este se ache dividido. A presença pode criar a oportunidade para uma abordagem psicoterapêutica para a esquizofrenia. O paciente pode passar por um processo real de desaceleração mental.
- Como mostra a pesquisa de Dean Radin com geradores de números aleatórios, as salas de reuniões da diretoria das corporações são quase impermeáveis à consciência não local. Isso transforma as reuniões de *brainstorming* em competições entre egos, e tudo se perde nessa vã exibição de força. Mas inclua a presença em uma sala de reuniões: a consciência não local torna-se operacional e as reuniões de *brainstorming,* uma verdadeira comunicação de ideias criativas, ainda que brutas, para ser debatidas, sem medo de julgamento.
- Uma eventual presença no local de trabalho deve aumentar substancialmente a produtividade dos trabalhadores.

Saúde e cura na economia da consciência: a ideia da medicina integrativa e a gestão da saúde quântica

Por que medicina integrativa? Integrativa do quê? Existe a medicina convencional, tradicional; mas há muitas vertentes laterais chamadas de medicina alternativa ou complementar: a Ayurveda do leste da Índia, a Medicina Tradicional Chinesa (que inclui a acupuntura), a homeopatia, a medicina do corpo e da mente, as práticas de cura espiritual e outras. E, embora os tradicionalistas não achem que os alternativos estejam à sua altura, as pessoas recorrem a ambos com diversos graus de sucesso em busca por cura.

Por que a medicina integrativa? Se você é fã da alopatia, deixe-me dizer uma coisa: Por que descartar as práticas alternativas de cura se você sabe que elas funcionam melhor com doenças crônicas, contra as quais a alopatia é fraca e dispendiosa? E se você é um aficionado da cura alternativa, ouça o que tenho a lhe dizer: Se enfrentar uma emergência médica, não será mais bem atendido no pronto-socorro de um hospital alopático? Qualquer pessoa razoável pode ver que há lugar tanto para a medicina alopática quanto para a alternativa no tratamento de uma doença como o câncer: a alopatia como medicina de emergência para ganhar tempo; a medicina alternativa para lidar com a causa-raiz de sintomas físicos como o bloqueio emocional da energia vital no chakra cardíaco (Goswami, 2004). E essa é mais uma razão para integrar ambas num todo – a medicina integrativa.

No nível mais óbvio e popular de hoje, todos concordam que o sistema médico convencional é muito dispendioso, e qualquer pessoa razoável percebe que essas despesas não podem ser restringidas sem que se aventure além da filosofia na qual se baseia a alopatia. Por exemplo, em qualquer discussão política de redução de custos na medicina, o papel das indústrias farmacêuticas e seu comportamento antiético vêm à tona. Infelizmente, não se reconhece que a ética não é uma exigência da metafísica do materialismo científico – a ideia de que tudo é formado por objetos materiais e suas interações – na qual se baseia a medicina convencional (e, atualmente, muitos de nossos sistemas sociais).

Podemos ir mais a fundo. A verdade é que a atual medicina convencional, a alopatia, é um sistema médico incompleto; baseia-se numa física falha, a física newtoniana. Em virtude de sua filosofia determinista, a física newtoniana exclui a consciência de sua visão de mundo (Stapp, 2009). Isso não deixa espaço para que o paciente (e nem mesmo o médico) tenha qualquer voz com relação à sua saúde, doença ou cura. Segundo essa física, somos máquinas. Como expressa o biólogo Jacques Monod: "O corpo é uma máquina, a mente é uma máquina, a alma é uma máquina". Assim, outras máquinas tentam diagnosticar nosso problema, aquilo que chamamos de doença; e outras máquinas – chamadas médicos, essas máquinas condicionadas ambientalmente para curar pacientes – procuram corrigir o problema por meios materiais, tal como corrigiriam os problemas de um automóvel.

Ora! Aquilo que funciona para um automóvel não funciona para nós pela simples razão de que não somos máquinas; somos conscientes. As máquinas são objetivas. Se fôssemos feitos apenas de objetos, também seríamos objetos. Mas, para consternação dos adeptos da física newtoniana, também somos sujeitos, e temos experiências subjetivas. A razão pela qual não gostamos das doenças é que a doença causa dor (um sentimento subjetivo), e a medicina materialista não tem uma explicação para isso; portanto, não tem um tratamento real. Quando as pessoas reclamam de determinado mal para um médico, essas queixas geralmente variam de paciente a paciente; mas sabe o que acontece? Essas diferenças subjetivas são importantes para o diagnóstico da moléstia e sua cura, e a medicina materialista é incapaz de lidar com isso! A razão pela qual a medicina alternativa sai-se melhor nessas questões é a de que ela dá espaço para sentimentos e experiências subjetivas. Os praticantes da medicina alternativa realmente escutam e valorizam aquilo que o paciente informa e aquilo que ele sugere sobre a própria cura.

Excluir o paciente da equação da saúde tem afetado muito a economia do sistema de saúde. Se os pacientes não têm escolha nem responsabilidade sobre sua doença ou saúde, como se pode esperar que sejam econômicos em relação à assistência médica? E se médicos e hospitais não são pagos com base em seu desempenho, por que deveriam se incomodar em reduzir quantidades e cortar custos?

Reafirmando o determinismo, a física newtoniana também exclui o conceito de livre-arbítrio. Isso é um golpe duro sobre a recente tentativa da alopatia de incentivar pacientes com certas doenças a mudarem seu estilo de vida. Será possível mudar o estilo de vida sem ter livre-arbítrio, a liberdade de mudar? Fica complicado.

Para piorar a situação, a alopatia baseia-se, ainda, em uma biologia falha: uma biologia que exclui a energia vital, o significado mental, os valores supramentais e a integridade espiritual da equação da vida.

Felizmente, já há sistemas médicos alternativos empiricamente eficientes, como a Medicina Tradicional Chinesa (MTC), a Ayurveda e a homeopatia, os quais a nova ciência consegue interpretar como medicina do corpo vital. Há ainda um novo campo chamado "medicina da mente e do corpo", baseado na eficácia causal da mente. A nova ciência coloca esse conjunto de ideias e práticas em uma firme base ontológica. Depois, há o conceito da cura quântica, a cura baseada em um salto quântico do mental para o supramental via eficácia causal da criatividade consciente (Chopra, 1990). A nova ciência integra tudo isso também com a alopatia, que agora é vista como medicina de emergência (Goswami, 2004, 2011). Essa síntese é chamada de "medicina integral" ou "medicina integrativa" (Drouin, 2014).

Mas os curadores são treinados em seus respectivos campos. Como instalamos a medicina integrativa? Com equipes de gerenciamento da saúde, reunindo médicos com diferentes especialidades guiados por novas pessoas educadas especificamente na teoria da medicina integrativa. Essas instituições de treinamento já existem, e outras vão surgir no futuro próximo, quando a economia quântica (com ênfase no físico e no sutil) se tornar o meio estabelecido para se gerir uma economia capitalista.

capítulo 11

Sete passos para a economia quântica da consciência

Em capítulo anterior, expressei a esperança de que poderíamos fazer com que a mudança necessária na visão de mundo viesse com mais rapidez caso pudéssemos mudar a maneira como lidamos com a economia e a gerimos. Em face da grande recessão, deve haver algum ímpeto nessa direção. Além disso, muita gente está prestando atenção no que disse o economista Thomas Piketty: "É bem possível que a desigualdade [econômica] piore ainda mais durante muitos anos". Lembre-se! Já está tão ruim quanto estava antes da Revolução Francesa. De fato, há bons motivos para esperarmos inquietações sociais caso a economia não mude. Poderíamos evitar muita angústia social se mudanças econômicas nas linhas sugeridas neste livro ocorressem rapidamente.

Mas, sendo realista, creio que os pensadores acadêmicos são mais capazes de mudar do que os políticos, os governos e os gigantes da economia. Por isso, neste último capítulo, vou apresentar um cenário mais realista de nosso futuro econômico. Talvez leve várias décadas.

Neste momento, a ciência dentro da consciência é um dos poucos paradigmas que concorrem pela ciência pós-materialista; entre os demais, temos o holismo baseado na teoria dos sistemas (de algum modo, os sistemas interagem para produzir um todo que é maior do que as partes), e a ciência firmada em evidências (se a evidência diz que funciona, nós a usamos; a teoria e a filosofia por trás dela não são importantes). Todavia, a contundência de uma ciência baseada na física quântica e na filosofia da primazia da consciência (idealismo monista) está sendo reconhecida rapidamente pela facilidade de sua aplicação em todas as ciências brandas (psicologia, medicina, economia, administração, sociologia etc.), dando-nos abordagens integrativas viáveis que incluem todos os antigos paradigmas em contraste com as abordagens das ciências duras, que são newtonianas e exclusivas. Já tivemos pioneiros nessas ciências brandas que buscaram abordagens alternativas. *Portanto, este é um dos primeiros passos*: a ciência dentro da consciência é reconhecida como o guarda-chuva paradigmático das ciências brandas – primeiro, para todas as abordagens alternativas; depois, para abordagens alternativas e convencionais por parte tanto de pensadores quanto de profissionais e consumidores. Em outras palavras, a economia quântica é reconhecida como um agente viável de mudança na academia, entre profissionais de negócios e o público consumidor.

Embora se costume dizer que a ciência é um processo de duas pontas, ou seja, teoria e experimentação, na prática há uma terceira ponta, e muito importante: a tecnologia. Enquanto um paradigma científico não produzir tecnologias úteis, a sociedade e a cultura não vão prestar muita atenção nele, e o paradigma terá pouca influência sobre a visão de mundo das pessoas comuns. *Assim, eis outro dos primeiros passos cruciais*: sucesso tecnológico. Para a economia da consciência, meu palpite é de que as primeiras tecnologias novas serão aplicadas no campo da revitalização de produtos orgânicos que já estão sendo usados: suplementos alimentares dietéticos vitalizados, perfumes e cosméticos vitalizados, água potável vitalizada etc. Em breve (*e este é o terceiro passo*), o governo vai começar a subsidiar a produção de energia sutil, como a fabricação de produtos orgânicos revitalizados, por exemplo.

A ciência dentro da consciência, com base na visão de mundo quântica, integra toda metafísica subjacente usada na exploração das ciências duras e das ciências brandas. Além disso, integra ciência e espiritualidade, a base conceitual das duas visões conflitantes de mundo em vigor na atualidade. É inclusiva e livre de dogmas (Goswami, 2005). Estas três palavras – integrativa, inclusiva e livre de dogmas – vão atrair cada vez mais atenção, especialmente por parte das pessoas cansadas dos efeitos nefastos da polarização das visões de mundo entre facções científicas e religiosas nos Estados Unidos e em outros lugares. *Assim, vem o quarto passo*: a perspectiva começa a mudar em favor da visão de mundo quântica, e a ciência como um todo sofre uma mudança de paradigma, passando da ciência materialista para a ciência dentro da consciência, primeiro em meio à população em geral e, com o tempo, na academia. Nesse mesmo sentido, as religiões se adaptam a um novo pós-secularismo no qual espiritualidade e religião são consideradas distintas.

Daqui em diante, as mudanças serão rápidas.

No quinto passo, o governo norte-americano será convencido a mudar a cobertura dos sistemas Medicare e Medicaid, que passará a ser exclusivamente para a medicina alternativa, com provisão especial para emergências.

No sexto e crucial passo, os economistas vão pressionar pelo uso de empreendimentos de energia sutil para sairmos das recessões econômicas, e o governo vai concordar.

No sétimo passo, a legislação tributária será revisada, e o ensino superior e as igrejas serão forçados a se submeter ao regime de concorrência do livre mercado. Isso vai abrir as comportas para empreendimentos que lidam com a produção de significados e valores. Mais cedo ou mais tarde, as empresas vão começar a produzir, em larga escala, capital humano constituído por pessoas altamente transformadas.

Permita-me concluir essa projeção futurista com uma nota popular. Para muitos norte-americanos comuns, o capitalismo significa o acesso ao sonho americano – a ideia de que, se a pessoa trabalhar bastante, pode atingir o topo da abundância. E creio que os leitores vão concordar comigo: até recentemente, as pessoas costumavam conhecer a abrangência do significado da abundância, que, além da prosperidade material, inclui a riqueza sutil: o acesso à vitalidade, ao significado, aos valores espirituais e à felicidade.

Cresci na Índia, no estado de Bengala, onde a liberdade recém-descoberta encheu-nos de uma esperança similar que foi imortalizada na canção de um filme que ficou popular e que pode ser traduzida assim:

Se este caminho não tivesse fim,
Como seria? Diga-me.
Se o mundo fosse repleto de sonhos,
Como seria? Diga-me.*

---

* No original: *If this path never ends, / How would that be? Tell me. / If the world were full of dreams, / How would that be? Tell me.* [N. de T.]

Mudei-me para os Estados Unidos no começo da década de 1960, mas o sonho nunca me abandonou. Naturalmente, porém, a visão de mundo quântica modificou-o um pouquinho:

Se este caminho de potencialidade não tivesse fim,
Como seria? Diga-me.
Se o mundo fosse repleto do sonho americano,
E todos o vivenciassem,
Como seria? Diga-me.*

Apresentei neste livro uma maneira de formular e gerir a economia pautada em princípios quânticos, um caminho que pode realizar o sonho americano da abundância – incluindo tanto riqueza material quanto sutil para todos – não apenas para todos nos Estados Unidos, mas para todos em toda parte do mundo. Cabe a você, cabe a nós, pavimentá-lo ainda mais depressa do que sugeri aqui.

Novamente, a conclusão na forma de um poema (pedindo desculpas a Alexander Pope)

Economia e leis econômicas
Jazem ocultas na noite
(o feudalismo prevaleceu: poucos ricos, muitos pobres.
E quase ninguém processando significados.)
Disse Deus: "Faça-se Adam Smith",
E a luz se fez.
(Classe média, processamento de significados, era do iluminismo!)
Não perdurou; o materialismo bradou, "Ora essa"!
A influência materialista sobre a economia, o vodu do lado da
　　oferta, derivativos
Restauraram o *status quo*.
(De volta à era das trevas: poucos ricos, muitos pobres;
　　encolhimento da classe média, pouco processamento de significa-
　　dos, criatividade ainda menor.)

---

* No original: *If this path of potentiality never ends, / How would that be? Tell me. / If the world were full of the American dream, / And if everyone lives it, / How would that be? Tell me.* [N. de T.]

Disse Deus: "Eis a física quântica
e a economia quântica da consciência,
Implemente a dupla dinâmica"
(E a classe média, as energias vitais, o significado e criatividade
e valores voltarão à cena) *
(Goswami, 2014, p. 166)

---

* No original: *Economics and economic laws / Lay hidden in the night / (feudalism prevailed: few rich, many poor. / And hardly anybody processed meaning.) / God said, "Let Adam Smith be," / And there was light. / (Middle class, meaning processing, age of enlightenment!) / It did not last; materialism shouted, "Ho." / Materialist influence on economics, supply-side voodoo, derivatives / Restored the status quo. / (Back to the dark ages: few rich, many poor; / shrinking middle class, little meaning processing, littler creativity.) / God said, "Here's quantum physics / and the quantum economics of consciousness, / Implement the dynamic duo / (And the middle class, vital energies, meaning and creativity, and / values will be back again in the saddle.)* [N. de T.]

Sobre o autor

Amit Goswami, PhD, é professor aposentado do departamento de física teórica da Universidade do Oregon, em Eugene, onde trabalhou desde 1968. É um pioneiro do novo paradigma da ciência chamado "*ciência dentro da consciência*".

Além de um compêndio de sucesso, *Quantum mechanics*, Goswami escreveu muitos livros populares baseados em suas pesquisas sobre física quântica e consciência. Em sua obra seminal, *O universo autoconsciente*, ele solucionou o problema da mensuração quântica, elucidando o famoso efeito do observador e abrindo o caminho para um novo paradigma da ciência baseado na primazia da consciência. Posteriormente, em *A janela visionária*, Goswami demonstrou que a ciência e a espiritualidade podem se integrar. Em *A física da alma*, ele desenvolveu uma teoria da sobrevivência após a morte e a reencarnação. *O médico quântico* integra a medicina convencional e a alternativa. Em seu livro *Deus não está morto*, ele explora aquilo que a física quântica diz a nosso respeito, sobre nossas origens e como deveríamos viver. Em *Evolução criativa das espécies*, Goswami concilia a ideia de evolução espiritual de Sri Aurobindo e de Teilhard de Chardin com o neodarwinismo. Em *O ativista quântico*, Goswami desenvolve ideias que podem estabelecer uma economia espiritual, uma democracia da evolução consciente, religiões pós-seculares, educação criativa e medicina integrativa de custo acessível. Seu livro mais recente, *Criatividade para o século 21*, é uma instrução obrigatória sobre como lidar tanto com a criatividade externa quanto com a interna. Os livros de Amit Goswami foram traduzidos para dezesseis línguas.

Em sua vida privada, Goswami é praticante da espiritualidade e da transformação. Ele se intitula um ativista quântico. Participou dos filmes *Quem Somos Nós?*, *The Dalai Lama Renaissance* e do premiado *O Ativista Quântico*.

Você pode acessar mais informações sobre Amit Goswami no site www.Amitgoswami.org (em inglês) ou www.amitgoswami.com.br (em português).

Bibliografia

ABURDENE, Patricia. *Megatrends 2010*. Charlottesville, VA: Hampton Roads, 2005. [*Megatrends 2010*. Rio de Janeiro: Campus, 2006.]

AGUS, David B. *The end of illness*. New York: Free Press, 2011. [*A vida sem doenças*. Rio de Janeiro: Intrínseca, 2013.]

ASPECT, Alain; DALIBARD, Jean; ROGER, Gerard. Experimental test of Bell inequalities using time-varying analyzers. *Physical Review Letters*, v. 49, p. 1804-1807, 1982.

AUROBINDO, Sri. *The life divine*. Pondicherry, India: Sri Aurobindo Ashram, 1996. [*La vida divina*. Buenos Aires: Kier, 1980. 3 v.]

BARRET, Richard. *Liberating the corporate soul*. Boston, MA: Butterworth and Heinemann, 1998. [*Libertando a alma da empresa*. São Paulo: Cultrix. 2000.]

BISCHOF, Marco. Introduction to integrative biophysics. In: POPP, Fritz-Albert; BELOUSSOV, Lev. *Integrative biophysics*. Dordrecht: Kluwer Academic, 2003. p. 1-115.

BLOOD, Casey. *On the relation of the mathematics of quantum mechanics to the perceived physical universe and free will*. Camden, NJ: Rutgers University, 1993.

BLOOD, Casey. *Science, sense, and soul*. Los Angeles: Renaissance Books, 2001.

BLOOM, Allan. *The closing of the American mind*. New York: Touchstone, 1988. [*El cierre de la mente moderna*. Barcelona: Plaza y Janés, 1989.]

BRUTOCO, Rinaldo S. Living in the questions. *Viewpoint*, v. 20, n. 8. World Business Academy, Nov. 2006.

BYRD, Randolph C. Positive and therapeutic effects of intercessory prayer in a coronary care unit population. *Southern Medical Journal*, v. 81, n. 7, p. 826-829, July 1988.

BYRNES, Michael. *The Q principles:* global social and economic interdependency. PDF Download, 2008. Disponível em: <https://dl.dropboxusercontent.com/u/3131460/Q%20Principles%20-%208-14-08%20-%20A4%2009.pdf>.

CAPRA, Fritjof. *The turning point:* science, society, and the rising culture. New York: Simon & Schuster, 1982. [*O ponto de mutação:* ciência, sociedade e a cultura emergente. São Paulo: Cultrix, 2006.]

CHANDRA ROY, Pratap. *The Mahabharata of Krishna-Dwaipayana Vyasa* (Traduzido para o inglês do texto original em sânscrito, v. 1). London: Forgotten Books, 2012.

CHOPRA, Deepak. *Quantum healing*. New York: Bantam-Doubleday, 1990. *A cura quântica*. 44 ed. Rio de Janeiro: BestSeller, 2008.

CIARROCCHI, Joseph W. Positive psychology and spirituality: a virtue-informed approach to well-being. In: MILLER, Lisa J. (Ed.) *The Oxford handbook of psychology and spirituality*. New York: Oxford University Press, 2012. p. 425-436.

CSIKSZENTMIHALYI, Mihaly. *Flow:* the psychology of optimal experience. New York: Harper Collins, 1990.

DALY, Herman E.; COBB, John B. *For the common good*. Boston: Beacon Press, 1994.

DAWKINS, Richard. *The selfish gene*. New York: Oxford University Press, 1976. [*O gene egoísta*. São Paulo: Companhia das Letras, 2007.]

DENNETT, Daniel C. *Darwin's dangerous idea:* evolution and the meanings of life. New York: Simon & Schuster, 1996. [*A ideia perigosa de Darwin:* evolução e sentido da vida. Lisboa: Temas e Debates, 2001.]

D'ESPAGNAT, Bernard. *In search of reality*. New York: Springer, 1983. [*En busca de lo real*. Madrid: Alianza, 1983.]

DROUIN, Paul. *Creative integrative medicine*. Carlsbad, CA: Balboa Press, 2014.

EISENSTEIN, Charles. *Sacred economics*. Berkeley, CA: North Atlantic Books, 2011. [*Sacroeconomía*. Berkeley, CA: Evolver, 2015.]

ELDREDGE, Niles; GOULD, STEPHEN Jay. Punctuated equilibria: an alternative to phyletic gradualism. In: SCHOPF, Thomas J. M. (Ed.). *Models of paleobiology*. San Francisco, CA: Freeman, 1972.

FRESCO, Jacque. *Designing the future*. Quebec: Osmora, 2007. E-book. [*Diseñando el future*. Quebec: Osmora, 2012. E-book.]

FRIEDMAN, Milton. *Capitalism and freedom*. Chicago: University of Chicago Press, 1962. [*Capitalismo e liberdade*. São Paulo: LTC, 2014.]

FRIEDMAN, Thomas L. *The world is flat*. New York: Picador, 2007. [*O mundo é plano*. São Paulo: Companhia das Letras, 2014.]

GIESEN, Tom. Big oil flogs myth of abundant cheap crude. *The Register-Guard*, Eugene, OR, May 22, 2014. Guest Viewpoint.

GOODWIN, Brian. *Nature's due:* healing our fragmented culture. Edinburgh, UK: Floris Books, 2007.

GOSWAMI, Amit. A post materialist human science and its implications for spiritual activisim. In: MILLER, Lisa J. (Ed.). *The Oxford handbook of psychology and spirituality*. New York: Oxford University Press, 2012. p. 598-610.

_____. *Creative evolution*. Wheaton, IL: Theosophical Publishing House, 2008b. [*Evolução criativa das espécies*. São Paulo: Aleph, 2009.]

_____. *God is not dead*. Charlottesville, VA: Hampton Roads, 2008a. [*Deus não está morto*. São Paulo: Aleph, 2008.]

_____. *How quantum activism can save civilization*. Charlottesville, VA: Hampton Roads, 2011. [*O ativista quântico*. São Paulo: Aleph, 2010.]

_____. *Physics of the soul*. Charlottesville, VA: Hampton Roads, 2001. [*A física da alma*. 2. ed. São Paulo: Aleph, 2008.]

GOSWAMI, Amit. *Quantum creativity:* think quantum, be creative. Carlsbad, CA: Hay House, 2014. [*Criatividade para o século 21.* São Paulo: Aleph, 2012.]

_____. The idealist interpretation of quantum mechanics. *Physics Essays*, v. 2, p. 385-400, 1989.

_____. *The quantum doctor.* Charlottesville, VA: Hampton Roads, 2004. [*O médico quântico.* São Paulo: Cultrix, 2006.]

_____. *The self-aware universe.* New York: Tarcher/Putnam, 1993. [*O universo autoconsciente.* 2. ed. São Paulo: Aleph, 2008.]

_____. *The visionary window:* a quantum physicist's guide to enlightenment. Wheaton, IL: Quest Books, 2000. [*A janela visionária:* um guia para a iluminação por um físico quântico. São Paulo: Cultrix, 2003.]

_____. Toward a spiritual economics. *Transformation*, v. 19, n. 2, 3, 4. World Business Academy, 2005. Reprinted in: PINCHBECK, Daniel; JOHNSON, Ken (Eds.). *What comes after money?* Berkeley, CA: North Atlantic Press, 2011.

_____; PAGLIARO, Gioacchino. *Have love, will travel:* a science of the heart. (No prelo).

GREER, John. The twilight of money. In: PINCHBECK, Daniel; JORDAN, Ken (Eds.). *What comes after money?:* essays from reality sandwich on transforming currency and community. Berkeley, CA: North Atlantic Press, 2011. p. 67-73.

GRINBERG-ZYLBERBAUM, Jacobo; DELAFLOr, M.; ATTIE, L.; GOSWAMI, Amit. Einstein Podolsky Rosen paradox in the human brain: the transferred potential. *Physics Essays*, v. 7, p. 422-428, 1994.

HOFSTADTER, Douglas. *Gödel, Escher, Bach:* an eternal golden braid. New York: Basic Books. 1980. [*Gödel, Escher, Bach:* um entrelaçamento de gênios brilhantes. Brasília: Ed. UnB, 2001.]

JAZ, Private Communication, 2012.

JUNG, Carl G. *The portable Jung.* Edited by Joseph Campbell. New York: Viking, 1971.

KANTH, Rajani K. *The post-human society:* elemental contours of the aesthetic economy of the United States. Seattle WA: CreativeSpace, 2013.

KEYNES, John M. *The collected writings of John Maynard Keynes.* JOHNSON, Elizabeth; MOGGRIDGE, Donald (Eds.). London: McMillan, 1936. [1971-1989] 30 v.

KUMAR, Satish. "Economics of place." Totnes, U.K.: Schumacher College, 2008.

LASHLEY, Karl S. In search of the engram. *Symposia of the Society for Experimental Biology*, v. 4, p. 454-483, 1950.

LASZLO, Ervin. *Science and the akashic field.* Rochester, VT: Inner Traditions, 2004. [*A ciência e o campo akáshico*. São Paulo: Cultrix, 2008.]

LIEM, Giok In. *Interdependent economy:* from political economy to spiritual economy. Bloomington, IN: iUniverse, 2005.

LIETAER, Bernard. *The future of money:* creating new wealth, work and a wiser world. London: Random House, 2001. [*El futuro del dinero:* cómo crear nueva riqueza, trabajo y un mundo más sensato. Buenos Aires: Longseller, 2005.]

MASLOW, Abraham H. *Toward a psychology of being.* New York: Van Nostrand Reinhold, 1968. [*Introdução à psicologia do ser*. 2. ed. Rio de Janeiro: Eldorado, 1968.]

MASLOW, Abraham H. *The farther reaches of human nature.* New York: Viking, 1971. [*La amplitud potencial de la naturaleza humana*. 2. ed. Mexico: Trilhas, 1990.]

MITCHELL, Mark; GOSWAMI, Amit. Quantum mechanics for observer systems. *Physics Essays*, v. 5, p. 525-529, 1992.

NEWSWEEK Magazine International. Issue Aug 9-21, 2007.

PAGLIARO, Gioacchino; SALVINI, Allesandro. "Mind and Psychotherapy." UTET Turin, 2007.

PENROSE, Roger. *The emperor's new mind*. New York: Penguin, 1991. [*A nova mente do rei*. Rio de Janeiro: Campus, 1995.]

PERT, Candace. The science of emotions and consciousness. In: GOLEMAN, Daniel et al. *Measuring the immeasurable*. Boulder, CO: Sounds True, 2008. p. 15-33.

PETERSEN, Philip. *The quantum shield*. Byron, CA: Empyrean Quest, 2011.

PINCHBECK, Daniel; JORDAN, Ken (Eds.). *What comes after money?*: essays from reality sandwich on transforming currency and community. Berkeley, CA: North Atlantic Press, 2011.

PIKETTY, Thomas. *Capital in the twenty-first century*. Cambridge, MA: The President and Fellows of Harvard College, 2014. [*O capital no século XXI*. Rio de Janeiro: Intrínseca, 2014.]

RADIN, Dean I. *Entangled minds*. New York: Paraview/Pocket Books, 2006. [*Mentes interligadas*. 2. ed. São Paulo: Aleph, 2008.]

RADIN, Dean I. *The conscious universe:* the scientific truth of psychic phenomena. New York: HarperOne, 1997.

RAMACHANDRAN, Vilayanur S. *The tell-tale brain*. Noida, UP, India: Random House, 2010. [*O que o cérebro tem para contar*. Rio de Janeiro: Zahar, 2014.]

RAY, Michael; MYERS, Rochelle. *Creativity in business*. New York: Doubleday, 1986. [*Criatividade nos negócios*. Rio de Janeiro: Record, 1996.]

RAY, Paul; ANDERSON, Sherry. *The cultural creatives:* how 50 million people are changing the world. New York: Broadway Books, 2001.

REICH, Robert B. *Supercapitalism*. New York: Knopf, 2007. [*Supercapitalismo*. Rio de Janeiro: Elsevier, 2008.]

SAMUELSON, Paul A.; NORDHAUS, William D. *Economics*. Boston: Irwin McGraw Hill, 1998. [*Economia*. 19. ed. Porto Alegre: McGraw-Hill, 2012.]

SANCIER, Kenneth M. Medical applications of Qigongong and emitted qi on humans, animals, cell cultures, and plants: review of selected scientific research. *American Journal of Acupuncture*, v. 19, p. 367-377, 1991.

SCHUMACHER, Ernst F. *Small is beautiful*. London: Blond and Briggs, 1973. [*O negócio é ser pequeno*. 4. ed. Rio de Janeiro, Zahar, 1983.]

SEARLE, John. *The rediscovery of the mind*. Cambridge, MA: MIT Press, 1994. [*A redescoberta da mente*. São Paulo: Martins Fontes, 2006.]

SEN, Amartya. *Development as freedom*. New York: Oxford University Press, 1999. [*Desenvolvimento como liberdade*. São Paulo: Companhia das Letras, 2010.]

SHELDRAKE, Rupert. *A new science of life*. San Francisco, CA: Jeremy P. Tarcher, 1981. [*Uma nova ciência da vida*. São Paulo: Cultrix, 2014.]

SHELDRAKE, Rupert. *Morphic resonance*. Rochester, VT: Park Street Press, 2009.

SMITH, Adam. *The wealth of nations*. New York: Modern Library, 1994. [*A riqueza das nações*. 2. ed. São Paulo: Martins Fontes, 2012. 2 v.]

SMITHA, Elaine. *Screwing mother nature for profit*. London: Watkins Publishing, 2011.

SOLOMON, Jane; SOLOMON, Grant. *Harry Oldfield's invisible universe*. London: Thorsons, 1998.

STANDISH, Leanna J.; KOZAK, Leila; CLARK JOHNSON, L.; RICHARDS, Todd. Electroencephalographic evidence of correlated event-related signals between the brains of spatially and sensory isolated human subjects. *The Journal of Alternative and Complementary Medicine*, v. 10. p. 307-314, 2004.

STAPP, Henry P. *Mind, matter, and quantum mechanics*. 3. ed. New York: Springer, 2009.

SWANSON, Claude. *Life force, the scientific basis*. Tucson, AZ: Poseidia Press, 2009.

TOMS, Justine; TOMS, Michael. *True work:* doing what you love and loving what you do. New York: Harmony, 1999.

VON NEUMANN, John. *Mathematical foundations of quantum mechanics.* Princeton, NJ: Princeton University Press, 1955.

WALLAS, Graham. *The art of thought.* Tunbridge Wells, UK: Solis Press, 2014.

YAZAKI, Katsuhiko. *Path to Liang Zhi:* seeking an eternal philosophy. Kyoto, Japan: Future Generations Library, 1994.

TIPOLOGIA:	Candida [texto]
	Ocean Sans MM [entretítulos]
PAPEL:	Pólen Soft 80 g/m² [miolo]
	Supremo 250 g/m² [capa]
IMPRESSÃO:	Paym Gráfica [setembro de 2015]